경건함과 두려움으로
예배 갱신의 신학적 고찰과 목회적 대응

경건함과 두려움으로
예배 갱신의 신학적 고찰과 목회적 대응

2023년 3월 25일 1쇄 발행
2023년 3월 30일 1쇄 인쇄

지은이 | 주종훈
펴낸이 | 박영호
펴낸곳 | 도서출판 솔로몬

주소 | 서울시 동작구 사당로 143
전화 | 599-1482
팩스 | 592-2104
직영서점 | 596-5225

등록일 | 1990년 7월 31일
등록번호 | 제 16-24호

2023 ⓒ 주종훈
Korean Copyright ⓒ 2023
by Solomon Publishing Co., Seoul, Korea

ISBN 978-89-8255-616-6 03230

저작권법에 의하여 한국 내에서 보호를 받는 저작물이므로
무단전재와 복제를 금합니다.

경건함과 두려움으로

예배 갱신의 신학적 고찰과 목회적 대응

주종훈 지음

솔로몬

추천의 글

"예배는 우리 삶을 형성하는 가장 중요한 신앙 실천이다. 아이러니한 것은 너무 익숙해서 깊이 숙고하지 않는 것도 예배이다. 예배의 구성 요소들과 참여 방식들이 지닌 의미와 기능에 대한 실천적 지혜보다 자기 경험적 직관만 가지고 예배하는 성도가 많다는 점이 이를 방증한다. 더 큰 문제는 예배가 고정된 명사가 아니라 변화하는 동사라는 점을 온몸으로 경험하는 지금 우리가 예배 변화에 대처하고 예배 갱신의 바른 방향을 찾는 일이 요원한 과제가 된 것이다. 이런 점에서 이 책 "경건함과 두려움으로: 예배 갱신의 신학적 고찰과 목회적 대응"은 우리가 경험하는 예배의 다양한 변화를 적절하게 분석하고, 우리가 지향해야 할 예배 갱신의 좌표와 방향을 신학, 전통, 문화의 통합적 관점을 가지고 안내해준다. 이 책을 따라 읽는 것만으로도 예배를 통합적으로 바라보는 눈(見)이 열리고, 예배 갱신의 기본(本) 방향을 발견하게 되며, 예배 실천을 위한 목회적 견본(見本)을 스스로 만들어 낼 수 있을 것을 확신한다. 오늘날 우리는 신학적 얕음, 실용주의적 가벼움, 소비주의적 쾌락이 지배하는 시대 가운데 있다. 이런 시대 속에서도 하나님의 영광(무게)과 그분의 아름다움에 압도되고 매료되어서 온 성도가 "경건함과 두려움"으로 참여하는 예배를 갈망하는 목회자와 신학도에게 이 책을 반드시 읽어 볼 것(그러면 자꾸 꺼내어 읽어보게 될 것을 확신하며)을 강력하게 추천한다." 김대혁 교수 _ 총신대학교 신학대학원 실천신학

"하나님의 전에서 경건함과 두려움으로 드리는 예배는 성경적 예배의 근간이자, 종교개혁자들이 지향했던 예배 실천의 가치이다. 이러한 선상에서 본서 "경건함과 두려움으로: 예배 갱신의 신학적 고찰과 목회적 대응"은 성경적 예배를 기반으로 한국교회 예배 갱신의 방향과 목회적 대응을 명확히 제시하고 있다. 성경이 가르치는 참

된 예배를 추구하는 목회자와 신학생들에게 정독하기를 적극 추천한다."
김상구 교수 _ 백석대학교 실천신학

"코로나 19 팬데믹은 교회에 큰 변화를 가져다주었다. 그중에서도 가장 크게 영향을 끼친 영역은 분명 예배 영역일 것이다. 즉, 팬데믹은 예배에 관한 전통적인 신학과 형식을 크게 바꾸었다는 것이다. 이러한 뉴노멀 시대를 맞이하여, 저자는 예배신학자로서 그의 탁월한 신학적 견해와 실천적 대안을 "예배 갱신"이라는 키워드를 통하여 제시하고 있다. 예배와 문화의 관련성에 관하여, 예배의 시간과 공간, 그리고 구성 요소들에 관하여, 여전히 논란 중인 디지털 예배에 관하여, 그리고 초기 기독교 공동체의 예배와 칼빈의 예배로부터 찾아낸 뉴노멀 시대의 예배 갱신 방안 등에 관하여 선명한 논리로 말하고 있다. 21세기 목회 현장에서 예배를 집례해야만 되는 목회자라고 한다면 반드시 탐독해 볼 것을 권면하는 바이다."
양현표 교수 _ 총신대학교 신학대학원 실천신학

"'예배 갱신'에 관한 질문은 마치 꺼질 줄 모르는 들불처럼 거룩한 부흥의 불길을 기대하는 예배자라면 항상 고민하는 주제이다. 주종훈 교수는 이 책에서 현대 기독교 예배 상황을 통전적으로 분석한 다음에 각 상황에 적절한 예배신학의 과제를 선정하고 현장에 적합한 예배신학의 토대를 제시하였다. 본서를 통하여 예배 현장에서 직면하는 다양한 도전과 난관 속에서도 하나님의 백성들을 그리스도 안에서 하나님에게로 인도하기 위해 "지극히 선한 것을 분별하는 지혜"를 잘 분별할 수 있기를 기대한다."
이승진 교수 _ 합동신학대학원 예배설교학

"오늘날은 지역과 신학적 전통에 상관없이 비슷한 예배 형태를 지닌다. 곧 경배와 찬양 이후 말씀이 선포되고 말씀에 대한 반응으로 결단하는 시간을 갖는 것이다. 그러다 보니 교회가 지닌 신학적 전통과 삶에서의 실천을 어떻게 예배 속에 녹여낼 것인가 하는 것은 큰 숙제가 아닐 수 없다. 이런 현실에서 탁월한 예배학자인 주종훈 교수님의 이 책은 사막에서 물을 찾는 갈급함이 있는 현장 목회자에게 생수를 주는 오아시스와 같은 역할을 할 것이다. 이 책을 통해 많은 사역자들과 성도들이 하나님께서 진정으로 기뻐하시는 참된 예배자로 세워지길 바란다. 예배에 대한 열망과 고민을 지닌 모든 사역자들이 반드시 읽어야 할 필독서로 이 책을 기쁜 마음으로 추천한다."
이풍인 교수 _ 총신대학교 신학대학원 신약신학, 개포동교회 담임

"하나님의 영광으로 부름받아, 하나님의 영광 때문에 형성되고, 하나님의 영광으로 인해 유지되며, 하나님의 영광을 위해 사역하는 교회는 전인적이고 역동적으로 하나님을 예배하기를 추구하는 공동체이다. 본서 "경건함과 두려움으로: 예배 갱신의 신학적 고찰과 목회적 대응"은 문화적 도전과 사회적 변동이라는 현실적 문제를 면밀하게 진단하고 교회 공동체의 온전한 예배 회복에 대한 실마리를 제공해 준다. 공동체의 회복된 예배를 기대하는 이들이 이 책을 통해 성경적 통찰, 신학적 방향성, 실제적인 지혜를 얻을 것이라 확신한다." 정명호 목사 _ 해성교회 담임

서문

1960년대 초반 기독교 예배 갱신이 본격적으로 시작된 이후로 오늘에 이르기까지 모든 교단과 개교회는 예배의 '전인적, 의식적, 적극적 참여'(full conscious active participation)를 구현하기 위해 주력해 왔습니다. 예배 갱신을 공식적으로 촉발한 가톨릭은 공간의 새로운 구성과 말씀 선포 그리고 예배자들의 언어 사용을 통한 갱신에 주력했습니다. 장로교와 감리교 및 주요 교단에서는 말씀의 강력한 선포와 함께 성찬 집례와 예배 모범서의 재발간을 통한 전통의 회복에 비중을 두고 있습니다. 오순절 교단에서는 음악을 중심으로 한 성례전적 경험과 참여를 통한 예배 갱신을 강조하고 있습니다. 이러한 예배 갱신의 시도와 노력은 어느 하나의 방향성으로 좁혀지지 않았고, 오히려 예배의 자유(liturgical indulgence)를 강조하면서, 다양하고 복잡한 방식의 새로운 예배 갱신 사례와 유형들을 제시했습니다. 이런 이유로 서로 다른 예배의 통합(blended, fusion or synthesis worship)을 시도하기보다는 이른바 '새롭게 떠오르는 예배'(emerging worship)를 시작으로 다양한 표현으로 주어지는 대안 예배(alternative worship)들이 등장했습니다. 다양한 사례로 등장한 현대예배의 갱신은 한편으로 전통의 수용과 강조를 부각하고, 다른 한편으로 예배자들의 문화를 수용하고 반영하는 유연한 실천을 이끌어 왔습니다.

예배 갱신을 위해 어떤 방향을 선택하든 그 모든 노력은 예배 실천에 신학과 전통 그리고 문화를 통합적으로 반영합니다. 이런 이유로 예배 갱신은 단순한 실험도 아니고, 예배 참여자들의 만족을 이끌기 위한 소비 방식도 아닙니다. 오히려 예배는 예배자들이 하나님을 향해 고백하고 표현하는 경배의 방식이고, 하나님이 예배자들을 하나님의 형상으로 변화시켜 가시는 은혜의 방식이기도 합니다. 이러한 예배 실천의 구현과 갱신을 위해서 목회자들은 다양하고 복잡한 현실과 도전에 직면합니다. 지금까지 예배 갱신을 위한 현실적 과제들은 신앙고백에 부합한 실천으로서의 예배 구현, 성경에 토대를 두며, 직접적인 안내를 따라 실천하는 예배, 예배자들의 삶을 형성하는 구체적인 실천 등이었습니다. 그런데 2019년 말부터 주어진 팬데믹은 모임의 제한으로 인한 예배의 중심성 상실, 온라인 예배 방식의 보편적 수용을 통한 공간에서의 경계 붕괴, 세례와 성찬의 성례전 경험의 제한과 어려움 등이 더해졌습니다. 이러한 예배 실천의 현실과 도전은 예배 갱신을 단지 전통과 문화의 관계를 정리하거나 통합하는 방식을 제시하는 것을 넘어선 구체적이고 상세한 목회적 대응을 요구합니다.

    이 책은 예배 갱신을 위해 지속적으로 노력하는 현장 사역자들 곧 목회자들에게 지금 주어진 예배의 상황을 세부적으로 분석하고, 그러한 상황에서 주어진 과제들을 보다 체계적이고 학문적으로 이해하며, 계속해서 갱신의 과제를 충실하게 감당하도록 도움을 제공할 목적으로 엮어냈습니다. 팬데믹에 의해서 더욱 복잡해진 예배 갱신의 우선적인 과제는 무엇보다도 '전인적인 참여와 경배 그리고 삶의 형성을 이끄는 구조'를 강화하는 실천(1장)입니다. 이러한 실천을 위해서 예배의 새로운 맥락에 대한 목회적 진단과 고찰(2장)을 상세히 살펴보는 것이 요구됩니다. 그리고, 우리 시대에 부각된 온라인 디지털 방식의 예배에 대한 신학적 이해와 목회적 실천의 방향을 살펴보는 것(3장)도 중요합니다. 그런데 예배 갱신을 위한 방향성은 때로 과거의 전통과 유산에서 지혜를 얻을 수 있습니다(4장). 아울러, 예배 갱신은 모임과 구성요소들에 대한 실천에서 직접 주어집니다. 이를 위해서 모임의 중요성에 대한 이해를 확인하고(5장), 오늘날 중요하게 부각되고 있는 예배 구성요소 가운데 음악을 살펴보는 것(6장)은 갱신의 과제를 구체화하는데 유익할 것입니다. 이와 더불어, 예배 갱신은 신학의 반영으로 주어지는 실천입니다. 저는 개혁주의 전통에 속해 있고, 그 고백에 따라 실천의 방향과 과제를 제시합니다. 하지만 개혁주의 교리의 적용으로서 예배 실천이기보다는 개혁주의 신앙고백을 구현하고 그것과 일치하는 실천의 구현이라는 포괄적 접근을 시도합니다. 이를 위해서 개혁주의 예배의 방향성을 제시하고(9장), 신앙고백에 부합한 공예배 회복을 위한 과제로서 공동체성과 공공성을 재확인(7장)합니다. 이와 더불어, 예배 갱신의 지속적인 과제를 충실하게 감당하기 위해 예배 실천에서 신학과 문화를 어떻게 통합할 수 있는지에 대한 예전적 대안을 제시합니다(8장).

이러한 예배 갱신을 위한 분석과 제안은 예배 실천의 현실적 과제가 복잡하고 어렵지만, 여전히 목회적으로 감당해야 할 중요한 책임이라는 점을 담아내고 있습니다. 저는 예배를 계획하고 인도하는 현장의 사역자들과 목회자들이 현실의 다양한 도전과 어려움에서도 하나님의 백성들을 그리스도 안에서 하나님에게로 인도하기 위해 "지극히 선한 것을 분별하는 지혜"가 점점 더 풍성해지길 소망합니다. 이 책의 내용이 예배 갱신을 위해 노력하는 목회자들의 생각과 실천에 지혜를 제공하고 조금이라도 유익이 되길 바라며 기도합니다. 아울러, 저는 이 책에 담긴 내용을 선교지에서 그리고 선교지로부터 총신대학교 신학대학원으로 사역을 전환한 후 팬데믹 과정에 기록했습니다. 이 과정에서 저는 복잡하고 다양한 예배 갱신의 현실에 직면했고, 이 책의 내용은 그에 대한 신학적, 예배학적 분석과 대안을 제시하기 위해 노력한 열매들입니다. 이러한 노력의 과정에 늘 도움을 준 고마운 아내, 이상예 그리고 하나님의 자녀 하영이와 하진이에게 감사의 마음을 전합니다.

2023년 2월 사순절 시작 즈음에
양지 연구실에서
저자 주종훈

차/례/

추천의 글
서문

1장 현대예배의 갱신 과제   13
    전인적 참여와 경배 그리고 삶의 형성을 위한 대화 구조 회복

2장 예배 실천의 새로운 맥락 직면하기   43
    새로운 일상에서의 예배 실천을 위한 신학적 목회적 고찰

3장 예배의 방식과 본질 확인하기   75
    디지털 예배의 목회적 신학적 고찰과 실천 방향

4장 전통의 유산에서 길을 찾기   107
    4세기 예루살렘교회 예배와 뉴노멀 시대의 예배 갱신

5장 예배 실천의 출발과 토대로서 모임   135
    예배를 위한 모임의 중요성에 대한 요한 칼빈의 가르침과 실천

6장 하나님의 임재 참여를 이끄는 음악   167
    오늘날 예배 갱신에서 음악의 위치와 역할에 대한 유형들 고찰

7장 예배의 공동체성과 공공성 회복   191
    예배 위기에 대한 개혁주의적 대안

8장 예배 갱신을 위한 지속적인 과제와 방향   219
    예배, 문화, 그리고 신학의 통합적 접근을 통한 예배 신학 구축

9장 신앙 고백과 실천의 일치를 위한 노력   243
    개혁주의 교회들을 위한 예배 갱신의 방향

chapter 1

현대예배의 갱신 과제
전인적 참여와 경배 그리고 삶의 형성을 위한 대화 구조 회복[1]

1. 들어가는 글

지난 60여 년간 활발하게 전개해온 기독교 예배갱신 운동은 문화 수용과 대응의 한 과정으로 이해할 수 있다. 성경과 신학적 고찰을 간과하지 않지만[2] 예배 실천에서 예배자들의 문화가 미치는 영향을 적극적으로 반영하기 위해 노력해왔다.[3] 예배자들의 삶의 방식과 표현으로서 문화는 예배의 형식과 실천 방식을 결정하는 주요 요인이 되었다. 이런 요인으로 인해서 현대예배는 문화의 다양성과 복잡성을 실천에 적극적으로 담아낸다. 문화

---

[1] 이 장은 「복음과 실천신학」 제58권 (2021: 9-41)에 "현대예배의 갱신 과제 소고: 전인적 참여와 삶의 형성을 위한 대화 구조 회복"으로 최초 게재된 것을 수정 보완한 것임.

[2] 성경적 예배의 고찰에 대한 부분적 논의가 전개된 것은 R.J. Gore의 *Covenantal Worship* (Phillipsburg: P&R Publishing, 2002), Michael Farley의 "What is Biblical Worship?" (presented paper at Evangelical Theological Society, 2007)에서 찾아볼 수 있다. 신학적 고찰의 경우 예배 신학의 주요 논제인 고백과 실천 사이의 관계 고찰 (Aidan Kavanah, Alexander Schmemann, Kevin Erwin, Geoffrey Wainwright 등) 그리고 하나님의 일로서 예배를 규정하고 신학적 논의를 추가 발전시키려는 노력(Michael Aunie)을 통해 알 수 있다.

[3] 예배 연구에서 사회 과학의 수용과 문화 이해와 분석의 심도 있는 연구가 필요하다는 것은 John Witvliet, "For Our Own Purpose:the Appropriation of the Social Sciences in Liturgical Studies," *Foundations in Ritual Studies* (Grand Rapids: Baker Academic, 2007), 17-42 참고.

의 변화는 곧 예배의 변화를 의미하고, 새로운 세대의 요구는 예배의 현실에 그대로 나타나고 있다. 이러한 문화 수용과 반영을 위한 예배 실천은 예배갱신의 한 방향이자 대안으로까지 간주되고 있다. 단순히 전통과 문화의 통합으로서의 예배를 넘어서, 문화 수용의 예배적 대안으로서 새로운 방식들이 끊임없이 주어지고 있다. 이와 같은 오늘날 예배갱신의 상황에서 우리 시대의 문화에 부합한 새로운 형태의 예배를 찾아서 제시하는 것은 중요한 과제이다. 하지만 현실적으로 필요한 과제는 문화를 적극적으로 반영하는 예배의 대안을 제시하는 것과 아울러 문화적 대안으로 제시되고 있는 예배 현상들에 나타난 특징들과 가치들을 살펴보고, 진단하며 그것에서 주어지는 과제들을 갱신에 반영하는 것을 포함한다.

이 장은 문화 수용과 반영에 집중하는 현대예배 갱신의 현상들을 신학적 관점에서 고찰한다.[4] 이러한 고찰의 의도는 문화 수용 방식으로 나타나는 현대예배 현상들을 대신해서 새로운 대안을 모델로 제시하는 것이 아니라, 문화 수용을 통한 예배갱신 과정에서 예배의 본질을 반영하는 실천 과제를 제시하려는 것이다. 곧, 예배갱신의 핵심 원리인 '전인적이고 적극적인 참여'(full conscious active participation)를 현대예배에서 지속해서 구현하기 위한 과제를 고찰하는 것이다. 이를 위해서 우선, 예배갱신 운동이 본격적으로 시작된 1960년대 이후 문화 수용의 원리를 반영하는 다양한 예배갱신의 현상들을 간략히 살펴본다. 둘째로, 문화적 수용과 적용의 대안으로 제시된 예배 현상들에 담긴 특징들을 비평적으로 고찰한다. 셋째로, 문화를 수용하는 현대예배의 다양한 실천을 지속하는 과정에서 하나님과의 전인적 대화 방식으로서의 예배 본질과 의미를 구현하기 위해서 고려해야 할 요소들과 과제들을 제시한다.

---

4 사실 예배의 갱신에 대한 노력은 한국의 예배 신학자들에 의해서도 신학적, 예배학적, 목회적 접근 방식을 사용해서 이미 활발하게 논의되고 있다. 김순환, "한국교회를 위한 예배신학적 재고와 방향", 한국복음주의실천신학회, 「복음과 실천신학」 vol. 2 (2001): 185-226, 김상구, "회중의 적극적인 참여와 책임있는 예배를 위한 모색", 한국복음주의실천신학회, 「복음과 실천신학」 vol. 10 (2005): 219-244.

2. 예배갱신 운동에서 발전한 현대예배

현대예배의 다양한 현상과 실천을 하나로 통합하는 일은 역사적 관점에서 동시대를 다루는 제한성에 의해 한계를 지닌다. 그럼에도 불구하고 갱신 운동 안에서 나타난 현대예배의 현상을 살펴보는 일은 부분적으로 가능하다. 예배갱신의 초기에 가톨릭, 주요 개신교단, 오순절 교단 중심으로 발전해온 실천들과 Robert Webber를 통한 통합 수용의 방식은 2000년대를 접하면서 훨씬 더 복잡한 구조로 발전하고 있다.[5] 예배 역사학자인 Lester Ruth와 음악 전문가로서 예배갱신에 기여하고 있는 Swee Hong Lim은 최근 James White의 예배 구분 방식[6]을 사용해서 현대예배의 역사를 명료하게 정리했다.[7] 아울러 근대 예배 역사를 포괄적으로 이해하고 있는 Bryan Spinks 역시 현대예배의 다양한 현상들을 살펴보고 분석을 시도했다.[8] 이러한 역사학자들의 고찰과 분석에 따르면 현대예배는 주로 세 가지 현상으로 발전하고 있다. 곧 다양한 현대예배들은 문화의 도전에 대한 문화적 답변이고, 문화 반영의 다양한 표현들이며, 음악과 기술에 상당히 의존하는 의례적 실천들이다.

1) 문화의 도전에 대한 문화적 답변으로서 현대예배

1960년대 예배의 문화화를 촉발한 시대적 질문은 '교회가 문화에 관한 관심을 간과하고 있다'는 것에 있었다. 바티칸 제2차 공의회는 문화의 수용

---

5 주종훈, "개혁주의 교회들을 위한 예배 갱신의 과제", 개혁신학회, 「개혁논총」 23 (2002):93-122.

6 James White, *Introduction to Christian Worship* (Nashville: Abingdon, 2001)은 개신교 예배의 이해와 해석을 위해 접근하는 초석을 마련했다. 예배의 개념, 시간, 공간, 음악, 기도, 설교, 성찬을 중심으로 나타나는 하나님의 임재성을 통해서 기독교 예배의 역사와 발전 과정을 살펴보는 것은 오늘날 예배의 접근에서도 보편적으로 수용하는 하나의 방법론이다.

7 Swee Hong Lim and Lester Ruth, *Lovin' On Jesus: A Concise History of Contemporary Worship* (Nashville: Abingdon, 2017).

8 Bryan Spinks, *The Worship Mall* (New York: Church Publishing, 2011).

을 위해서 예배와 문화의 관계(relationship between worship and culture)를 고찰하는 것을 넘어서서 예배의 문화화(inculturation of worship)를 시도했다. 이러한 문화화는 서구 문화 밖의 예배자들이 그들의 문화를 예배 실천 안으로 적극 수용하는 것을 허용하는 것으로 출발했다.[9] 하지만 교회에서의 문화 수용은 가톨릭 예배의 상황화를 넘어서서 신학의 상황화, 선교학과 인류학의 통합 그리고 모든 교단의 예배 실천에까지 폭넓게 영향을 미쳤다. 특히 북미의 지저스 피플 운동(Jesus People movement)은 1960년대 사회에 저항하던 히피들의 문화를 기독교 예배로 수용한 대표적인 실천이다.[10] 당시 대중음악의 리듬과 정신을 예배 안으로 수용하고 예배에서 복장의 자유와 기타로 대표되는 현대 악기의 사용을 적극적으로 수용하면서 예배와 문화의 간격을 좁히는 것을 넘어서서 예배를 문화적 도전에 대한 답변으로 제시했다. 이후 현대예배는 음악을 중심으로 문화와의 간격을 좁히고, 음악 주도에 의한 구성과 실천으로 발전했다. 캘리포니아 코스타 메사에 위치한 갈보리 채플(Calvary Chapel)에서 시작한 교회의 음악은 '마라나타 음악'(Maranatha! Music)을 통해서 앨범을 출시하고 본격적으로 음악과 미디어 그리고 상업화로 이어졌다. 문화 수용을 통한 복음 전도와 실천은 예배의 구조와 실천에 변화를 초래했을 뿐 아니라, 나아가 경제 논리에 지배를 받고 영향을 받으면서[11] 복잡하게 발전하기 시작했다.

이후 새로운 문화 세대가 들어서면서 '교회가 문화와의 구분을 없애고 적극적으로 수용할 경우 문화와 구별되는 교회의 모습은 무엇인가?'라는 질문을 받게 되었다. 곧 교회 안에서 경험하는 것이 문화의 경험과 차이가 없다면 굳이 교회에 가야 할 이유가 없다는 것을 함의한다. 1990년대에 들어

---

9 Phillip Tovey, "Culture" *The Study of Liturgy and Worship*, Juliette Day and Benjamin Gordon-Taylor ed. (Collegeville: A Pueblo Book, 2013), 213.

10 Lim and Ruth, *Lovin' On Jesus*, 23.

11 Pete Ward, *Selling Worship: How What We Sing Has Changed the Church* (Bletchley, Paternoster Press, 2005), 95.

와 본격적으로 제기된 이러한 도전에 대해서 교회는 전통의 측면을 더욱 강화하기 위해 노력했다. 곧 이전의 문화 수용과 달리 더욱 적극적으로 문화 안에서 하나님을 경험할 수 있는 성육신적 신학의 접근을 시도했다. 단지 문화의 소비보다는 공동체를 강화하고 신비와 상징물들을 통한 하나님 경험과 새로운 방식의 의례를 적극 발전시켰다.[12] 이것은 단지 전통으로의 회귀나 상징을 통한 신비의 예배를 구축하려는 것이 아니라 포스트모던 세대를 향해 그들의 일상 문화를 넘어서서 새로운 방식으로 하나님을 경험하게 하기 위한 접근이다. Mike Riddel과 그의 동료들이 지적한 대로 "새로운 예배 안에서 모든 것을 사용해 볼 수 있다"[13]는 것을 시도한 것은 단 킴벌이 문화적 대안으로 제시한 새로운 예배(emerging worship)의 핵심 가치[14]이다. 이 예배가 외적으로 기술과 멀티미디어를 사용하면서 동시에 상징과 신비를 제시하는 다양한 전통적 요소들을 통해 창의적 방식으로 예배를 구성하는 것은 깊이 있는 의례의 접근이라고 보기 어렵다. 모든 가능한 새로운 시도를 통해서 예배를 새롭게 할 수 있다는 것은 기존의 예배 구조를 매주 파괴할 수 있고, 아울러 성찬의 실천에서도 떡과 잔이 아닌 다른 것들로도 가능하다는 실천까지 끌어냈다.[15]

이처럼 현대예배는 문화의 수용과 대응이라는 원리 속에서 발전해왔다. 음악을 중심으로 문화 수용을 시도한 현대예배는 다양한 형태로 나타나는 이른바 '경배와 찬양' 운동을 통해서 지속하였다. 새로운 문화적 도전이 본격화된 포스트모던 시대의 요구에 대해서는 예배의 실험성을 강조하고 대

---

12 Eddie Gibbs and Ryan Bolger, *Emerging Churches: Creating Christian Community in Postmodern Cultures* (Grand Rapids: Baker Academic, 2005), 73.

13 Mike Riddel, Mark Pierson and Cathy Kirkpatrick, *The Prodigal Project: Journey into the Emerging Church* (London: SPCK, 2000), 70.

14 Dan Kimball, *Emerging Worship: Creating Worship Gatherings for New Generations* (Grand Rapids: Zondervan, 2004). 킴벌에 따르면 emerging worship은 유기적 디자인과 흐름, 시각을 포함한 모든 감각의 활용과 참여 유도, 상징과 비유 그리고 신비스러운 음악의 수용과 함께 새로운 방식의 새로운 의례를 추구하는 실천이다.

15 Riddel, *The Prodigal Project*, 73.

중문화를 넘어서서 경험할 수 있는 모든 것을 시도하기 시작했다. 음악의 발전과 상징과 신비를 포함한 새로운 시도로서의 현대예배는 신학적 확신에 의한 예배 실천이라기보다는 문화적 도전과 요구에 대한 수용과 답변으로 주어진 결과로 볼 수 있다.

2) 다양한 이름들로 드러난 문화 표현으로서 현대예배

'현대예배'라는 용어와 표현은 단지 오늘날 우리 시대의 예배를 뜻하는 것 이상의 의미를 지닌다.[16] 상식적으로 동시대의 의례를 가리켜 '현대예배'라고 하지만, 20세기에 들어서면서부터 '현대예배'는 하나의 고유명사로 발전했다. 문화 수용을 통한 예배갱신의 노력은 예배의 실험적 실천을 가능하게 했다. 현대예배는 '새로운 실천으로서의 예배' 또는 '예배에서의 새로운 실험적 실천'을 내포하는 의미로 사용된다.[17] White가 고찰한 바와 같이 1960년대는 새로운 실험과 실천을 통한 예배의 혁신(innovation)이 시작된 시기이다.[18] 하지만 교회는 새로운 실험의 대상이 아니기에 1970년대 북미의 많은 교회는 예배를 실험의 대상으로 간주하는 것에 적극적으로 참여하지 않았다.[19] 그런데도 1980년대 이후 '현대예배'는 의례의 새로운 스타일 또는 방식으로 이해되고 수용되었다. 여기서 새로운 스타일의 예배는 언제나 실험적 실천을 요구하게 되고, 그로 인해서 위에서 언급한 '이머징 예배'와 같이 예배에서 모든 것을 새롭게 실천하는 것이 가능하다는 노력과 현상이 나타나게 되었다. 결국, 새로움을 추구하는 예배는 '새로운' 스타일, 형태, 방식으로서의 예배로 구체화하였고, 그러한 의미를 담아 '현대예배'라고 명명한다. 이러한 새로운 스타일과 방식의 현대예배는 다양한 표현들과 이

---

16 1920년대까지만 해도 '현대예배'는 특정한 시간과 장소에서 특정한 공동체가 실천하는 예배라는 일반적인 의미를 지니고 있었다.
17 Lim and Ruth, *Lovin' On Jesus*, 7.
18 James White, *New Forms of Worship* (Nashville: Abingdon, 1971), 15.
19 James White, *Christian Worship in Transition* (Nashville: Abingdon, 1976), 131-2.

름들로 나타난다.

현대예배의 다양한 이름들의 시작은 Webber의 '전통과 현대 문화의 통합'에 의한 블렌디드 예배(blended worship)[20]와 Dan Kimball의 이머징 예배(emerging worship)에서 비롯한다.[21] 이들의 의도는 문화 수용이 전통의 가치를 상실하지 않고, 전통의 강조가 문화 수용을 배제하지 않기 위한 통합(synthesis)에 있었다. 곧 예배에서 전통의 요소들과 현대 음악의 리듬뿐만 아니라 사회적 주제들을 모두 섞어서(blends) 하나의 통합 가능한 모델을 추구하는 것이다.[22] 하지만 현대예배의 실천은 전통과 문화의 유기적 통합보다는 전통과 문화의 모든 가능한 수용과 확대로 다양하게 나타나고 있다. 여기서 문화는 예배의 새로운 스타일에 결정적 역할을 한다.[23] 이런 현상은 Ruth가 고찰한 바와 같이 다양한 스타일의 예배 실천들에 다양한 이름들을 부여하고 각각 새로운 정체성을 제시하는 방식으로 주어진다.[24] Ruth는 이러한 현대예배의 다양한 스타일이 문화의 다양성만큼 복잡한 발전 과정을 형성하고 있다는 것을 제시한다. 곧 그에 따르면 음악 중심의 하나님의 임재 경험(musical sacramentality)을 넘어서서 예배의 구성과 형태에 이르기까지 새로운 이름들로 규정되는 다양한 스타일과 표현들이 주어지고 있다.[25]

이처럼 현대예배들은 예배 전통의 요소를 심도 있게 반영하거나 구조

---

20 Robert Webber, *Planning Blended Worship: The Creative Mixture of Old and New* (Nashville: Abingdon Press, 1998).

21 Kimball, *Emerging Worship: Creative Worship Gathering for New Generations*.

22 이러한 통합 방식의 실천에 대한 소개와 비평적 안내를 담은 자료들은 어렵지 않게 볼 수 있다. John Blanchard and Dan Lucarini, *Can We Rock the Gospel? Rock Music's Impact on Worship and Evangelism* (Darlington: Evangelical Press, 2006); Christian Scharen, *One Step Closer: Why U2 Matters to Those Seeking God* (Grand Rapids: Brazos, 2006).

23 종전에 예배의 사중구조(모임, 말씀, 성찬, 파송)와 같은 전통적 스타일의 방식은 예배의 새로운 스타일을 이끌어내기 어려운 고정된 구조이다. 하지만 문화 중심의 예배 구조는 문화의 의미, 지향점, 가치에 따라서 달라지기 때문에 예배의 다양한 스타일을 가능하게 한다.

24 Lester Ruth, "A Rose by Any Other Name: Attempts at Classifying North American Protestant Worship," *American Theological Inquiry 2*, no.1. (2009): 85-104.

25 Lim and Ruth, *Lovin' On Jesus*, 17-22.

를 전환하기보다는 다양한 문화의 수용과 표현의 확대로 나타난다. 문화의 수용과 표현으로서 현대예배는 다양한 이름들로 나타나고 여전히 지속해서 새로운 스타일을 제시한다. 이러한 예배들의 예로서, 이른바 '대안예배'(alt. worship),[26] '이머징예배'(emerging worship), '프레쉬 익스프레션'(fresh expression), '리퀴드예배'(liquid worship) 등이 대표적이다. 이들 현대예배의 다양한 표현들은 북미와 영국, 그리고 호주와 뉴질랜드 등에서 주로 발전하고 있다. 그런데, 많은 경우 하나의 고정된 형태가 오래 지속해서 실천되기보다는 문화와 세대의 변화에 따라 계속해서 같이 변화하고 빠른 속도로 다른 표현들로 전환, 대체되고 있다. 예를 들면, 영국에서 새로운 예배로 등장한 '대안예배'(alt. worship)는 '포스트노스대안예배'(post-nosalt.worship)으로 대체되고 지금은 그 영향력이 거의 상실된 상태에 있다. '이머징예배'(emerging worship)의 경우 문화적 수용을 통한 창의적 예배 실천을 시도했는데, 영국에서는 '프레쉬 익스프레션'(fresh expression)이라는 표현으로 나타났고 미국에서는 '리퀴드예배'(liquid worship)와 '디스팅티브예배'(distinctive worship)[27]로 새롭게 통합되기도 했다.

3) 음악과 기술에 의존하는 현대예배

현대예배의 또 다른 특징 가운데 하나는 음악의 주도적 역할 수용과 기술에의 의존이다. 우선, 음악은 단지 예배에서의 표현을 넘어서서 하나님의 임재에 참여하는 가장 중요한 방식으로 자리를 잡고 있다. 이것은 예배에서 전통적으로 수용한 세례와 성찬을 통한 성례 경험을 대체하거나 재정립하기보다는 예배자들이 참여하는 찬양과 경배의 의미를 새롭게 형성시킨 것이다. 곧 음악의 역할이 감정의 표현과 가사의 고백을 통한 기도를 넘어서

---

26 Paul Roberts, *Alternative Worship in the Church of England* (Cambridge: Grove Books, 1995).
27 Andy Flannagan, *Distinctive Worship: How A New Generation Connects with God* (Carlisle: Authentic Media, 2004).

서 하나님의 임재를 경험하는 주된 방식으로 발전했다.[28] 음악을 통한 하나님의 임재 경험의 강화는 음악 인도자들의 역할을 새롭게 부각시켰다.[29] 무엇보다도 음악을 인도하는 자들의 위치와 역할이 강화되고 목회자를 대신해서 예배인도자의 자리를 차지하고 있다. John Wimber는 음악 인도자를 예배 공간의 핵심에 자리 잡게 하고 현대 악기 배치와 사용을 예배 실천의 중심으로 만드는데 기여한 대표적인 인물이다.[30] 앤디 박(Andy Park)은 음악을 통한 예배인도자들을 가리켜 신학자들이라고까지 명명한다.[31] 최근에는 David Taylor가 지적한 대로, 음악 중심의 현대예배가 여성 인도자들에 의해서 주도적으로 발전하고 있다는 점도 중요한 특징으로 나타나고 있다.[32]

또한, 음악이 현대예배에 미치는 의존과 영향은 예배 구성과 진행을 위한 구조를 결정하기까지 발전한 것이다. 기독교 예배의 구조가 종교 개혁 이후 자유교회의 전통을 따라 다양하게 발전한 것은 이미 역사의 한 현상이다. 현대예배 발전의 중심에 있는 '경배와 찬양'은 단지 예배 음악의 내용과 표현 방식을 넘어서서 예배의 구조와 흐름까지 주도하는 역할을 하고 있다. 곧 전통적 예배 구조와 방식에 현대 음악을 포함하는 것이 아니라, 음악의 리듬과 박자 등을 모두 고려해서 예배의 내러티브를 결정하게 한다.[33] 이

---

28 Sarah Koenig, "This is My Daily Bread: Toward a Sacramental Theology of Evangelical Praise and Worship," *Worship 82* (2008): 141-161.
29 Lim and Ruth, *Lovin' On Jesus*, 38.
30 Andy Park and Lester Ruth, *Worshiping with the Anaheim Vineyard: The Emergence of Contemporary Worship* (Grand Rapids: Eerdmans, 2016) 참고.
31 "If we are worship leaders, we are theologians." Andy Park, *To Know You More: Cultivating the Heart of the Worship Leader* (Downers Grove: IVP, 2002), 90.
32 W. David Taylor, *Glimpses of the New Creation: Worship and the Formative Power of the Arts* (Grand Rapids: Eerdmans, 2019), 90. 그리고 Lim and Ruth, *Lovin' On Jesus*, 78. 실제로 힐송음악이 달린 책(Darlene Zschech)과 최근 지저스 컬처(Jesus Culture)의 타야 스미스(Taya Smith)는 현대예배 음악의 인도자로서 대표적인 예가 된다.
33 최근 힐송 유나이티드(Hillsong United)의 음악과 타야 스미스(Taya Smith)에 의해 대표되는 "Oceans"라는 곡을 보면 특별히 음악이 예배 내러티브에 미치는 직접적인 영향을 선명하게 볼 수 있다. Ellie Holcomb, "Oceans' Keeps Rising," *Christianity Today*, June 10, 2015. 그리고 Taylor, *Glimpses of the New Creation*, 88-91.

른바 프런티어예배 방식으로 알려진 음악을 통한 마음의 준비(preliminary), 설교를 통한 메시지 제시(the Word), 기도를 통한 반응(spiritual harvest)의 구조 가운데 단지 몇몇 곡을 선택하는 정도가 아니라, 예배 전체의 진행과 흐름을 음악이 규정하는 리듬과 참여 방식으로 구성하는 것이다.[34] 곧, '충분한 시간의 음악, 설교, 기도와 음악을 통한 반응' 과정에서 음악은 즐거움의 표현으로 빠른 템포, 하나님의 위대하심을 선포하는 중간 정도의 템포, 하나님과의 친밀함을 위한 느린 템포 등으로 구성하고 예배 전체의 흐름을 주도적으로 이끄는 방식으로 정착되고 있다.[35]

이와 아울러 현대예배의 또 다른 현상적 특징은 기술에의 의존이다. 시각과 음향의 효과를 위해서 교회 공간에 기술장비를 활용하는 것은 현대예배의 가장 보편적인 현상으로 나타나고 있다. 이러한 기술장비는 많은 비용을 부담하고 그것을 활용하기 위한 고도의 기술과 전문 인력을 요구하기도 한다. 이것은 현대예배에서 전문적인 음악인을 필요로 하고 의존하는 것과 함께 기술장비를 다루는 자들을 예배인도자 또는 진행자로 이끌어내기까지 했다.[36] 최근에는 기술이 단지 음향효과를 위한 장비 사용을 넘어서서 기도를 위한 시각적 이미지 제공, 광고를 위한 편집된 영상 송출, 신비스러운 소리와 효과음에 이르기까지 그 사용과 의존 범위가 넓어졌다.[37] 실제로 컴퓨터와 프로젝터가 예배에서 사용되는 가장 중요한 진행 장비로 수용되고 있다는 것을 거의 모든 예배 현장에서 인정하고 있다.[38] 예배의 가장 중요한 자리로 간주되는 전면부에는 프로젝터를 설치해서 영상을 활용하는

---

34 Lim and Ruth, *Lovin' On Jesus*, 77-8.
35 James Steven, *Worship in the Restoration Movement* (Bramcote: Grove Books, 1989), 6-13.
36 James Fenimore, "Boys and Their Worship Toys: Christian Worship Technology and Gender Politics," *Journal of Religion, Media and Digital Culture 1*, no.1 (January, 2012):11.
37 Spinks, *The Worship Mall*, 36, 38.
38 Lim and Ruth, *Lovin' On Jesus*, 48.

것이 보편화된 현상으로 나타난다. 이런 현상과 특징은 예배에서 기술 장비의 활용에 대한 논의를 더욱 체계적으로 제시하기 위한 노력을 시도하는 *Technologies for Worship*이라는 싸이트와 잡지[39]가 주목을 받기도 한다.

이제 예배자들은 이미지와 문자를 출판과 인쇄를 통한 경험이 아니라 기술장비를 활용한 영상 제공 방식을 통해서 경험한다. 교회 예배 공간에 마련된 카메라들은 이제 단지 예배를 녹화하는 것을 넘어서서 예배의 실황을 중계하듯이 예배자들을 중계하고 실시간 송출한다. 아울러 현대예배에 참여하는 이들은 예배 공간의 전면이 말씀과 성찬 참여의 중심이기보다는 이미지와 음향 제공 및 제시의 핵심 공간으로 수용한다. 인위적 조명, 시각적 이미지, 음향효과를 통해서 창의적으로 분위기와 전개 방식을 전환함으로써 예배 참여 방식도 조절할 뿐 아니라 새로운 가능성으로 이끌어 내기도 한다. 특별히 예능이나 쇼 프로그램 등과 같은 곳에서 사용하는 방식의 조명과 이미지 사용법을 그대로 수용해서 예배에 반영하는 것은 현대예배의 자연스러운 경험으로 주어졌다.[40]

3. 현대예배 현상에 담긴 특징들에 대한 분석과 비평

1960년대 초반부터 본격적으로 발전해온 현대예배는 문화의 수용을 통한 예배의 새로운 시도와 실험적 측면을 강조하면서 여전히 지속되고 있다. 예배갱신의 출발점에서 공식적으로 의도한 지향점과 방향성은 '예배자들'로 하여금 전인적이고 적극적으로 참여(full conscious active participation)하는 것이다. 특히 예배의 원래 개념[41]에 따라 성직자 또는 목회자 중심의 제한된

---

39 https://tfwm.com/ 참조.
40 Robert Philips, "Changes in Technology," *Southwestern Journal of Theology* 42, no. 3 (Sum, 2000), 56-7.
41 예배를 뜻하는 'leitourgia'는 '공공의' 또는 '공적인'(public) '일'(work)을 의미하는데, '백성

참여를 다시 예배자들의 적극적인 참여로 전환, 회복하기 위한 노력을 갱신의 주된 과제로 삼았다.[42] 예배의 구조와 구성보다는 예배자들의 참여와 실천 방식에 새로운 시도들을 추구했다.[43] 이러한 갱신의 과정에서 현대예배는 새로움 자체를 실험적으로 반복하고 창조성과 쇄신이라는 순환에 제한시켜서 혼합주의적 현상을 초래했고, 근대세계관의 핵심인 합리적 이해와 수용에 집중하면서 신비와 상징에 의해서 주어지는 예배 참여의 경이적 측면을 약화시켰다.

1) 새로움에 갇힌 갱신의 반복적 순환

기독교 예배갱신은 예배자들의 전인적이고 적극적 참여를 위해 새로운 실천을 끊임없이 추구하는 반복적 순환을 지속하고 있다. 예배갱신과 역사에서 새로운 예배 실천에 새로운 이름을 부여하는 방식으로 갱신을 주도한 것은 현대예배의 두드러진 특징이다. 현대예배는 각 공동체의 새로운 실천을 시도하고 그것에 대해 이름을 부여하는 방식으로 정체성을 제시하는 경향이 강하다. 지역, 교단, 신앙의 전통에 따른 예배보다 훨씬 더 구체적으로 각 공동체의 예배를 새롭게 구현하고 그것에 대한 이름을 부여함으로써 '새로움'을 표현하는 방식으로 나타낸다. '대안예배'(alt. worship),' '이머징 예배(emerging worship)', '신선한 표현들'(fresh expression), '깊은 예배'(deep church), '리퀴드 예배'(liquid worship), '유기적 예배'(organic worship) 등은 하나의 공통된 운동을 통해서 여러 공동체가 동시에 참여한 실천들로 보기는 어렵다. 물론 초기에는 몇몇 교회들이 동시에 시도하거나 동참했을지라도 대부분 한 공동체의 예배 실천 대안으로 주어진 결과다. 이러한 '새로움'의 추구로

들의 일', 또는 '백성들을 위한 하나님의 일'과 함께 사람들이 공동으로 또는 공적으로 참여하는 일이라는 의미를 지닌다.

[42] Alan Rathe, *Evangelicals, Worship and Participation: Taking a Twenty-First Century Reading* (London: Routledge, 2014) 참조.

[43] Taylor, *Glimpses of the New Creation*, 34-5.

주어진 현대예배는 교단적 연결성을 강조하지 않고, 비록 교단에 속해 있더라도, 회중 자체를 드러내는데 더욱 강조한다.[44] 곧 개교회의 예배를 문화적 요구에 대한 대응으로 이해하고 하나의 대안 실천으로 제시한다. 이러한 강조는 교회의 구성에 대한 이해와 참여에도 변화를 초래하는데, 교회공동체로의 입문 과정이 축소 또는 생략되고 단지 예배 참여에 의한 관계 형성에 집중하게 한다.[45]

이와 아울러, 새로움에 집중하는 현대예배 갱신의 노력은 예배자들의 적극적인 참여를 위한 새로운 시도에서 출발했으나, 새로움 자체를 추구하는 것을 지향점 또는 예배의 가치로 고정하는 경향이 강하다. 모든 예배자의 적극적인 참여를 위해서 시도하는 예배의 구조와 구성요소들을 '새롭게' 접근하는 것은 구조와 구성요소들까지 '새로운' 형태의 실천으로 제시하는 것과 구분된다. 새롭게 참여하는 태도와 방식을 위해서 새로운 형태가 필요로 하는데, 현대예배는 새로운 형태를 갱신의 목적과 방향으로 고정하려 한다. Mike Riddell과 그의 동료들이 언급한 바와 같이, "새로운 예배에서 새롭게 실천할 수 있는 모든 것을 고려할 수 있다"[46]는 것은 예배갱신의 가치가 새로운 형태에 집중한다는 것을 함의한다. 이러한 갱신의 가치와 방향은 예배에서 새로운 기술과 장비를 사용해서 전통 찬송과 테크노 음악을 연결하고, 성찬에서 떡과 포도주가 아닌 새로운 것들 곧 햄버거나 콜라를 사용하는 것도 주저하지 않는다.[47] 새로운 시도 그 자체로 문제가 되지는 않지만 그러한 시도가 예배의 구조를 임의로 조절하거나 피상적 수준으로 접근하고 또 예배 공동체의 정체성을 약화시키는 혼합주의적 방식으로 이르는 것은 주의해야 할 측면이다. Spinks가 지적한 대로, "진지한 의례와 상징은 매주 변화

---

44 Spinks, *The Worship Mall*, 42.
45 Tony Jones, *The New Christians: Dispatches from the Emergent Frontier* (San Francisco: Jossey-Bass, 2008), 56.
46 Mike Riddell, Mark Pierson and Cathy Kirkpatrick, *The Prodigal Project: Journey into the Emerging Church* (London:SPCK, 2000), 70.
47 Riddell, Pierson and Kirkpatrick, *The Prodigal Project*, 73.

하지 않고, 새로운 설명과 새로운 시도를 요구하지도 않는다."[48] 예배 실천을 신학적 요인들과 전적으로 분리된 형태로 간주하는 것은 어렵다. 따라서, 예배의 형태가 신앙과 관련한 의미 사이의 관계를 고찰하는 오래된 예배 신학의 주제(relationship between praying:lex orandi and believing:lex credendi)를 기억해야 한다.[49] 새로운 형태의 예배 자체가 문제라고 하기는 어렵지만, 새로움 자체가 대안이 될 수 있다는 문화적 지향점은 현대예배의 갱신에서 예배가 신앙 형성의 측면을 반영한다는 신학적 고찰을 수반해야 한다.

2) 모던과 포스트모던의 세계관에 갇힌 현대예배

현대예배의 구체적인 개념과 정의에 따르면 1960년대 이후 발전한 예배의 다양한 실천들을 가리킨다. 이러한 다양한 표현들로 주어진 실천들을 모더니즘과 포스트모더니즘과 연결시켜 이해하는 것은 예배가 예배자들의 세계관과 문화를 반영하기 때문에 적절하다. 포스트모더니즘의 시작을 1970년대로 간주할 경우,[50] 현대예배의 거의 모든 표현들과 실천들은 모더니즘을 벗어난 포스트모더니즘의 예배로 이해하는 것이 자연스럽다. 하지만, 모더니즘과 포스트모더니즘의 특징을 이끌어내고 둘 사이를 구분하는 것이 철학, 문학, 건축, 문화 등에서 비교적 선명히 이루어지는 것과는 달리 예배의 실천에서는 명확한 기준을 제시하는 것이 어렵다. 오히려 현대예배의 실천에서는 모더니즘과 포스트모더니즘의 구분을 선명히 제시하기보다는 문화적 측면에서 상호 관련성과 연결성이 더욱 명확히 나타난다.

현대예배가 제시하는 선명한 특징 가운데 하나는 소비문화의 측면을 부

---

[48] Spinks, *The Worship Mall*, 51.
[49] Maxwell Johnson, *Praying and Believing in Early Christianity* (Collegeville: Liturgical Press, 2013), 128,140.
[50] Stanley Grentz는 철학과 건축 그리고 새로운 시대의 전환으로서 포스트모더니즘을 모더니즘의 건축이 붕괴된 1972년 7월 15일로 간주하고 이날을 모더니즘의 기능주의적 실험이 종료된 것으로 이해한다. Stanley Grentz, *A Primer on Postmodernism* (Grand Rapids: Eerdmans, 1996), 11.

각하는 것이다. 예배가 문화와의 적실성을 추구하고 문화의 요소들을 수용하면서 문화의 소비주의적 측면을 적극적으로 반영한다. 포스트모더니즘의 문화적 측면 가운데 두드러진 특징은 소비 사회 모습이다.[51] 하지만 소비주의가 등장한 것은 산업혁명 이후 도시 사회의 구조를 가능하게 한 근대의 모더니즘에서 시작되었다. 소비를 통한 만족과 삶의 풍요를 추구하는 것은 근대 이후 현대에까지 지속하는 삶의 가치이고, 모더니즘과 포스트모더니즘을 연결해주는 핵심 가치가 되기도 한다. 이러한 소비주의 현상은 시대를 연결할 뿐 아니라 지역을 넘어서서 전 세계가 공통으로 추구하는 하나의 가치로 나타난다.[52] 현대예배는 만족을 추구하는 예배자들의 갈망에 부합한 방식을 제공하기 위해서 실천을 모색하는데 이것은 모더니즘과 포스트모더니즘의 공통 특징인 소비주의 문화적 측면을 반영하는 것으로 볼 수 있다.

모더니즘과 포스트모더니즘에서 공통으로 소비는 단지 무엇인가를 사는 행위가 아니라, 그 자체로 정체성을 얻는 행위이다.[53] 현대예배는 새로운 방식과 형태의 예배를 제시함으로써 예배자들로 하여금 끊임없이 새로운 것을 통한 만족을 추구하는 갈망에 집중한다. 어떤 새로운 형태의 예배가 주어질 때 그것에 만족하지 못하고 다시 또 새로운 예배를 추구하는 것은 이전의 예배가 한계를 지니거나 적실성을 상실했다기보다는 갈망 자체에 집중하고 그러한 소비적 가치에 만족을 주기 위한 노력의 결과로 볼 수 있다. James Farrell이 정리한 바와 같이, "나는 소비한다. 고로 나는 존재한다: 데카르트를 대신해서 신용카드가 나를 규정한다"[54]는 표현은 현대예배의 실

---

51 George Ritzer, *The McDonalization of Society* (Thousand Oaks:Pine Forge Press, 1995) 그리고 John Drane, *The McDonalization of the Church: Consumer Culture and the Churb's Future* (Macon: Smyth & Helwys Publishing Inc., 2001) 참조.

52 모더니즘과 포스트모더니즘의 특징으로서 소비주의 현상의 측면을 상세히 다룬 자료는 Yiannis Gabriel and Tim Lang, *The Unmanageable Consumer: Contemporary Consumption and Its Fragmentation* (London: Sage Publication, 1995)이다.

53 James Smith는 이러한 소비와 정체성의 연결을 예배의 측면에서 깊이 있게 다룬 대표적인 철학자이다. James Smith, *Desiring the Kingdom* (Grand Rapids: Baker Academic, 2009) 참고.

54 James Farrell, *One Nation Under Goods: Malls and the Seduction of American Shopping*

천에 나타나는 특징을 제시해준다. 아울러 현대예배가 소비주의 문화와 연결되어 드러나는 모습은 Spinks가 비평한 대로 예배를 쇼핑몰의 경험으로 축소하는 다소 위험한 결과를 이끌기도 한다.[55] 쇼핑몰은 상품의 판매를 위해서 전시, 광고, 시간 등을 모두 욕망의 충족을 이끌어내는데 집중한다. 그리고 그러한 소비의 과정을 정체성을 구현하는 방식으로 사람들을 이끌어 간다. 현대예배는 마치 쇼핑몰의 경험을 예배에서 가능하도록 예배자들의 마음이 갈망하는 것을 만족하기 위해 끊임없이 새로운 것을 추구한다.

이처럼 현대예배는 소비주의 가치와 측면을 통해서 모더니즘과 포스트모더니즘의 공통된 측면을 부각한다. 곧 예배자들의 갈망에 따른 기대를 만족시키기 위한 공동예배의 다양한 실천들은 명확한 이해와 경험 그리고 감정적 만족과 참여라는 근대성의 구현으로 볼 수 있다. 비록 포스트모던 시대를 살아가는 예배자들을 위해 포스트모던 예배를 지향하지만, '명확한 이해를 통한 경험과 감정적 만족을 통한 친밀함의 경험'은 근대의 합리주의와 낭만주의의 가치이자 특징이다. 하지만 이해할 수 있는 언어 사용과 친밀함을 이끌어내기 위한 새로운 형태를 추구하는 예배갱신은 전통적으로 발전해 온 예배 의례의 구조를 피상적으로 이해하고 인간 이성을 넘어선 영역의 하나님 존재에 대한 신비와 상징에 대한 경이로움의 참여를 제한시켜 버렸다. 곧, 모든 가능한 실천을 통해 가장 이상적이고 적실성 있는 예배를 추구하지만, 이해의 범위에 갇히고, 신비와 상징에 대한 경이로움을 통해 하나님에게 반응하는 가능성을 축소해 버린 것이다. Spinks가 사회학자들의 분석을 통해서 정리한 바와 같이, 제2차 바티칸 공의회를 따라 시도한 예배갱신은 지나치게 극단으로 향했고, 의례와 상징을 축소했으며, 예배를 애매한 공연의 측면으로 이끌어낸 위험을 초래했다.[56]

(Washington, D.C.: Smithsonian Books, 2003), 261.

55 이미 살펴본 바와 같이 Bryan Spinks의 책 제목은 'The Worship Mall'이다. 이것은 현대예배의 소비주의 측면을 요약해 제시하는 분석과 평가로 볼 수 있다.

56 "Too much got cast away in the decade following Vatican II; it is simplification of rite

4. 현대예배의 갱신 지속을 위한 과제

현대예배는 갱신을 위한 노력으로 문화 수용의 가능성을 확대했다. 문화적 요청에 대한 문화적 답변으로 예배를 구성하기 위한 다양한 시도들을 해왔다. 창조성에 기반을 둔 실험적 실천을 강화했고, 명확한 이해와 감정적으로 경험할 수 있는 친밀함을 제시하는 실천으로서의 다양한 형식과 방식을 대안으로 제시해왔다. 이러한 노력은 의도와는 달리 전통에 대한 피상적 수용과 예배의 의례성을 약화시켜 버리는 치우친 갱신으로 진행해 왔다. 현대예배의 적극적인 문화 수용에 대한 현상에 대해 최근에는 예배와 관련해서 전통을 심도 있게 수용하고 의례를 통한 상징과 신비에로의 적절한 참여를 강조하기 위한 노력이 이루어지고 있다. 그 가운데 전통의 유산들을 현대의 갱신을 위한 원리로 삼는 운동으로서 'ressourcement'는 가장 대표적인 반응이다. 예배를 포함한 교회 갱신의 방법으로 제2차 바티칸 공의회의 문화 수용에 대한 반성적 고찰을 통해 전통의 유산을 다시 회복하고자 하는 운동이다.[57] 이러한 대응은 급진정통주의(Radical Orthodoxy)와 함께 근대 이전의 세계관과 전통의 유산들을 오늘날의 언어와 문화로 해석해서 연결을 시도하는 움직임으로 활발하게 이루어지고 있다.[58] 하지만 전통으로의 회귀 또는 전통 유산의 회복을 위한 시도가 현대 문화에 대한 수용과 그에 따른 현대예배의 갱신을 위한 대안으로 보는 것은 또 다른 논의 사항을 요구한다. 실제로 우리 자신이 살아가는 현실을 떠나 전혀 새로운 전통의 문화를 다시

---

and symbol, together with an informal and banal performance of the liturgy, that is the major problem." Spinks, *The Worship Mall*, 191.

[57] 대표적으로 Yves Congar (1904-1995), Henri de Lubac (1896-1991), Jean Danielou (1905-1974) 등에 의해서 발전했고 특히 교부들의 자원들을 예배를 포함한 교회 사역의 전반에 다시 회복하기 위한 노력에 집중했다. William Harmless, *Augustine and the Catechumenate* (Collegeville: Liturgical Press, 2014), 20-23.

[58] 급진정통주의에 대한 개괄적 이해와 특징에 대한 설명은 James Smith, *Introducing Radical Orthodoxy* (Grand Rapids: Baker, 2004)를 통해서 살펴볼 수 있다.

복원하는 방식의 시도는 또 하나의 이상으로 흐를 수도 있다. 물론 전통의 유산을 회복하는 것 자체는 현대예배의 균형 있는 방향성을 위해서 필요하다. 이처럼 전통의 회복과 문화의 수용을 위한 지속적인 노력 과정에 있는 현대예배를 지속해서 갱신하고 예배자들이 예배에 더욱 전인적이고 적극적으로 참여(full, conscious and active participation)할 수 있는 실천 과제의 방향을 간략히 제안하고자 한다.

1) 전인적 참여와 경험 강화

첫째로, 현대예배의 다양하고 새로운 실천은 예배자들로 하여금 전인격적 참여와 경험(embodied participation and experience)을 할 수 있도록 의도적으로 노력하는 것이 요구된다. 현대예배는 진지한 참여(sincere participation)의 방식[59]을 강화했다. 그런데 그 진지한 참여의 방식이 전인적 참여와 같은 것은 아니다. 현대예배의 진지한 참여는 주로 말씀을 중심으로 한 새로운 깨달음을 명료하게 경험하는 것과 음악을 중심으로 한 감정적 몰입과 참여에 집중한다. 이러한 두 측면의 예배 경험을 위해서 새롭고 다양한 방식들을 시도하고 있다. 특히 현대예배는 메시지와 음악 그리고 다양한 요소들을 창의적으로 전개하면서 예배자들이 더욱 진지하게 하나님의 임재 경험에 참여하도록 인도한다. 위에서 살펴본 바와 같이 상당한 기술과 장비를 사용해서 그러한 실천을 더욱 강화한다. 이제는 음악을 통한 상상력을 강화하고 기술적 장비를 통해 그러한 상상력의 참여가 더욱 효율적으로 이루어지도록 노력하고 있다. Taylor가 언급한 대로 현대예배에서 음악은 단지 함께 노래를 부르는 것을 넘어서서 기술 곧 음향장비와 시각적 이미지를 조명과 같이 사용해서 예배자들의 상상력(imagination)을 형성시키는 방식으로까지

---

[59] 진지함에 대한 의미는 문화적 측면에서 서로 다른 의미로 이해, 해석될 수 있고, 감정과 이성 전체를 포괄해서 다면적으로 해석될 수 있는 표현이다. John Witvliet, "planting and Harvesting Godly Sincerity: Pastoral Wisdom in the Practice of Public Worship," *Evangelical Quarterly*. Oct. 2015 Vol. 87: 291-309.

이끌고 있다.[60] 이처럼 진지함과 음악 그리고 기술적 효과를 통해 예배 참여 방식의 경험을 발전시키지만 동시에 그러한 경험에 집중하고 또한 비록 의도하지 않더라도 예배 경험을 그러한 방식에 의한 참여로 축소하거나 제한시키는 한계를 끌어내기도 한다. 이것은 예배 참여 방식에서 생각보다는 감정을, 인격적인 참여보다는 기술과 미디어 그리고 음향장비에 의한 효과에 의해서 주어지는 경험에 집중시킨다. 나아가 미디어를 통한 예배 경험 자체를 자연스럽게 받아들이고, 새로운 예배 방식의 또 다른 유형으로 수용하며 받아들이기도 한다.[61] 하지만 기독교 예배갱신에서 의도한 전인적 참여는 새로운 참여와 기술에의 의존에 의한 참여라기보다는 인격성을 수반한 몸 전체의 참여를 의미한다. 예배갱신 운동에서 의도한 전인적이고 적극적 참여(full conscious active participation)는 생각이나 감정을 더욱 집중해서 진지하게 몰입하는 방식으로 경험하는 것이라기보다는 인격성을 지닌 '몸 전체의 참여'(embodied participation)를 의미한다. 현대예배의 발전에서 주어진 디지털 방식의 예배는 기술을 통한 예배 참여에 도움을 줄 수 있는 새로운 경험일 수 있지만, 몸 전체의 전인적 참여를 대신하거나 그보다 더 나은 예배 경험으로 간주하기는 어렵다. 특히 기술장비에 의존하거나 그것을 통한 예배는 소그룹 또는 공동체에 대한 개념과 참여로서의 경험을 약화하고[62] 그로

---

60 Taylor, *Glimpses of the New Creation*, 75-96 "Worship and the Musical Arts" 부분 참고.

61 Rachel Wagner, *Godwired: Religion, Ritual and Virtual Reality* (New York: Routledge, 2012) 가상공간의 경험과 문화적 참여는 온라인 방식의 가상공간을 통한 예배의 자연스러운 수용과 공동체를 형성하는 것에 이르게 한다. August E Grant et. ed., *How Digital Technology is Changing the Way We Worship and Pray* (Santa Barbara: Praeger, 2019)을 보면 기독교 예배뿐 아니라 모든 종교에서 가상예배의 가능성과 새로운 실천에 대해서 인정하고 대안으로까지 제시하고 있다는 것을 알 수 있다. 테레사 버거의 경우 온라인 예배 참여를 더욱 건전하고 바람직한 현상과 경험으로 진단하고 서술하기도 한다. Teresa Berger, *Worship: Liturgical Practices In Digital Worlds* (New York:Routledge, 2018)

62 우리가 경험하는 대로 기술의 발전과 활용으로 인해서 대형교회의 예배가 가능해졌다. 그 자체로 문제가 되지 않지만, 소그룹 또는 공동체의 직접적인 경험을 약화하는 점에 대해서는 책임 있는 접근과 노력이 요구된다. 이와 관련해서 John Dyer는 아주 명확하게 기술장비와 예배의 환경 변화에 대해서 대형교회의 책임을 언급한다. John Dyer, *From the Garden to the City: The Redeeming and Corrupting Power of Technology* (Grand Rapids: Kregel, 2011),

인해 예배에 전인적으로 참여하는 것을 어렵게 한다.

2) 예배의 대화 구조 회복과 실천

둘째로, 현대예배의 갱신에서 주어지는 중요한 과제는 예배의 대화적 구조를 회복하고 구체적으로 실천하는 것이다. 현대예배의 특징 가운데 하나는 기술과 예술을 사용해서 새로운 방식의 표현을 극대화하는 것에 집중하는 것이다. 현대예배에서 비디오 장비를 활용해서 스크린에 영상을 송출 또는 제공하는 것은 가장 기본적인 방식으로 정착 발전하고 있다. 예배 공간에서 가장 중요한 비중을 차지하는 것도 스크린, 영상과 음향장비 및 시설이 되고 있다.[63] 예배 음악을 실천할 때 악보 또는 가사의 제공을 위해 사용하던 방식을 넘어서서 이제는 광고와 설교에서도 예화를 제시하는 중요한 방식으로 스크린과 영상 장비를 사용한다.[64] 예배의 진행 과정을 중계하듯 여러 카메라를 사용해서 스크린에 예배자들을 비추기까지 한다. 이러한 예배와 문화/예술 그리고 기술이 하나로 통합되어 예배의 실천에 가장 큰 변화를 안겨준 것은 예배자들로 하여금 예배 진행 과정에서 예수님에게 집중하지 못하게 하고(subtly taking the focus off Jesus), 예배에서 강력한 인상이나 효과를 이끌어내는 표현들에만 집중하도록 이끈 것이다.[65] 결국, 예배의 중요한 측면인 하나님과의 대화 구조를 약화시키고 일방적으로 표현하거나 관람 또는 수용하도록 이끈다. 기독교 예배는 인격적인 하나님과의 대화 방식을 구체화하는 의례의 표현이다.[66] 곧 인간 스스로 불가능한 하나님과의

91.

[63] Eileen Crowley, *Liturgical Art for a Media Culture* (Collegeville: Liturgical Press, 2007), 15.

[64] Taylor, *Glimpses of the New Creation*, 256.

[65] Stephen Proctor, *The Guidebook for Visual Worship: Basic Training for Visual Worship Leaders* (n.p.: Illuminate.US, 2014), 8 참고.

[66] 이것은 신학적 정의로 볼 수 있는데, 예배가 하나님과의 관련한 의례로 접근할 때, 신학적 측면을 반영하는 것은 불가피하다. 하나님과 인간의 관계 구조와 방식에 따른 신학과 예배의 발전은 칼빈에게서 적극적으로 나타나고, Philip Butins는 칼빈의 신학을 발전시켜 삼위일체와

관계 방식에 성령 하나님의 주도적인 도움과 그리스도의 은총으로 인해서 공동체가 참여하는 대화이다.[67] 좀더 간략히 표현하면 예배는 하나님이 자신을 계시하시고, 인간이 반응하는 대화이다. 인격적 대화 구조로 나타나는 예배의 정의와 특징은 성경에서부터 선명히 제시되는 내용이고[68] 현대예배가 기술 사용과 다양한 예술을 통합하는 과정에서 지속적으로 반영해야 할 갱신의 주요 과제다. 특히 예배에서 대화의 구조를 회복하고 발전하는 것은 신학적 측면에서 인간의 피조성을 인정하는데 아주 중요한 측면이다. 예배가 기술을 사용해서 일방적으로 표현하거나 진행하는 공연의 구조 속에서 이해되고 경험하는 것과는 달리 인격적 관계의 대화 방식에서 주어지는 침묵을 통해서 어색함과 부자연스러움도 받아들이게 된다. 특히 예배에서 인격적 대화 방식을 강화하는 것은 편집된 메시지를 통한 의사소통에 익숙한 세대에 중요한 과제가 된다. 스마트폰과 컴퓨터 기술을 활용해서 이루어지는 의사소통 방식은 실수를 최소화하고 편집된 문구나 내용을 통해서 의사소통하기 때문에 직접적인 대화를 진행하는 것에 어색해한다.[69] 이런 문화 방식에 익숙한 세대들은 예배도 하나의 편집된 기술 방식을 접하는 것으로 수용한다. 이런 맥락에서 현대예배의 다양한 표현들과 시도들에서 인격적 대화 방식의 예배 실천의 회복을 추구하는 것은 단순히 음악을 통한 감

예배의 관계 구조 방식과 대화의 측면을 구축했다. Philip Butins, *Revelation, Redemption, and Response: Calvin's Trinitarian Understanding of Divine-Human Relationship* (New York: Oxford University Press, 1997).

67 예배를 하나님과 하나님 백성들 사이의 대화 구조에 근거해서 신학적으로 가장 명료하게 발전한 학자들 가운데 가장 대표적인 사람은 아이러니하게도 철학자 Nicholas Wolterstorff이다. Nicholas Wolterstorff, *The God We Worship: an Exploration of Liturgical Theology* (Grand Rapids:Eermmans, 2015) 참조.

68 예를 들어, 출애굽기3:1-3, 느헤미야8, 시편105,106, 이사야 6:1-8, 누가복음 24:13-35, 사도행전 2 등에서 예배가 하나님과 백성들 사이의 인격적 대화 구조의 측면을 제시하고 있음을 알 수 있다.

69 Sherry Turkle, *Reclaiming Conversation: The Power of Talk in a Digital Age* (New York: Penguin Books, 2015) 그리고 Andy Crouch, *The Tech-Wise Family* (Grand Rapids: Baker Books, 2017) 참조.

정 중심의 친밀함을 인격적 방식의 친밀함으로 강화해서 발전시킬 수는 좋은 방향이 될 수 있다.[70]

3) 예배자들의 신앙과 삶의 형성 고찰과 강화

셋째로, 현대예배의 지속적인 갱신을 위해서 고려할 수 있는 중요한 과제는 예배 실천의 새로운 표현과 함께 또는 그러한 표현들을 통해서 예배자들이 어떻게 형성되는지에 대해 고찰하고 반영하는 것이다. 지난 60여 년간 진행해 온 예배갱신 운동은 문화의 수용을 통해서 예배 실천의 다양한 가능성을 새롭게 그리고 구체적으로 발전시켰다.[71] 새로운 예배의 실천을 창의적이고 실험적으로 제시하기 위한 노력은 전적으로 예배자들의 전인적이고 적극적인 참여를 위한 갱신의 의도와 원리를 반영한 노력이다. 이러한 노력을 통해서 새롭게 주어진 다양한 예배 실천들에 예배자들이 새로운 방식으로 예배를 경험하게 된 것은 분명하다. 하지만 새로운 실천의 예배가 예배자들로 하여금 더욱 선명하고 전인적이며 적극적인 참여를 가능하게 한 것인지에 대해서는 구체적으로 가늠하거나 평가하기 어렵다. 이런 맥락에서 현대예배의 다양한 실천들이 가져다준 결과 가운데 하나는 예배의 실천과 예배자들을 명확히 구분하고 예배의 방식이 예배자들에게 미치는 영향을 진지하게 받아들인 것이다. 특히 예배갱신의 한 축을 구성하며 발전한 성경적 예배는 예배자와 예배 스타일과 형식 사이의 관계를 구분하고 상호 관련성을 심도 있게 제시한다. R.C. Sproul은 성경적 예배에 대한 자신의 고찰에서 예배의 형식과 예배자의 구분이 가인과 아벨의 예배에서부터 나타나고 예배자의 신앙과 삶의 형성이 예배의 방식 수용 여부까지 결정한다고 언

---

[70] Lim Swee Hong 교수와 Lester Ruth 교수 역시 음악을 중심으로 한 현대예배의 가능한 미래에 요구되는 바람직한 방향과 과제에 대해서 인격적 대화 구조의 친밀함을 강화하는 것으로 언급한다. Lim and Ruth, *Lovin' On Jesus*, 87.

[71] 한국적 상황에서 예배와 영성의 실천에 대한 포괄적 논의를 위해서는 민장배, "예배를 통한 영성회복에 대한 연구", 한국복음주의실천신학회, 「복음과 실천신학」 vol. 20 (2009): 232-255를 참고하라.

급한다.⁷² 곧 특정한 스타일이나 방식이 하나님이 받으시는 예배를 결정하는 것이 아니라, 하나님이 예배자들을 받으실 때 그들이 참여하고 제시하는 스타일과 방식을 받아들인다는 측면을 강조한다. 이렇게 예배자의 삶과 신앙의 형성이 예배 방식과 스타일보다 강조되는 것은 예배 신학의 주제인 신앙의 법과 기도의 법 사이의 관계에 대한 지속적인 발전으로 볼 수 있다. 여기서 현대예배의 기여는 신앙의 법과 기도 곧 예배 실천의 법 사이의 관계에서 우선순위를 규정하는 것보다 예배가 지닌 삶의 형성 곧 예배자들의 삶과 신앙 형성에 대한 측면을 강화한 것이다. James Smith와 같은 학자들의 노력에 따라 예배가 삶의 형성에서 중요한 역할을 하는 것은 이제 많은 예배 이론가들과 실천가들이 공통으로 받아들인다.⁷³ 하지만 Smith가 제기한 예배가 삶의 형성에서 중요하다는 측면은 그 자체로 예배가 삶의 변화를 위한 기계적 역할 곧 기능주의적 측면을 갖고 있다는 비평을 넘어서야 한다.⁷⁴ 이와 관련해서 현대예배가 예배자들의 삶을 어떻게 형성하는지 예배의 구조와 예배 실천안에서 진행하는 다양한 구성요소들에 대한 직접적인 고찰을 강화해야 한다. 최근 David Taylor가 예술을 중심으로 예배가 예배자들을 어떻게 형성하는지에 대한 하나의 분석을 제시한 것은 아주 좋은 예로 볼 수 있다.⁷⁵ 아울러 기독교 예배의 전통 구조와 구성요소는 이미 예배자들

---

72 R.C. Sproul, *How Then Shall We Worship: Biblical Principles to Guide Us Today* (Colorado Springs: David C. Cook, 2013), 13-46.

73 가장 최근에 쓰인 Alastair Sterne, *Rhythms for Spiritual Practices for Who God Made You to Be* (Downers Grove: IVP, 2020)를 보면 예배의 실천에서 가장 중요한 강조는 예배자의 형성에 있다는 것을 알 수 있다.

74 Smith는 현대예배와 삶의 변화와 관련한 자신의 주장에서 예배를 목적보다는 변화의 수단으로 간주하는 것에 대한 비평을 직면하고 있다. 물론 스미스가 예배에서의 경배와 찬양 등을 통한 하나님을 향한 내어드림의 측면을 무시하지는 않지만, 그의 저서들에 대부분 강조하는 측면은 예배를 기능적 수단으로 간주하는 경향이 나타나는 것은 부인하기 어렵다. 이와 관련된 것은 또 다른 연구 주제가 된다. 이러한 비평적 논쟁거리를 제시한 사람은 Graham Hughes이다. 그의 책, *Reformed Sacramentality* (Collegeville: Pueblo, 2017), 41-3 참고.

75 이 연구에서 많은 부분 언급한 그의 기여는 *Glimpses of the New Creation*에서 상세히 확인할 수 있다.

의 삶을 형성하는 역할을 제시하는데 그러한 측면에서 의례가 삶을 형성하는 심도 있는 반영도 현대예배 갱신의 지속적인 과제로 다루면 도움이 될 수 있다.[76]

5. 나가는 글

지금까지 위 본문에서 개략적으로 살펴보고 분석한 바와 같이 현대예배는 문화 수용을 통해서 예배가 또 하나의 문화 표현과 방식이 되도록 발전시키고 있다. 이것은 예배와 문화 사이(worship and culture)의 접촉점을 마련해서 하나의 통합을 구현하는 것이 아니라, 예배의 문화화(inculturation of liturgy)를 구체화하는 것으로 나타난다. 문화의 복잡성과 다양성을 반영하기 때문에 예배는 예배 인도자들의 창의적 접근과 실험적 실천으로 제시된다. 이러한 현대예배는 문화의 대표적인 장르인 음악에 의해서 주도되고, 고도로 발전한 현대 문화의 기술적 측면을 반영하고 또 상당 부분 의존하면서 구체적인 방식과 형식을 드러내고 있다. 이러한 현상과 특징은 예배의 스타일과 진행 방식에 의해서 예배 경험과 참여 방식을 직접 주도하고 결정하기까지 한다. 따라서 현대예배의 발전 방향을 갱신의 원리에 따라 모든 예배자가 전인격적이고 적극적으로 참여할 수 있게 하도록 더욱 지혜로운 분별과 실천이 요구된다. 예배를 제한된 이성이나 감정의 경험에 갇히지 않고 전인적으로 참여할 수 있게 하고, 단순히 표현이나 공연에 대한 관람과 참여가 아니라 하나님과의 인격적 대화 구조를 선명히 제시할 수 있어야 하고, 예배의 형식과 참여 방식이 예배자의 삶을 형성하는 구체적인 측면을 지속해서 고찰하고 갱신의 과제로 발전시키는 것이 필요하다. 이 장은 현대

---

[76] Tod Bolsinger, *It Takes a Church to Raise a Christian* (Grand Rapids: Baker, 2004), chapters 6,7: 85-108 참조. 특히 Bolsinger는 공동예배의 전통적 구성요소들이 그리스도인의 삶과 제자도를 어떻게 형성하는지에 대해서 아주 선명하게 제시한다.

예배의 갱신 과정에서 나타나는 현상과 특징을 분석 평가하고 그 갱신을 지속하기 위한 과제를 제시하는 데 집중했기 때문에 특정한 하나의 예배 실천 사례를 심도 있게 분석하거나 그에 대한 세부적이고 구체적인 대안 제시를 포함하지는 못했다. 아울러, 1960년대 이후 계속해서 발전하고 있는 예배 갱신의 방향에 대해서 문화 수용과 전통의 회복이라는 두 대립한 입장 가운데 어느 하나를 택해야 하는 것을 제시하지도 않았다. 오히려 현재 진행하고 있는 갱신의 실천에서 원래 지향했던 갱신 원리 곧 예배자들의 전인적이고 적극적인 참여를 지속적이고 건강하게 이끌어내기 위한 방향과 실천 과제를 제시하는데 집중했다. 이러한 한계에도 불구하고 이 장에서 제안한 현대예배 갱신의 고려 사항들이 갱신의 방향성을 유지하고 실천을 구체화하는 데 도움이 될 수 있기를 기대한다.

참고문헌

김상구. "회중의 적극적인 참여와 책임있는 예배를 위한 모색". 한국복음주의실천신학회.「복음과 실천신학」 vol. 10 (2005): 219-244.

김순환. "한국교회를 위한 예배신학적 재고와 방향". 한국복음주의실천신학회.「복음과 실천신학」 vol. 2 (2001): 185-226.

민장배. "예배를 통한 영성회복에 대한 연구". 한국복음주의실천신학회.「복음과 실천신학」 vol. 20 (2009): 232-255.

주종훈. "개혁주의 교회들을 위한 예배갱신의 과제". 개혁신학회.「개혁논총」 23 (2002): 93-122.

Berger, Teresa. *Worship: Liturgical Practices In Digital Worlds*. New York: Routledge, 2018.

Blanchard, John and Lucarini, Dan. *Can We Rock the Gospel? Rock Music's Impact on Worship and Evangelism*. Darlington: Evangelical

Press, 2006.

Bolsinger, Tod. *It Takes a Church to Raise a Christian*. Grand Rapids: Baker, 2004.

Butins, Philip. *Revelation, Redemption, and Response: Calvin's Trinitarian Understanding of Divine-Human Relationship*. New York: Oxford University Press, 1997.

Crouch, Andy. *The Tech-Wise Family*. Grand Rapids: Baker Books, 2017.

Crowley, Eileen. *Liturgical Art for a Media Culture*. Collegeville: Liturgical Press, 2007.

Drane, John. *The McDonalization of the Church: Consumer Culture and the Churh's Future*. Macon: Smyth & Helwys Publishing Inc., 2001.

Dyer, John. *From the Garden to the City: The Redeeming and Corrupting Power of Technology*. Grand Rapids: Kregel, 2011.

Farrell, James. *One Nation Under Goods: Malls and the Seduction of American Shopping*. Washington, D.C.: Smithsonian Books, 2003.

Fenimore, James. "Boys and Their Worship Toys: Christian Worship Technology and Gender Politics." *Journal of Religion, Media and Digital Culture 1*, no.1 (January, 2012): 1-24.

Flannagan, Andy. *Distinctive Worship: How A New Generation Connects with God*. Carlisle: Authentic Media, 2004.

Gabriel, Yiannis and Lang, Tim. *The Unmanageable Consumer: Contemporary Consumption and Its Fragmentation*. London: Sage Publication, 1995.

Gibbs, Eddie and Bolger, Ryan. *Emerging Churches: Creating Christian Community in Postmodern Cultures*. Grand Rapids: Baker Academic, 2005.

Gore, R.J. *Covenantal Worship*. Phillipsburg: P&R Publishing, 2002.

Grant, August E. et. ed. *How Digital Technology is Changing the Way We*

Worship and Pray. Santa Barbara: Praeger, 2019.

Grentz, Stanley. *A Primer on Postmodernism*. Grand Rapids: Eerdmans, 1996.

Harmless, William. *Augustine and the Catechumenate*. Collegeville: Liturgical Press, 2014.

Holcomb, Ellie. "Oceans' Keeps Rising." *Christianity Today*, June 10, 2015.

Hughes, Graham. *Reformed Sacramentality*. Collegeville: Pueblo, 2017.

Johnson, Maxwell. *Praying and Believing in Early Christianity*. Collegeville: Liturgical Press, 2013.

Jones, Tony. *The New Christians: Dispatches from the Emergent Frontier*. San Francisco: Jossey-Bass, 2008.

Kimball, Dan. *Emerging Worship: Creating Worship Gatherings for New Generations*. Grand Rapids: Zondervan, 2004.

Koenig, Sarah. "This is My Daily Bread: Toward a Sacramental Theology of Evangelical Praise and Worship." *Worship 82* (2008): 141-161.

Lim, Swee Hong and Ruth, Lester. *Lovin' On Jesus: A Concise History of Contemporary Worship*. Nashville: Abingdon, 2017.

Park, Andy and Ruth, Lester. *Worshiping with the Anaheim Vineyard: The Emergence of Contemporary Worship*. Grand Rapids: Eerdmans, 2016.

Park, Andy. *To Know You More: Cultivating the Heart of the Worship Leader*. Downers Grove: IVP, 2002.

Rathe, Alan. *Evangelicals, Worship and Participation: Taking a Twenty-First Century Reading*. London: Routledge, 2014.

Riddel, Mike, Pierson, Mark, and Kirkpatrick, Cathy. *The Prodigal Project: Journey into the Emerging Church*. London: SPCK, 2000.

Ritzer, George. *The McDonalization of Society*. Thousand Oaks: Pine Forge Press, 1995.

Roberts, Paul. *Alternative Worship in the Church of England*. Cambridge: Grove Books, 1995.

Ruth, Lester. "A Rose by Any Other Name: Attempts at Classifying North American Protestant Worship." *American Theological Inquiry 2*, no.1. (2009): 85-104.

Scharen, Christian. *One Step Closer: Why U2 Matters to Those Seeking God*. Grand Rapids: Brazos, 2006.

Smith, James. *Desiring the Kingdom*. Grand Rapids: Baker Academic, 2009.

_____. *Introducing Radical Orthodoxy*. Grand Rapids: Baker, 2004.

Spinks, Bryan. *The Worship Mall*. New York: Church Publishing, 2011.

Sproul, R.C. *How Then Shall We Worship: Biblical Principles to Guide Us Today*. Colorado Springs: David C. Cook, 2013.

Sterne, Alastair. *Rhythms for Spiritual Practices for Who God Made You to Be*. Downers Grove: IVP, 2020.

Steven, James. *Worship in the Restoration Movement*. Bramcote: Grove Books, 1989.

Taylor, W. David. *Glimpses of the New Creation: Worship and the Formative Power of the Arts*. Grand Rapids: Eerdmans, 2019.

Tovey, Phillip. "Culture." *The Study of Liturgy and Worship*, Juliette Day and Benjamin Gordon-Taylor, ed. Collegeville: A Pueblo Book, 2013.

Turkle, Sherry. *Reclaiming Conversation: The Power of Talk in a Digital Age*. New York: Penguin Books, 2015.

Wagner, Rachel. *Godwired: Religion, Ritual and Virtual Reality*. New York: Routledge, 2012.

Ward, Pete. *Selling Worship: How What We Sing Has Changed the Church*. Bletchley, Paternoster Press, 2005.

Webber, Robert. *Planning Blended Worship: The Creative Mixture of Old and New*. Nashville: Abingdon Press, 1998.

White, James. *Christian Worship in Transition*. Nashville: Abingdon, 1976.

_____. *Introduction to Christian Worship*. Nashville: Abingdon, 2001.

_____. *New Forms of Worship*. Nashville: Abingdon, 1971.

Witvliet, John. "For Our Own Purpose: the Appropriation of the Social Sciences in Liturgical Studies." *Foundations in Ritual Studies*. Grand Rapids: Baker Academic, 2007: 17-42.

_____. "planting and Harvesting Godly Sincerity: Pastoral Wisdom in the Practice of Public Worship." *Evangelical Quarterly*. Oct. 2015 Vol. 87: 291-309.

Wolterstorff, Nicholas. *The God We Worship: an Exploration of Liturgical Theology*. Grand Rapids: Eerdmans, 2015.

chapter 2

예배 실천의 새로운 맥락 직면하기
새로운 일상에서의 예배 실천을 위한 신학적 목회적 고찰[1]

1. 들어가는 글

'뉴노멀'이라 불리는 새로운 일상[2]은 신앙과 삶의 형성 과정에 새로운 접근과 실천을 요구한다. 이것은 전통과 유산을 고수하거나 새로운 실험과 혁신을 추구하는 것과 같은 어느 하나의 선택이 아니라, 주어진 상황에서 모든 교회가 반드시 반응해야 하는 과제로 주어지고 있다. 기독교 예배는 교회의 이러한 대응과 반응에서 가장 중요한 실천 가운데 하나다. 아울러 예배의 구성과 방식을 새롭게 하기 위한 지금까지의 갱신 운동[3]과는 달

---

[1] 이 장의 내용은 2021년 5월 1일 설교자 하우스에서 개최한 '한국설교학회 및 한국예배학회 공동학술대회'에서 발표했고, 「복음과 실천신학」 제 62권 (2022" 11-46)게재된 논문을 수정 보완한 것임.

[2] 사회적 거리두기, 신체적 거리두기, 나라 간 이동 시 바이러스 면역 또는 여행 서류 외 추가된 증명의 요구, 재택근무, 더욱 가속화된 로봇 시대 등은 뉴노멀 시대에 경험하는 새로운 일상과 현실이다.

[3] 1960년대 이후 진행된 예배 갱신은 문화적 적실성 또는 전통의 회복이라는 의도적 접근에 의한 새로운 실천을 추구해왔다. 이런 면에서 이전의 예배 갱신은 복잡하고 서로 다른 방식의 실천을 이끌어 냈지만, 오늘날 주어진 현실은 이러한 내부적 동기에 의한 다양한 실천의 가능성과 갱신이 제한되고 있다. Swee Hong Lim and Lester Ruth, *Lovin' On Jesus* (Nashville: Abingdon, 2017), 10-1 그리고 Bryan Spinks, *The Worship Mall* (New York: Church Publishing, 2011) 183-211 참조.

리 외적 요인에 의해서 불가피한 변화와 새로운 실천을 요구받고 있다. 일정 인원이 함께 모이는 것에 제한을 받고 미디어 기술의 발전을 활용한 가상공간의 예배에 참여하는 경험[4]은 가장 두드러진 변화와 실천 현상이다. 이러한 변화는 단지 '가상공간의 예배를 어떻게 활성화할 것인가?' 또는 '전통적 모임 방식의 예배를 어떻게 지속할 것인가?'라는 현상적 질문보다 훨씬 복잡한 질문과 과제를 이끌어낸다. 곧 '새로운 상황에서 불가피하게 받아들이는 실천의 구성과 방식에 예배의 본질을 어떻게 반영하고 구현할 것인가?' '신앙의 정체성을 제시하는 예배의 역할과 기능을 어떻게 지속할 수 있는가?' '특정한 공간에서의 모임이 없어도 그리스도의 임재를 경험하는 것이 가능한가?' '미디어 기술을 활용한 예배에서 구성요소의 변화와 실천의 새로운 강조는 무엇이어야 하는가?' 등 신학적이고 목회적 고찰을 요구하는 근본적인 질문들을 제기한다. 이 장은 전적인 변화와 반응을 요구하는 '뉴노멀' 시대의 예배 실천에서 주어지는 현상과 특징을 규명하고 그와 관련한 목회적 대응 과제를 신학적으로 고찰한다.[5] 이를 위해서 첫째로, 뉴노멀 시대에 예배가 어떻게 변화되고 있으며 그와 관련한 현상이 어떻게 주어지고 있는지 파악한다. 둘째로, 뉴노멀 시대의 새로운 예배 실천이 담아내고 있는 목회적 과제들과 그와 관련한 신학적 주제들을 규명하고 고찰한다. 그

---

[4] 물론 가상예배는 팬데믹으로 인해 새롭게 주어진 현상은 아니다. 이미 미디어 기술의 발전으로 인해서 2000년대 이후 예배 공동체들이 오프라인 예배와 함께 동시에 실천해 온 방식이었다. 이전에는 의도적으로 또는 실험적으로 시도한 것이라면 이제는 거의 모든 예배 공동체가 수용하는 하나의 실천으로 나타나고 있다. 팬데믹 이전의 온라인 예배에 관한 사례와 심도 있는 분석에 대해서는 Heidi Campbell and Michael W. DeLasmutt, "Studying Technology and Ecclesiology in Online Multi-Site Worship", *Journal of Contemporary Religion*, 2014, Vol. 29, No.2: 267-285 참고.

[5] 뉴노멀 시대의 새로운 사역의 과제에 대응해서 실천신학의 제 분야는 이미 빠르게 답변을 제시하고 있다. 상담과 관련해서는 박기영, "코로나블루 시대에 필요한 목회적 돌봄", 「복음과 실천신학」 제57권(2020): 48-81(DOI:10.25309/kept.2020.11.15.048), 설교와 관련해서는 오현철, "뉴노멀시대 설교의 변화", 「복음과 실천신학」 제57권(2020): 117-144(DOI:10.25309/kept.2020.11.15.117), 예배와 관련해서는 안덕원, "디지털 미디어 시대의 기독교 예배-전통적인 경계선 밖에서 드리는 예배를 위한 제언", 「복음과 실천신학」 제56권 (2020): 45-82(DOI:10.25309/kept.2020.8.15.045)를 참조할 수 있다.

러고 나서 마지막으로 뉴노멀의 상황에서 예배의 본질과 의미를 지속적으로 구현하기 위한 목회적 원리와 방향을 제시한다.

2. 뉴노멀 시대의 예배 변화

2019년을 기점으로 새롭게 주어진 삶의 변화는 예배의 전환과 새로운 실천도 촉발시켰다. 이러한 변화는 Walter Brueggemann이 언급한대로 이전의 경험을 회복시키기 위한 기대와 갈망을 담아내는 실천이 아니라 주어진 현실에서 불가피하게 조절해야 하는 변화를 요구한다.[6] 끊임없이 갱신을 추구하던 교회들만 아니라 지역과 교단 그리고 규모와 상관없이 모든 기독교 공동체가 새로운 예배 실천을 수용해야 하는 상황에 직면했다. 예배의 본질과 의미에 근거한 신학의 반영으로서 변화와 갱신을 시도한 노력[7]과는 달리 불가피하게 주어진 상황과 조건에 의해서 새로운 실천을 제시하고 있다. 하지만 변화를 이끄는 요인이 외부에서 주어지더라도 기독교 예배가 신학을 반영하고 신앙을 형성하는 실천이라는 점은 부인하기 어려운 사실이다.[8] 일상의 새로운 전환과 변화를 촉구한 뉴노멀은 예배의 실천과 관련해서 시간의 흐름과 순환적 주기를 강화시키고, 공간의 경험에 새로운 변화를 초래하며, 예배 구성요소들에 대한 참여 방식에도 예배자들의 참여 제한에

---

6 Walter Brueggemann, *Virus as a Summons to Faith: Biblical Reflections in a Time of Loss, Grief, and Uncertainty* (Eugene: Cascade Books: 2020), 60.

7 WIlliam Abraham, *Logic of Renewal* (Grand Rapids: Eerdmans, 2003), 93-110에 따르면 정교회의 Alexander Schmemann이나 윌로우크릭 교회 구도자집회의 신학적 기반을 제공한 Gilbert Bilezikian에 이르기까지 갱신과 변화는 신학의 반영 또는 연결과 직접 관련이 있다. 칼빈에게서 살펴볼 수 있는 종교개혁의 예배 갱신과 변화 역시 신학적 의도와 필요에 의해서 구현된 것이다. John Calvin, "the Necessity of Reforming the Church,"in *Calvin's Tracks*. Vol. 1 (Eugene: Wipf and Stock Publishers, 2002), 151-153.

8 이런 점에서 예배가 신앙 그리고 신학과의 관계 고찰(lex orandi, lex credendi)이라는 오래된 예배 신학의 주제는 여전히 유효하다.

따라 새로운 강조점을 부각시켰다.

1) 시간의 반복적 순환과 리듬 강화

첫째, 뉴노멀 시대는 기독교 예배의 오랜 실천에서 주어진 시간의 반복적 순환 또는 리듬에 대한 참여 방식을 강화시키고 있다. 지난 2000년이 넘는 기간 동안 기독교 예배 실천의 가장 중요한 측면 가운데 하나는 7일 단위로 구성된 시간의 반복적 순환에 참여하는 것이다. '안식과 예배' 그리고 '일상과 일'을 삶의 구조와 구성 방식으로 간주하고 이 둘 사이의 순환적 반복을 강조해 왔다.[9] 하지만 뉴노멀 시대는 공간의 직접적인 이동에 제한을 요구하고 구체적인 시간에 같은 공간에서 실천하는 예배 참여[10]에 새로운 전환을 초래했다. 곧 함께 모이는 장소와 분리된 시간의 주기만을 더욱 강화된 방식으로 수용하며 예배에 참여하게 한다. 뉴노멀 시대에 안식과 예배를 위한 시간 구분과 삶의 리듬은 단지 유대교와 구분하기 위한 초대교회의 시간 개념, 새로운 날의 시작 또는 완성으로서의 마지막 날과 같은 의미에 대한 논쟁과 다른 측면을 강조한다.[11] 구체적인 장소에서 함께 모이는 것이 제한될 때 시간은 기독교 예배의 지속성을 유지하는 기준이 된다. 예배를 위해 정해진 물리적 공간으로서 장소에 모이는 것에 대한 요구와 강조는 약화될 수 있지만, 정해진 시간에 하나님을 예배하는 것에 대한 목회적 권면과 초청은 상대적으로 강화된다. 비록 구체적인 이유는 다르지만 모임

---

9   Matthew Kaemingk and Cory Willson, *Work and Worship: Reconnecting Our Labor and Liturgy* (Grand Rapids: Baker Academic, 2020), 17-8. Jean Jacques von Allmen, *Worship: Its Theology and Practice* (New York: Oxford University Press, 1965), 55.

10 Nicholas Wolterstorff, "The Theological Significance of Going to Church and Leaving and The Architectural Expression of That Significance," *Hearing the Call: Liturgy, Justice, Church, and World* (Grand Rapids: Eerdmans, 2011), 228.

11 지금까지 예배와 관련한 안식일과 주일의 핵심 논의는 유대교와의 구분 그리고 주간의 첫날과 마지막날로서 알파와 오메가이신 하나님과 연결시키는 신학적 의미를 구현하는데 주력해왔다. Benjamin Gordon-Taylor, "Time", *The Study of Liturgy and Worship*, edited by Juliete Day and Benjamin Gordon-Taylor (Collegeville: Pueblo, 2013), 118.

의 제한을 받았던 17세기 영국 자유교회의 상황과 경험에서도 예배와 관련한 시간의 강화를 살펴볼 수 있다. 국교회의 예배를 거부한 자유교회 전통의 신자들은 모임의 제한을 받았다.[12] 하지만 장소에서의 모임 제한이 예배 자체를 중지하게 하거나 상실시키지는 않았다. 오히려 가정 또는 가능한 소규모의 모임을 통해서 주기적으로 반복되는 주일을 예배 실천의 주요 원리로 발전시켰다. 약 30여 년의 긴 시간 동안 공동체가 한 장소에 모이는 공동예배의 제한을 받았을 때 강조된 현상은 예배의 시간을 엄격히 규정하고 준수시키는 것이었다.[13] 비록 팬데믹이라는 상황에서 비롯된 모임의 제한이지만 오늘날 뉴노멀 시대에 주어진 상황도 17세기 영국 비국교도들의 공동예배 제한 경험과 유사하다. 곧 예배의 시간을 새롭게 강조한다. 주일의 반복적 순환을 거부하거나 파괴하지 않고 지속적으로 수용하며 예배의 실천을 위한 기준점을 제시한다. 이처럼 공동예배를 위한 모임의 제한에 따른 장소 이해와 수용의 변화는 상대적으로 시간성을 새롭게 부각시킨다. 제한된 소수의 모임에 의한 예배이든 온라인을 통한 디지털 방식의 예배이든 시간의 리듬을 따라 참여하는 예배의 규칙성은 뉴노멀 시대에 더욱 선명하게 주어지는 현상과 특징이다.

2) 공간의 확대된 이해와 수용

둘째, 뉴노멀 시대의 예배 실천에서 공간의 경험은 새로운 방식으로 주어진다. 교회 공동체의 구성원 전체가 같은 장소에서 함께 모여 예배하는 실천이 자연스러운 경험에서 멀어지고 있다. 공동예배의 장소를 중심으로 구심점을 마련하고 세상 또는 일상의 영역으로 향해 가는 원심적 방향의 이

---

[12] 'Act of Uniformity'(1662)에 의해 국교도의 예배를 거부하는 자들은 당시 5명 이상의 모임에 제한을 받았고 공개적인 장소에서의 예배조차 허용되지 않았다. Michael Watts, *The Dissenters* (Oxford: Oxford University Press, 1978), 73.

[13] 청교도들이 교회력을 거부했으나, 안식과 주일에 대한 신학적 확신에 따른 실천은 제한된 상황에서도 예배에서 시간 수용이 얼마나 중요한지 보여주는 예가 될 수 있다.

동이라는 순환적 구조의 참여와 경험은 현실적으로 제한을 받고 있다. 구약의 '성전'은 예배를 위한 모임의 장소를 의미하는 성경적 표현인데 이러한 언어 사용이 현실적으로 제약을 받는다. 곧 비록 시의 언어이지만 "여호와의 집에 올라가자"(시편 122:1) 또는 "주의 장막이 어찌 그리 사랑스러운지요."(시편 84:1)와 같이 예배의 장소에서 직접 고백하는 표현들이 어색하거나 직접적인 연결성을 갖기 어려운 상황에 직면해 있다.[14] 이와 아울러 보다 직접적인 현상은 교회의 건물과 예배의 공간에 대한 이해와 수용 방식에 나타난 전환이다. 건물은 예배의 구성과 진행 그리고 참여의 방식에도 직접 영향을 미친다. 거룩한 영역을 구분하고 상징물을 사용하는 것은 예배 공간의 활용에서 중요한 과제다.[15] 시각적 장치(visibility)와 음향 시설과 방식(audibility)도 공간과 관련한 예배 참여에서 중요한 요인들이다.[16] 하지만 넓은 장소에 소규모의 제한된 사람들이 모여서 참여하는 예배 또는 기술 장비를 활용한 가상공간의 예배는 시각적 음향적 요인들을 이전과 다르게 수용하고 경험하게 한다. 특히 가상공간의 예배에서는 스크린에 비추어지는 것에 시각이 고정되고 일방적으로 주어지는 음향에만 반응하게 된다. 이와 함께 가상공간의 예배 참여는 공간에 개입하는 방식도 이전과는 다른 경험으로 이끈다. 예배 공간을 향해 거치게 되는 주차장, 교회 출입문, 예배당과 구분된 공간의 이동, 예배당 안으로의 이동과 움직임 그리고 앉고 일어섬 등과 같은 공간과 직접 연결된 경험들이 사실상 축소되거나 사라지고 있다. 공간과 관련한 이러한 전환된 경험들은 예배에서 장소(place)보다는 예배의 직접적인 활동 또는 구체적인 실천에 집중하게 한다. 동시에 생활과 삶의 공간으로서 가정이 예배의 공간(space)으로 자연스럽게 수용하게 되는 현

---

14 Nicholas Wolterstorff는 이러한 고백이 지난 2000년 기독교 예배 역사에서 자연스러운 노래, 기도, 고백이었다는 것을 장소와 예배의 고찰에서 강조하며 언급한다. Wolterstorff, "The Theological Significance of Going to Church and Leaving and the Architectural Expression of That Significance," 228-9.

15 Nigel Yates, *Liturgical Space* (New York: Routlege, 2016), 3-7.

16 Christopher Irvine, "Space," in *The Study of Liturgy and Worship*, 110-112.

상을 이끈다. 가정은 디지털 장비와 기술의 직접적인 경험에 참여하는 가장 중요한 공간이 되고 있으며[17] 예배자들은 삶의 공간과 공동예배의 공간을 디지털 기술에 의해서 하나로 통합해서 수용한다.

3) 예배 구성요소에 대한 고찰과 참여의 새로운 강조점 부각

셋째, 예배의 시간과 공간의 경험과 참여 방식에 새로운 변화를 초래한 뉴노멀은 예배의 구성요소에 대한 고찰과 참여 방식의 새로운 강조점을 부각시킨다. 이것은 예배 구성요소에 대한 추가를 요구하는 것이 아니다. 제한된 소수의 모임으로 진행되는 예배 또는 온라인 방식의 예배 모두 이전에 전통적으로 수용해온 구성요소와 관련한 차이가 선명하게 주어지는 것은 아니다. Dom Dix의 예배 구성 원리에 따라 하나의 고정된 규율에 근거한 예배 구성을 지지하든, Paul Bradshaw의 의심의 해석에 따라 역사적으로 다양하게 발전한 예배 구성을 지지하든 예배의 구성요소로 말씀의 읽기와 선포, 기도와 음악, 성찬과 헌금 등을 포함하는 것은 여전히 지속된다.[18] 다만 차이가 주어지는 것은 예배 구성요소들에 대한 실천과 그 참여 방식이다. 디지털 방식의 예배 구성과 진행에서는 말씀을 읽는 것이 일방적으로 이루어지고, 회중 전체가 참여하는 방식에 제한을 받는다. 사회자와 회중들의 교독은 가능하지만 다른 예배자들의 음성을 듣는데 제한이 주어진다. 설교 역시 회중들과의 상호 작용에 의한 반응과 참여보다는 일방적인 메시지

---

[17] 이른바 스마트홈(smart home)이 디지털 기술 장비와 관련한 소비에서 핵심으로 부각 되었고, 예배 공간의 변화된 경험을 가속화 한다. 전세계 스마트홈의 발전과 규모에 대한 엄청난 영향력에 대해서는 Shoshana Zuboff, *The Age of Surveillance Capitalism: The Fight For a Human Future at the New Frontier of Power* (London: Profile Books, 2019), 6 참조하면 된다.

[18] Dom Dix, The Shape of Liturgy (New York: T&T Clark, 2005)와 Paul Bradshaw, *The Search for the Origins of Christian Worship* (New York: Oxford University Press, 2002)에 따르면 예배 구성의 형성 원리는 다르지만 예배 구성요소의 내용에는 차이가 없다. 곧 말씀, 기도, 성찬, 봉헌, 음악 등의 기독교 예배 구성요소에 대해서는 별다른 대립이나 논쟁이 주어지지 않는다. 다만 구성요소들의 구성 방식과 실천 방식에 대한 입장과 견해 차이를 지닌다.

전달 방식에 의존하게 된다. 성찬의 경우 함께 같은 식탁에서 먹고 마시는 직접적인 경험에 상당한 제한을 받고 이전에 예측하지 못한 새로운 방식들을 고안하거나 일시적으로 제한하기도 한다.[19] 음악의 경우 가장 두드러진 변화를 이끌어낸 예배 구성요소이다. 감정을 표현하거나 예배자 전체를 하나로 연합시키는 강력한 구성요소인 음악[20]은 제한된 인원의 모임 또는 가상공간의 예배 방식에 의해서 이전의 기능을 지속하는데 어려움을 직면한다. 다른 예배자들의 음성을 들으며 함께 고백하고 표현하는 음악의 독특한 경험과 참여가 어렵게 되었다. 이러한 제한은 음악을 하나님의 임재를 경험하고 삶을 형성하는 요소로 수용하고 있는 현대 예배자들에게 적지 않은 혼동을 안겨주고 있다.[21] 이처럼 예배 구성요소의 새로운 추가나 생략이 아니라 지금까지 각 예배 공동체에서 친숙하게 구성하고 실천해온 방식들이 새로운 측면으로 부각되거나 약화되는 변화를 맞이하면서 그에 부합한 목회적 대응을 요구하고 있다.

기독교 예배는 각 예배 공동체의 구체성을 반영하기 때문에 모두에게 획일적으로 적용되는 일반화된 정리와 평가는 적실성을 갖기 어렵다. 그럼에도 모두에게 예외 없이 새로운 변화와 반응을 초래하는 뉴노멀 시대의 예배는 위에서 정리한 세 가지 현상을 모두 드러낸다. 이러한 시간과 공간의 새로운 경험 그리고 예배 구성요소들에 대한 새로운 측면의 부각과 제한된 경험에 따른 변화는 그에 부합한 신학적 목회적 대응을 요구한다.

---

19 최근에 목회적 분별력과 융통성에 따른 온라인 성찬의 실천이 이루어지고 있으나, 이러한 실천은 교단과 전통에 따라 입장이 다르고, 개교회의 리더십에 의해 결정하기 때문에 그 자체의 정당성을 논하는 것은 이 장의 논지에서 다루기 어려운 주제가 된다.
20 Calvin Stapert, *A New Song for on Old World: Musical Thought in the Early Church* (Grand Rapids: Eerdmans, 2007), 26.
21 음악의 경험을 통한 하나님의 임재 참여와 삶의 형성에 대한 강조는 현대예배의 중요한 현상과 특징이고 예배 실천에서 가장 주목받고 있는 영역이다. David Taylor, *Glimpses of the New Creation: Worship and the Formative Power of the Arts* (Grand Rapids: Eerdmans, 2019), 88-94 그리고 Jeremy Begbie, *Redeeming Transcendence in the Arts: Bearing Witness to the Triune God* (Grand Rapids: Eerdmans, 2018), 20-2.

3. 뉴노멀 시대 예배의 변화에 대한 반응 방식과 대응 원리

뉴노멀 시대에 불가피하게 주어진 예배의 변화와 새로운 현상은 이미 언급한 바와 같이 의도적이고 전략적인 갱신과 개혁의 결과로 주어진 것은 아니다. 이전의 예배 혁신 또는 갱신과는 달리 외부로부터 주어진 강력하고 피할 수 없는 요인들에 의한 변화 현상에 더 가깝다. 시간에 집중하는 안식과 예배의 실천을 강화하고, 장소 중심의 모임에 의한 예배 경험을 제한된 방식 또는 기술에 의한 가상공간의 참여로 전환하고, 말씀, 성찬, 기도, 음악 등의 구성요소를 유지하되 새로운 또는 제한된 방식의 참여를 하는 것으로 주어진 예배 현상은 신학적 입장, 목회적 관점, 그리고 공동체의 상황에 따라 서로 다르게 반응한다.[22]

이러한 반응 방식 가운데 선명하게 나타나는 두 가지 입장이 있다. 하나는 뉴노멀 상황에서 주어지는 불가피한 예배 실천을 한시적 현상으로 간주하고 이전의 전통적 방식으로의 회귀를 지향하는 것이다. 특히 성찬과 음악에서 주어지는 제한된 경험[23]을 벗어나 예배자들이 함께 같은 장소에 모여 실천하는 것을 예배 회복의 가장 중요한 지향점으로 삼는다. 공동체가 같은 장소에 함께 모이는 것은 성찬을 포함한 초대교회 예배의 구성에서부터 중요한 요소이고 공동예배의 기초가 되는 가장 핵심적인 원리이다.[24] 그런데

---

[22] 새로운 일상과 디지털 예배의 실천에 대한 복음주의 신학자들의 노력은 민첩하게 주어지고 있다. 이와 관련해서, 김순환, "비상 상황 하의 온라인 예배 매뉴얼의 이론과 실제 모색,"「복음과실천신학」제58권 (2021):261-287(DOI:10.25309/kept.2021.2.15.261), 주종훈, "디지털 예배의 목회적 신학적 고찰과 실천방향",「복음과실천신학」제60권 (2021): 45-81(DOI:10.25309/kept.2021.8.15.045).

[23] 직접 함께 먹고 마시는 경험과 같은 장소에서 함께 악기 연주와 음향효과를 사용해서 노래를 부르는 것과 달리 온라인 방식으로 참여하는 성찬과 시청 방식을 통한 제한된 예배 음악의 경험을 뜻한다.

[24] 사도행전 2:42의 공동체 예배 실천은 세례를 통한 입문 곧 공동체에로의 직접적인 참여를 전제로 이루어졌다. 아울러 히브리서 10:25의 "모이기를 폐하는 어떤 사람들의 습관"에 대한 경고는 모임 자체의 성경적 기초를 강조하는 중요한 근거가 된다. Andrew Mcgowan, *Ancient Christian Worship* (Grand Rapids: Baker Academic, 2016), 1-8 참고.

모이는 것의 중요성을 간과하지 않으면서 한 가지 고려할 것은 모임 자체가 예배의 참된 경험을 보증하지 않는다는 측면을 진지하게 고려하는 것이다. Nicholas Wolterstorff는 장소가 그 자체로 거룩하거나 모임 자체가 하나님의 임재를 보증하는 것이 아니고 공간 또는 장소를 거룩하게 하고 하나님의 임재를 경험하게 하는 것이 무엇인지를 고려하는 것이 더욱 중요하다고 언급한다.[25] 이런 점에서 모임 자체의 가능성에 대한 기대와 필요성에 대한 강조를 하더라도 예배 실천에서 하나님의 임재를 어떻게 경험하는지 그리고 공간의 거룩성을 어떻게 받아들여야 하는지와 같은 신학적 고찰을 시도하는 것이 더욱 중요하다.

다른 하나의 입장은 뉴노멀 시대의 예배 현상을 새로운 가능성과 갱신의 기회로 받아들여 적극 수용하고 발전시키는 것이다. 공동체 전체가 예배 장소에 함께 함께 모일 수 없는 제한적 상황이지만 미디어 기술과 장비를 활용해서 오프라인과 온라인 공간을 연결한 예배의 활성화에 주력하는 것이다. 사실 온라인 예배는 최근 일 이년 전부터 갑작스럽게 그리고 새롭게 주어진 현상은 아니다. 이미 21세기가 시작할 무렵부터 오프라인에 기반을 둔 공동체가 온라인을 이용한 공동체 형성과 예배 실천을 시도하기 시작했다.[26] 이미 10여 년 전부터 온라인 방식의 예배 또는 영상 송출 방식의 예배는 북미와 한국에서 실천해오던 방식이다.[27] 이런 이유로 이전부터 온라인

---

[25] Woltersforff, "The Theological Significance of Going to Church and Leaving and the Architectural Expression of That Significance," 235-6.

[26] 대표적인 예가 미국 Florida 주의 Northland Community Church이다. 1972년 세워진 독립 교단의 교회인데, 1998년부터 교회 건물 중심의 사역과 예배를 넘어선 온라인 예배와 공동체 형성에 주력하고 있는 교회이다. 특히 2001년에 한 장소를 중심으로 형성되는 공동체 개념을 확대해서 이른바 "distributed church"를 발전시켰고, 2006년부터는 웹캐스팅을 사용한 온라인 예배와 온라인 사역을 강화시켰다. https://northlandchurch.church/worship/(2021년 2월 17일 접속)에 따르면 여전히 온라인 예배를 활성화하고 있고, 온라인 예배자들을 위한 온라인 목회자들의 사역도 지속되고 있다.

[27] Brian Fuller, "Practicing Worship Media Beyond Power Point", *Understanding Evangelical Media: the Changing Face of Christian Communication*, edited by Quentin Schultze and Robert Woods, Jr. (Downers Grove; IVP, 2008), 98-110. 한국의 일부 교회

에 기반을 둔 예배를 오프라인과 동시에 실천해온 교회들은 모임 제한에 의한 예배의 전환에 큰 어려움을 경험하지 않고 온라인 예배를 더욱 강화시킨다. 하지만 온라인 예배가 단순히 더 많은 예배자들 또는 교회 구성원들간의 연결을 가능하게 할 수 있고 디지털 문화를 교회 사역에 수용한 예배 갱신의 대안으로 받아들이는 것은 주의해야 한다. 교회가 예배와 관련해서 디지털 시대를 수용하는 방식이라는 점에서 현상적으로 긍정적일 수 있고,[28] 모임의 제한 방침을 수용해야 하는 입장에서 예배 실천을 지속할 수 있는 가능성을 제공하는 것은 분명히 긍정적이고 유용적인 측면이다. 하지만 이러한 예배 실천은 오프라인의 경험을 단지 온라인으로 전환하는 것을 뜻하지 않는다. 예배는 단지 신앙의 내용을 전달하는 교육이 아니라 신앙의 내용을 구체적으로 경험하는 실천이다. 곧 경험의 방식으로서 실천이 신앙 형성에 영향을 미친다.[29] 또한 미디어 방식의 신앙 경험은 단순한 도구를 넘어서서 삶의 구성과 참여 방식을 형성하는 강력한 생태적 역할을 제시한다[30] 아울러 미디어는 주체적으로 인간의 삶을 형성하고 변화시킬 수 있는 지배력을 지니기까지 한다.[31] 이런 점에서 미디어 방식의 접촉과 참여가 어떻게 신앙 형성에 영향을 미치는지에 대한 세부적인 고찰을 요구한다. 곧 삶의 형성에 중요한 역할을 하는 예배 실천에서 미디어를 수용하는 것은 새로운

들에서도 예배 영상 송출 또는 서로 다른 위치에 있는 공동체들이 같은 설교 영상을 시청하는 방식은 이미 진행하고 있다.

28 Marcel Bernard, Johan Cilliers, and Cas Wepener, *Worship in the Network Culture* (Leuven: Peeters Bvba, 2014), 1-8.

29 신앙 실천으로서의 예배가 신앙 형성에 영향을 미치는 것에 대한 측면은 이미 James Smith가 예배의 문화적 측면, 문화의 예배적 측면을 논하면서 강조했다. James Smith, *Desiring the Kingdom* (Grand Rapids: Baker Academic, 2009), 17-36 참고.

30 미디어는 인식의 내용을 단지 새로운 방식으로 전달하는 것을 넘어서, 그것을 접하고 습득하는 방식을 새롭게 조성하고 참여에 이르는 과정을 통해 삶의 방식도 새롭게 형성시킨다. Neil Postman, *Amusing Ourselves to Death* (New York: Penguin Book, 1985), chapter 2. Media as Epistemology: 16-29.

31 John Dyer, *From The Garden to the City: The Redeeming and Corrupting Power of Technology* (Grand Rapids: Kregel, 2011), 175.

상황에서의 대안이기보다는 더욱 심도있는 신학적 고찰을 요구하는 대상으로 부각된다.[32]

이상에서 간략히 살펴본 것처럼 뉴노멀 시대의 예배 실천 과정에서 주어진 과제를 수용하는 두 주된 방식에는 각각의 장점과 고려할 점을 지니고 있다. 공동체의 직접적인 모임에 기반을 둔 예배 실천을 지향하지만, 모이는 것 자체 또는 모임의 장소가 자동적으로 하나님의 임재와 거룩에 참여하는 것이 아니라는 점을 새롭게 고찰해야 한다. 반면에 디지털 기술로 가능하게 된 온라인 예배의 수용과 활성화를 통해 모임의 제한 상황에서도 예배를 지속할 수 있고 새로운 경험을 이끌어낼 수 있지만 미디어 기술과 장비가 단지 도구를 넘어서서 인식과 삶의 형성에 지배적인 영향을 미치고 있다는 점을 고려해야 한다. 여기서 바람직한 반응은 "이전의 전통 회복을 위한 돌이킴과 새로운 기술의 수용을 통한 혁신 가운데 어떤 입장을 택할 것인가?"보다 "새롭게 주어진 뉴노멀의 상황에서 하나님과의 관계를 신실하게 형성하고 지속하는 예배의 실천을 어떻게 지속할 것인가?"라는 질문을 제시하고 그에 대한 답을 찾는 것이다. 예배의 실천은 기독교 신앙 형성과 직접 관련된 중요한 과정이다.[33] 새로운 시대에 주어진 예배의 환경과 실천을 통한 신앙 형성 과정에서 가장 중요한 원리와 방향은 하나님과의 관계를 변화된 상황에서도 신실하게 구축하고 구현하는 것이다. 곧 새로운 상황에서 변함없이 하나님과의 관계에 기반을 둔 신실한 삶을 지속시키는 것이다.

어느 하나의 선택을 넘어서서 신앙 형성과 관련한 질문과 답을 찾기 위

---

[32] 이 장은 뉴노멀 시대의 예배 현상을 신학적 고찰에 근거해서 목회적으로 수용할 방향을 제시하는 목적을 갖고 있기 때문에, 미디어 예배에 대한 분석과 고찰은 계속해서 또 다른 연구 과제로 남겨둔다.

[33] Alexis Abernethy, ed. *Worship That Changes Lives* (Grand Rapids: Baker Books, 2008). 이 책의 저자들은 기독교 예배 실천이 신학, 예술, 삶 전체를 통합하고 구체적으로 신앙과 삶의 형성과 변혁의 중심에 있다고 논증한다. 현대예배 갱신에서도 여전히 하나님과의 신실한 관계 구축이 중요하다는 논지에 대해서는 주종훈, "현대예배 갱신 과제 소고: 전인적 참여와 삶의 형성을 위한 대화 구조 회복",「복음과 실천신학」제58권 (2021): 9-41(DOI:10.25309/kept.2021.2.15.009) 참조.

해 노력하는 것은 지금 주어진 뉴노멀 상황이 단시간에 이전의 또는 새로운 상황으로 전환하지 않을 수 있기 때문이다. 아울러 모임의 제한과 온라인 예배의 임시적 수용과 실천에 따르지 않고 다시 공동체 전체의 자율적 모임이 가능한 상황이 주어질 때 이전의 예배 실천으로 온전히 돌아갈 수 있을지에 대한 의문도 제기된다. 실제로 조성돈 교수의 상세한 분석과 진단에 따르면 뉴노멀을 초래한 코로나 종식 이후에 이전의 예배로 되돌아가기보다는 이미 지금 참여하는 온라인 예배를 지속하려는 입장이 더 강력하게 나타나고 있다.[34] 이러한 입장은 온라인 예배의 수용과 실천을 적극 진행하는 미국의 상황도 마찬가지다.[35] 아울러 Brueggemann이 명확히 제시한 것처럼 팬데믹 상황에 직면한 바람직한 신앙의 반응은 현재의 상황을 거부하거나 단지 긍정적으로 수용하는 선택의 사안이 아니라 "새롭게 주어진 상황에서 신실한(faithful) 실천을 이끌어내는 신실한(faithful) 확신을 지속하는 것"[36]이다. N.T.Wright도 팬데믹으로 인한 뉴노멀의 상황에서 가장 중요한 반응은 신자들이 무엇을 할 것인가 곧 어떻게 반응할 것인가에 있는데, "성경이 제시하는 탄식과 정직한 불평을 통해서 주어진 삶의 현실을 하나님과의 관계 속에서 지속시키는 것"이라고 권고한다.[37] 이러한 신앙의 신실함을 지속시키는 과제는 기독교적 관점을 반영한 미디어 연구와 활용에서도 강조된다. 기술의 위험을 경계해서 온라인 방식의 신앙 실천을 모두 거부하거나 단지 더 나은 새로운 실험과 실천을 가능하게 한다는 이유로 수용하는

---

[34] 조성돈, "Post Corona 19 한국교회의 갈 방향," 포스트코로나시대의 한국교회의 생존 (실천신학대학원대학교 세미나 자료집, 2020), 6.

[35] 2020년 Barna 조사에 따르면 사회적 거리 두기 상황이 종료된 후에 디지털 예배를 지속하겠는가?라는 질문에 56%가 절대적 긍정, 29%가 긍정의 답변을 제시했고, 8%가 확실하지 않다고 했다. 디지털 예배를 중지하거나 완전히 떠난다고 답변한 자들은 3%가 되지 않는다.

[36] Brueggemann, *Virus as a Summons to Faith*, 58. Brueggemann의 논지는 팬데믹의 상황에서 가장 중요한 질문은 '이러한 새로운 상황에서 어떻게 하나님을 경외하는 삶을 지속할 것인가?'이고 그에 대한 답변을 하나님의 언약에 기초해서 신실함을 지속하는 신앙과 삶의 방식을 강조한 것이다.

[37] N. T. Wright, *God and Pandemic: A Christian Reflection on the Coronavirus and Its Aftermath* (Grand Rapids: Zondervan, 2020), 14.

것이 아니라, 새로운 기술 수용의 상황에서 "어떻게 신실한 삶을 지속할 것인가?" 또는 "디지털 기술에 의한 미디어 방식이 주도하는 상황에서 신실한 기독교 공동체를 어떻게 지속적으로 이끌어 낼 것인가?"라는 질문에 대한 답을 추구할 것을 요구한다.[38]

4. 뉴노멀 시대 예배 실천을 위한 신학적 고찰과 목회적 제안

뉴노멀 시대의 예배 실천에 대한 접근은 현재 경험하고 있는 현상에 대한 신학적 고찰과 목회적 대안을 제시하는 것으로 구체화할 수 있다. 공동체 전체가 함께 모일 수 있는 상황이 되면 한 장소에서의 모임을 지속하는 것이 바람직하고, 아울러 디지털 기술의 활용을 통한 목회적 수용에 대한 적극적인 활용 자체를 거부할 필요도 없다. 하지만 뉴노멀의 상황은 예배의 새로운 현상과 전환을 이끌었다. 시간의 중심성에 기반을 둔 삶의 리듬(rhythm of life)에 따른 모임과 예배 실천, 장소(place)가 아닌 새로운 공간(space)을 통한 하나님의 임재 경험과 참여 방식의 전환, 성경읽기와 설교 그리고 음악과 성찬에 이르는 예배 구성요소들의 전개와 진행 방식의 새로운 참여는 현실적으로 접하는 목회적 과제이고 신학적 고찰의 주제가 된다. 따라서 목회적 과제는 이러한 새로운 예배 경험의 상황에서 '어떻게 신실하게 하나님과의 관계를 지속하는 실천을 구현할 것인가'에 대한 답을 찾는 것과 관련한다.

1) 시간에 따른 삶의 리듬 구축과 강화

우선 삶의 리듬, 시간의 흐름과 반복에 따른 규칙성을 강화하는 것은 뉴

---

[38] Dyer, *From The Garden to the City*, 176. Wim Dreyer, "Being Church in the Era of 'Homo Digitalis'" *Verbum et Ecclesia* 40(1), 2019, 7.

노멀 시대 예배와 관련한 선명한 목회적 과제이다. 사회적 거리두기와 한 장소에서의 모임 자체가 제한되는 상황에서 기독교 신앙의 정체성을 선명하게 제시하는 방식은 시간과 관련한다. 구약에서 이스라엘 백성들의 정체성을 제시하는 가장 중요한 방식 가운데 하나는 '안식일'과 관련한다.[39] 일정한 시간의 흐름을 반복과 규칙의 순환 리듬으로 수용하고 '안식'을 하나의 중요한 실천 방식으로 포함한다. Brueggemann이 상세하게 논의한 것처럼 안식은 단지 일을 멈추고 쉬는 도덕적 계명을 넘어서서 각자의 삶과 공동체 전체를 형성시키는 중요한 신앙 실천 방식이다.[40] 성취와 업적을 지향하는 소비사회의 모습인 시간의 연속적 흐름에 갇히는 것을 단절시키고 새로운 주기를 부여함으로써 신앙의 정체성을 부여한다. 이것은 생산과 결과를 통한 만족과 행복의 추구를 벗어나서 하나님과의 신실한 관계 구축이 삶의 참된 평안과 회복으로서의 정의를 이끌어내는 것임을 직접적으로 구현하는 실천이다.[41] 장로교 신학자이자 목회자인 Matthew Henry(1662-1714)의 경우는 이러한 삶의 순환적 흐름과 규칙성을 일상의 삶에까지 연결해서 기독교인의 정체성과 신앙 형성의 방식으로 제시한다. 곧 "하나님과 함께 하루를 어떻게 시작하고, 어떻게 진행하고, 어떻게 마무리할 것인가?"라는 질문에 대한 답을 제시하면서 기독교 신앙에서 정체성을 형성하는 실천적 방식을 제안한다.[42] 역사적으로 예배와 관련한 시간의 언급과 강조는 주로 교회력과 연결된다. 그런데 교회력은 그리스도의 생애와 사역을 중심으로 구성된 시간이고 교회들은 주로 예배의 구성을 위한 주제와 내용에 초

---

39 Abraham Heschel, *The Sabbath* (New York: Farrar, Straus, and Giroux, 2005).

40 Walter Brueggemann, *Sabbath as Resistance: Saying No to the Culture of Now* (Louisville: Westminster John Knox Press, 2014), 2. 안식과 신앙 형성의 중요성에 대한 신학적 성경적 실천적 강조에 대해서는 Heschel, *The Sabbath*와 Marva Dawn, *Keeping the Sabbath Wholly* (Grand Rapids: Eerdmans, 1998)를 참조하면 된다.

41 Brueggemann, *Sabbath as Resistance*, 6.

42 Matthew Henry, "Directions for Daily Communion With God" in the *Complete Works of Matthew Henry*, Vol.1. (Grand Rapids: Baker Book House, 1997).

점을 두면서 활용해왔다.⁴³ 물론 교회력의 사용이 예배자들의 신앙 형성에 그리스도 중심의 메시지를 수용하는 방식으로 영향을 미치는 것은 사실이다. 하지만 직접적으로 예배자들의 삶을 규정하거나 정체성을 부여하고 삶의 구체적인 방식에까지 영향을 미치는 것이라고 보기는 어렵다. 아울러 자유교회 전통에 있는 다수의 교단들과 교회들에서 여전히 교회력을 예배와 신앙 형성의 중요한 기준이나 자료로 활용하지 않고 있는 점도 고려해야 한다. 하지만 안식과 하루의 일과를 중심으로 구성된 시간의 리듬을 따라 예배자들을 하나님과 연결시키는 것은 모든 기독교인들에게 직접적으로 삶의 형성에 영향을 미친다.

사회적 거리두기와 모임의 제한으로 인해 새롭게 부각된 시간의 강조는 목회적 현실에서 예배와 관련한 시간성에 다시 집중하게 한다. 시간을 하나의 구성 단위로 간주해서 성경에서 강조하고 역사적으로 발전해 온 안식과 일의 구분에 따른 반복적 순환의 규칙성을 삶에 익히도록 하는 것은 중요하다. 이것은 단지 안식일을 고정하고 안식의 실천으로서 예배하는 것을 율법적으로 강조하는 것과는 다르다. 안식과 구분되는 일상을 상호 연결하고 동시에 명확한 주기로 연속적 반복의 순환 과정으로 진행되는 리듬(rhythm)을 통해 삶을 형성시키는 것이 더욱 중요하다. 시간의 구분과 규칙적 반복에 의한 순환적 리듬을 따르는 것은 단지 안식일을 강조하고 그것을 준수하는 것이 신앙생활의 우선순위라는 것이라기보다는 삶의 모든 과정을 그리스도의 임재 안에서 살아가게 하기 위한 실천이자 훈련 방식이다.⁴⁴ 이러한 훈련은 일정한 리듬을 통해서 연속적으로 하나님과의 관계를 형성해 가는 일종의 습관(habit)을 삶에서 이끌어낸다. 삶의 형성이 단회적 사건이나 일시적 현상이 아니라, 삶의 전 생애를 통해서 변화되고 만들어져 가는 것이기 때문에 제한된 프로그램이나 일시적인 훈련으로 그러한 결과를 기대하기는

---

43 Gordon-Taylor, "Time," 120.
44 Alistair Sterne, *Rhythms for Spiritual Practices for Who God Made You to Be* (Downers Grove: IVP, 2020), 4.

어렵다. 연속적 삶의 과정에서 일정한 리듬과 규칙을 갖고 집중해서 하나님과의 관계를 형성하고 창조세계와 이웃을 돌아보는 구분된 방식을 삶의 고정된 습관으로 형성하는 것이 필요하다.[45] 특히 소비와 생산의 가치에 따라 사회 생활하는 성도들의 삶을 하나님과의 관계 속에서 다시 바라보고 집중하고 새롭게 형성하기 위해서는 시간의 구분을 통해 하나님께 집중하고 삶을 고찰하는 의도된 훈련이 반드시 요구된다.[46]

이런 점에서 예배는 시간의 구분과 리듬의 형성을 통해 삶을 형성하는 안식의 가장 중요한 실천 방식이다.[47] 목회자들에게는 성도들이 공간의 이동과 구별된 움직임의 방식에서 시간의 리듬을 따라 살아갈 수 있도록 지원하고 또 안식과 일의 반복적 순환과 규칙적 리듬을 익히게 하며, 일관된 구성으로 진행하는 예배에 참여하는 삶의 방식을 떠나지 않고 지속하도록 책임을 다해 노력하는 것이 필요하다. 특히 온라인 예배를 실천할 때 기술에 의존해서 잘 편집된 방식의 예배를 송출하는 것보다 하나님과의 관계 자체에 더욱 집중할 수 있는 의도적 안내와 인도가 훨씬 중요하다.[48] 기술에 집중하게 되면 상대적으로 자원과 장비 그리고 인력이 부족한 상황의 목회적 현실에서는 상대적 박탈감에 빠질 수 있기 때문이다.[49] 뉴노멀 시대의 혼란

---

[45] Brueggemann, *Virus as a Summons to Faith*, 26. Brueggemann은 이러한 습관을 제자도의 핵심 개념이자 실천으로 간주한다.

[46] Walter Brueggemann, *Materiality as Resistance* (Louisville: Westminster John Knox Press, 2020), 64. 또한 Kaemingk and Willson, *Work and Worship*, 37-45 그리고 Patrick Miller, "The Human Sabbath: A Study in Deuteronomic Theology," *Princeton Theological Seminary Bulletin* 6 (1985): 81-97 참조.

[47] Dawn, *Keeping the Sabbath Wholly*, 43. Rich Villodas는 이와 관련해서 흩어진 삶을 재구성하는 것(reframe distraction)이라고 명명한다. Rich Villodas, *The Deeply Formed Life* (Colorado Springs: WaterBrook, 2020), 26-8.

[48] 최근 온라인 예배와 관련해서 마치 드라마나 영화의 영상 편집 기술에 근거해서 제작하는 것이 더 좋은 예배인 것처럼 간주하는 경향이 있다. 하지만 예배는 편집된 영상의 완성도가 아니라 하나님과 예배자들의 직접적인 인격적 상호 관계 속에 의한 대화의 방식을 강화하는 것이 더 중요하다.

[49] Villodas, *The Deeply Formed Life*, 24-5. 기독교 예배 실천의 핵심 가치는 하나님과 함께 하는 것에 대한 집중된 그리고 단순화된 가치에 끊임없이 참여하게 하는 것이다.

과 불안정의 상황에 있는 예배자들에게 삶의 현실에 압도되지 않고 하나님의 초청에 참여하고 그 안에서 삶의 의미를 강화할 수 있는 의도적 훈련을 시간의 리듬을 따라 지속시키는 것이 중요하다.

2) 하나님의 임재 경험을 위한 공간 이해와 수용

예배와 관련해서 뉴노멀 시대에 경험하는 가장 직접적이고 큰 변화는 장소와 관련한다. 예배자들이 함께 같은 장소(place)에 모여서 예배하는 것이 제한을 받게 되었고, 이로 인해서 디지털 기술에 의한 온라인 예배가 수용되면서 가상공간(virtual space)을 경험하고 있다. 이것은 물리적 공간이 가상의 공간으로 전환되었고, 예배의 구성과 실천 그리고 참여 방식에는 공간을 제외한 다른 변화가 없다는 것을 뜻하지 않는다. 예배의 핵심인 하나님의 임재에 참여하는 것과 관련한 성경의 기본적인 가르침은 성전인 구체적인 장소와 연결되어 있다.[50] 하지만 보다 중요한 과제는 구체적인 장소로서 성전이 어떤 방식으로 하나님의 임재를 위한 공간이 되는가를 규명하는 것이다.[51] 하나님의 임재는 장소 또는 건물 자체가 자동적으로 보증하는 것이 아니라 그 장소에서 이루어지는 구체적인 경배로서의 예배 활동과 연결되어 있다. 단순히 건물로 구성된 예배 장소에 들어가는 것과 나오는 것의 반복적 참여가 하나님의 임재를 경험하는 것으로 단정할 수 없다는 것이다. 또한 가상공간이라는 새로운 예배 장소의 경험도 그 자체로 하나님의 임재를 보증하지 않는다. 이와 아울러 실제의 건물과 장소와 다른 가상공간이기 때문에 하나님의 임재를 경험하는데 부적합한 공간으로 쉽게 단정하는 것도 주의해야 한다. 현실적으로 디지털 예배에서의 설교를 통해서 하나님의 임

---

50 R.W.L. Moberly, "Sacramentality and the Old Testament," edited by Hans Boersma and Matthew Levering, *The Oxford Handbook of Sacramental Theology* (Oxford: Oxford University Press, 2018), 20.

51 Wolterstorff, "The Theological Significance of Going to Church and Leaving and The Architectural Expression of That Significance," 230.

재를 경험하는 것이 직접 나타나는 경험이다.[52] 가상공간이 보이지 않는다는 이유로 보이지 않는 성령님이 그 공간에 임재하시지 않는다는 주장은 설득력이 약하다.[53] 여기서 중요한 것은 물리적 공간이든 가상공간이든 공간 자체보다 그 공간에서 이루어지고 진행하는 구체적인 일, 행위가 하나님의 임재 경험에 더욱 직접적으로 중요한 요건이라는 것이다.

아울러 예배 공간은 단지 예배 실천을 위한 배경이나 환경을 넘어선 역할을 한다. 마치 가정이 단지 가족들이 모여서 살아가는 배경으로서의 장소일 뿐 아니라 가족들이 함께 먹고 마시고 대화하고 삶의 가치와 습관을 형성시키는 창조적 공간이 되는 것과 같다.[54] 가정의 역할을 적합하게 수행하기 위해서 가족들을 위한 장소가 필요한 것처럼 하나님을 향한 부합한 예배를 위해서 그 필요에 따른 장소가 요구된다. 이런 점에서 물리적 공간의 예배 장소는 예배를 목적으로 구성한 공간이기 때문에 예배에서의 하나님의 임재 경험을 비교적 선명하게 의도적으로 이끌 수 있다. 반면 가상공간은 그 자체로 하나님의 예배를 위해 의도적으로 구성한 공간이 아니라 그 공간의 구성과 활용 그리고 참여 방식이 그것을 설정한 기술 제공자에 의해서 결정된다.[55] 이런 점에서 가상공간은 가치 중립적인 방식으로 하나님의 임재를 경험하도록 이끌지 않기 때문에 더욱 구체적인 목회적 고찰과 수용을 요구한다.

목회적 측면에서 주어진 사역의 과제는 단지 장소 자체를 확보하거나 기술을 통한 공간을 제공하는 것 이상의 노력을 요구한다. 우선 교회 건물

---

52 Karyn Wiseman, "A Virtual Space for Grace: Are There Boundaries for Worship in a Digital Age?" *Liturgy* 30:2 (2015), 57-8.
53 Claudio Carvalhaes, "And the Word Became Connection: Liturgical Theologies in the Real/Virtual World," *Liturgy* 30:2 (2015), 30.
54 Wolterstorff, "The Theological Significance of Going to Church and Leaving and The Architectural Expression of That Significance," 232.
55 디지털 기술에 의한 가상공간은 단지 도구를 넘어서서 또 다른 세계를 창조하고 그에 참여하는 자들의 삶을 형성하는 역할도 감당한다. Dyer, *From the Garden to the City*, 66-7.

과 장소가 예배를 위해 유일하게 보증된 공간이 아니라는 현실적 도전을 직접 받아들여야 한다.[56] 예배를 위해 예배자들이 함께 연결되고 모일 수 있는 공간의 새로운 확대가 현실적으로 새롭게 주어지고 있다. 초대교회의 지하 동굴과 가정이 예배의 공간이었고, 최근에는 창고, 가게, 학교 강당 등 다양한 장소들이 예배의 공간으로 직접 수용 활용되고 있다.[57] 이와 함께, 뉴노멀 시대의 소그룹 형태와 디지털 기술에 의한 가상공간에서 하나님의 직접적인 초청과 임재가 그리스도를 통해서 주어질 수 있다는 가능성을 부인하기 어렵다. 몇몇 가정 단위의 소그룹, 각 가정, 인터넷 등을 통해 서로 연결된 모임이 예배의 공간이 될 수 있다. 하지만 가상공간을 중심으로 특징화되는 이러한 연결성 자체를 강조하는 것이 건물과 구체적인 장소에서와 마찬가지로 개인주의를 부각시키거나 특정한 예배자들을 소외 또는 간과하는 것을 주의해야 한다. 직접적인 대면이 제한된 상황에서 이루어지는 소규모 예배 또는 디지털 방식의 공동예배는 공동체를 간과하는 개인의 참여 방식으로 이해하기 쉽고 또 여전히 미디어 기술에 익숙하게 참여하지 못하는 소외 계층이 주어지기 때문이다. 특히 가상공간의 예배에서 미디어 수용과 활용에 목회적 역량을 집중할 때 예배자들을 어떻게 환대할 것인지에 대한 실천적 과제는 의도치 않게 약화될 수 있는 부분이다.[58]

---

56 전통적으로 예배 공간이 신학적 의미를 반영하고 제시한다는 점에서 공간이 의미 전달의 중요한 영역이라는 James White의 접근['space as communication': James White, *Documents of Christian Worship* (Louisville: Westminster John Knox Press, 1992, 41-74)]은 유효하지만 공간으로 간주하는 구체적인 대상과 영역은 최근 들어 매우 다양해졌고, 별도의 심도있는 연구를 요구한다.

57 Wolterstorff, "The Theological Significance of Going to Church and Leaving and The Architectural Expression of That Significance," 235. 새로운 예배 운동과 실험적 실천을 강조하는 현대예배는 이미 오래전부터 전통적으로 수용하고 발전시킨 공간에 대한 이해와 수용을 확대 적용하고 있다. 창고를 지칭하는 'warehouse' 또는 식당이나 '클럽'과 같은 예배 장소의 명명도 있으며, 최근에는 다시 'vision'과 같이 새로운 방향의 의도를 담은 이름들로 변화하고 있다. Spinks, *The Worship Mall*, 53-4 그리고 Lim and Ruth, *Lovin' On Jesus*, 42-6 참고.

58 Carvalhaes, "And the Word Became Connection: Liturgical Theologies in the Real/Virtual World," 34.

더 나아가 예배의 공간이 하나님과 예배자들 사이의 관계를 구축하는데 적절한 역할을 수행하기 위한 분명한 이해와 구분을 제시하는 것이 중요하다. 하나님과의 관계 구축을 위한 공간 이해는 다음과 같이 세 가지로 구분할 수 있다. 첫째는 공동예배를 위해 함께 참여하는 자들 사이의 만남을 위한 공간이다. 둘째는 하나님이 직접 자신을 제시하시는 초청과 말씀의 전달을 위해서 구분해 놓은 공간이다. 셋째는 하나님의 임재를 직접 직면하고 참여하기 위해 구분해 놓은 공간이다. 곧 하나님의 임재를 위한 직접적이고 구체적인 장소와 임재를 제시하는 일 또는 행위가 이루어지는 공간이 필요하다.[59] 이제는 단지 예배를 위해서 건물과 장소를 마련하는 것 또는 디지털 기술에 의해 서로를 연결하는 것 자체보다 예배자들이 함께 하나님의 초청, 다가오심, 말씀하심, 그리고 직접 그 임재를 경험하는 예배의 실천적 행위들이 공간과 장소의 구분된 거룩성을 이끌어 낼 수 있도록 해야 한다. 곧 예배의 직접적인 실천이 공간의 역할(worship as space)을 지배하고 주도하도록 노력해야 한다. 예배 참여가 하나님의 임재 경험을 통한 환대와 평안의 경험이 되고 하나님과의 신실한 관계 구축의 구심점이 될 수 있도록 의도적으로 계획, 진행하는 것이다. 이와 관련한 장소의 핵심 역할은 소속감을 형성시키는 것이다.[60] 따라서 예배자들의 정체성과 소속감을 구체적인 공간 또는 가상공간이 아닌 하나님 안에서 발견하고 확신하고 유지할 수 있도록 목회적 언어 사용과 실천에 주력하는 것이 요구된다.[61] 좀더 구체적으로 디지털 예배의 실천에서 환대의 표현을 강화하고 소외된 자들에 대한 접근을 의도적으로 신경쓰는 노력이 요구된다. 회중들과의 직접적인 의사소통 방식에 의한 말씀 전달과 반응을 요구하는 언어 표현과 의도적 접근이 도움이 될 수 있다. 전통적으로 수용해 온 그리스도의 임재에 대한 참여 방식을 온라인

---

[59] Irvine, "Space," in *The Study of Liturgy and Worship*, 108.
[60] Brueggemann, *Materiality as Resistance*, 82.
[61] Brueggemann, *Materiality as Resistance*, 80-1.

성찬 방식으로 전환하는 것[62] 자체보다 그리스도를 새롭게 깨닫고 알아 볼 수 있는 성경적 표현과 기도를 개발하는 것이 도움이 될 수 있다.

3) 예배 구성요소로서의 기도 강화

뉴노멀 시대의 예배 실천은 예배 구성요소에 대한 변화된 참여와 경험에 목회적으로 적절하게 대응할 것을 요구한다. 사도행전 2:42에 따라 말씀(사도적 가르침), 교제, 성찬(떡을 뗌), 기도는 새로운 상황에서도 여전히 예배 구성과 실천의 중요한 토대가 된다.[63] 초대교회의 예배 실천을 기술한 순교자 저스틴(Justin the Martyr)의 '제일변증서'(The First Apology)의 65-67항에 따르면 기독교 예배는 말씀과 성찬의 구조(structure)를 지닌다.[64] 하지만 역사적으로 그리고 오늘날 예배의 실천에 나타나는 구성에는 성찬이 분명한 구조로 포함되는 경우가 그리 많지 않다.[65] 이와 관련해서 Wolterstorff는 예배의 구조(structure)와 현상(phenomenon)을 구분하고, 비록 모든 예배 실천에 성찬이 나타나지 않아도 그 자체로 예배를 지속하는 구조에 문제가 있는 것이 아니라는 점을 상기시킨다.[66] 이런 점에서 공동체 가운데 일부의 제한된 모임 또는 디지털 예배 과정에서 성찬을 어떻게 할 것인가는 중요한 문제이지만 비록 성찬이 한시적으로 나타나지 않아도 기독교 예배로서의 구조적 결함을 지닌 것은 아니라고 볼 수 있다.

---

62 온라인 성찬의 정당성을 지지 또는 거부하는 것이 아니라 공동체 전체가 함께 모여 진행하는 것을 대체하는 임시적 방편으로서의 성찬 자체에 주력하는 것을 뜻한다.

63 말씀, 교제, 성찬, 기도가 기독교 예배의 구성요소로서 이견이 없지만 이 모든 요소들이 공동체의 모임에서 동시에 실천되었는지, 각각의 실천이 서로 별도의 구분된 방식으로 실천되었는지에 대해서는 역사적으로 다른 이해와 입장을 지니고 있다. Mcgowan, *The Ancient Christian Worship*, 1-18.

64 Justin Martyr, 'The First Apology,' in Bard Thompson, *Liturgies of the Western Churches* (Philadelphia; Fortress Press, 1980), 8-10.

65 Rory Noland, *Transforming Worship* (Downers Grove: IVP, 2021), 29-46.

66 Nicholas Wolterstorff, "The Reformed Liturgy," in *Major Themes in the Reformed Tradition*, ed. Donald McKim (Grand Rapids: Eerdmans, 1992), 277-80.

오히려 뉴노멀 시대의 예배 구성과 실천에서 제기되는 중요한 현실적 과제는 음악의 약화에 대한 목회적 대응을 제시하는 것이다. 음악은 예배자들의 적극적인 참여와 하나님의 임재를 경험하는 가장 중요한 현대예배의 구성요소다. 음악의 성례성(sacramentality of music)은 현대 예배자들의 참여와 관련해서 가장 중요한 특징으로 부각되었다.[67] 좀더 직접적으로 표현하면 현대 예배자들은 말씀 선포에 대한 내적 반응과 음악에 대한 감정의 몰입과 경험을 통한 전적인 참여를 예배 구성에서 중요하게 간주한다.[68] 하지만 이러한 예배 음악의 성례적 참여가 제한된 소규모의 모임 또는 가상공간에서는 이전과 같은 방식으로 경험되기 어렵다. 이런 상황에서 예배 음악의 위치와 의미를 다시 회복시키는 것은 중요한 목회적 과제이다. 초대교회부터 발전한 예배 구성요소의 정리와 기록에 따르면 다른 요소들과는 달리 음악의 구분된 표현이 선명하게 주어지지 않는다. 오히려 음악은 기도에 포함되거나 기도에 속한 구성요소로 간주되는 것이 더 선명하게 나타난다.[69] 기도는 하나님의 임재를 가장 직접적으로 경험하고 참여하는 신앙의 실천 방식이다. 역사적으로 기독교의 공동예배는 기도를 포함시켰고, 은혜 곧 하나님의 임재를 경험하는 방편이라는 신학적 이해와 확신을 구체화시키는 실천으로 간주해 왔다. 기도는 예배 안에서 단지 언어와 생각만이 아니라 예배자의 전인적 참여(the whole embodied participation)를 가능하게 한다.[70] 공동체 전체 또는 제한된 규모의 모임 또는 가상공간의 연결을 통한 모임 모두 기도의 실천은 직접적으로 하나님의 임재에 전인적으로 참여하는 경험이 될 수 있다. 또한 역사적으로 공동예배에 기도를 포함한 것은 시간과 공간

---

67 Lim and Ruth, *Lovin' On Jesus*, 18.
68 음악은 예배 구성의 핵심 요소로서 예배자들의 참여에서 결정적 요소와 순간을 이끌어내는 역할을 한다. Thomas Whelan, "Music," in *The Study of Liturgy and Worship*, 97.
69 초대교회 '디다케', '제일변증서', '사도적 전승' 등을 보면 대부분 성경읽기, 기도, 설교, 성찬과 교제 및 나눔 등에 대한 구성요소의 선명한 제시가 나타나고 음악에 대한 구별된 구성요소의 언급이 선명하지 않다는 것을 알 수 있다.
70 Nicholas, "Prayer," 45.

의 경험과 같이 일정한 규칙에 따른 삶의 리듬으로 익히게 하는 의미를 지닌다.[71] 이런 점에서 기도는 공동예배의 핵심 구성요소로서 하나님과의 관계를 지속적이고 신실하게 구축하면서 하나님의 임재에 참여하고 반응하는 중요한 역할을 지속하게 한다.

이상의 내용을 근거로 할 때 우선 분명한 것은 뉴노멀 시대에 공동예배의 구성요소와 관련한 목회적 과제는 이전과 크게 다르지 않다는 점이다. 구성요소의 측면에서 말씀 중심의 예배를 지속하는 것에는 큰 변화가 없다. 성찬의 문제는 이전에도 매주 예배의 구성요소로 포함시키지 않은 경우라면 간헐적으로 실천하는 방식에 대한 조절 또는 한시적 연기 상태로 목회적 조절이 가능하다.[72] 다만 음악의 경우 가장 큰 변화와 조절이 현실적으로 요구된다. 그런데 예배에서의 음악이 단지 감정적 몰입과 경험이 아니라 하나님의 임재와 일하심에 반응하는 경배의 표현으로 받아들일 때 기도가 그 역할을 포괄할 수 있다. 기도는 공동예배의 구성요소로서 뉴노멀 시대에 부각되는 중요한 예배의 실천 영역이다. 새롭게 주어진 상황과 예배 참여의 다양한 방식들에 대한 논의와 대안적 주장에도 불구하고 공동예배에서 기도는 예외 없이 포함할 수 있고 또 전인적 참여를 가능하게 한다. 이러한 공동 기도의 실천에서 목회적 과제로 주어지는 것은 기도의 내용과 주제를 제시하고 구체화 시켜주는 것이다. 예배의 초청, 죄의 고백과 용서의 확증, 목회 기도, 파송과 함께 포함되는 축복의 기도 등을 이전과 같이 지속하되, 기도의 내용과 주제에 불안전한 시대 속에서 '소망'을 담아내는 고백을 포함시키는 것이 도움이 될 수 있다. 팬데믹으로 인해 주어진 삶의 변화와 불안전을 담고 있는 뉴노멀에서는 막연하게 긍정적으로 미래를 갈망하는 낙관적 기대가 아니라, 성경에서 제시하는 종말적론 소망을 다시 회복하고 구체적

---

71 Nicholas, "Prayer," 46.
72 물론 정해진 규칙성을 위해서 월 또는 분기별로 실천하는 방식을 온라인으로 전환해서 할 수도 있는데, 온라인 성찬에 대한 다양한 의견과 입장에 대해서는 이 장의 범위를 벗어난다.

으로 담아내는 고백(기도)이 요구된다.⁷³

그런데 기독교 예배에서 공동체가 함께 소망을 담아내고 표현하는 가장 성경적 표현은 탄식이다.⁷⁴ 탄식은 구원과 온전한 소망을 위한 하나님을 향한 간구이고 신앙 표현의 직접적인 의례의 실천 방식이다.⁷⁵ 구체적인 불평, 간구, 그리고 확신을 담아내는 가장 성경적이고 정직한 기도이다.⁷⁶ 곧 신앙의 인내, 신실함 그리고 삶의 모든 상황을 하나님과의 관계로 연결시키고 거기서 소망을 이끌어내는 가장 확실한 성경적 기도 내용을 담고 있는 방식이다.⁷⁷ Wolterstorff는 칼빈의 개혁주의적 탄식의 신학적 이해를 연구하면서 탄식이 고통과 고난의 상황에서 비록 분명한 답을 알 수 없지만 "우리를 개혁하시기 위한 하나님의 은혜로운 시도의 구체적 제시"(manifestations of God's gracious attempt to reform us)와 연결된다고까지 언급한다.⁷⁸ 이처럼 불편

---

73 Glen Packiam, *Worship in the World to Come: Exploring Christian Hope in Contemporary Worship* (Downers Grove: IVP, 2020)은 우리 시대의 불안정한 상황에서 다시금 성경적 소망의 회복을 위한 기도(예배)의 의미와 역할을 심도 있게 논증한다. Claus Westermann은 탄식이 고난의 상황에서 새로운 길을 제시하는 성경의 기도라고 언급한다. Westermann, *Praise and Lament in the Psalms* (Atlanta: John Knox Press, 1981), 267. Patrick Miller는 기도와 간구가 목회적으로 소망을 제시하는 중요한 실천이 될 수 있다는 것을 논증한다. Patrick Miller, *They Cried to the Lord: the Form and Theology of Biblical Prayer* (Minneapolis: Fortress, 1994).

74 탄식 기도의 기본 구조와 내용은 불평, 간구, 신뢰의 고백으로서 회복으로 구성된다. David Taylor, *Open and Unafraid: The Psalms As a Guide to Life* (Colorado Springs: Thomas Nelson, 2020), 70-1.

75 Miller, They Cried to the Lord, 21 그리고 Wolterstorff, "If God is Good and Sovereign, Why Lament?", 82.

76 개인적, 목회적 상황에서 탄식 기도의 구조를 가장 현대적으로 명료하게 요약한 구조는 시편 13편에 따른 정직한 불평(1-2절), 구체적인 간구(3-4절), 그리고 신앙의 확신과 찬양(5-6절)이다. David Taylor, Open and Unafraid (Nashville: Thomas Nelson, 2019), 70-1. 그리고 최창국, "시편의 애가에 나타난 기도의 지평연구", 「복음과 실천신학」 제60권 (2021): 164-198 (DOI:10.25309/kept.2021.8.15.164) 참고.

77 팬데믹에 대한 신학적 성찰과 반응 과제를 제시한 Brueggemann과 Wright 모두 탄식 기도의 필요성과 기독교적 소망 제시를 위한 성경적 실천으로 강조한다. N.T. Wright, *God and Pandemic*, xi, Brueggemann, *Virus as a Summons to Faith*, Chapter 5. Taylor, *Open and Unafraid*, 74.

78 Wolterstorff, "If God is Good and Sovereign, Why Lament?", 89.

을 넘어서서 불안과 고통을 초래하는 뉴노멀 시대의 예배자들에게 가장 필요로 하는 과제는 여전히 하나님과의 신실한 관계를 구축하고 삶의 모든 영역을 하나님과 연결시키는 탄식 기도의 목회적 적용이다. 탄식 기도의 핵심은 단지 슬픔과 아픔을 고백하는 것뿐 아니라 그것을 하나님과 연결하고 주어진 상실과 고난의 상황에서 하나님의 성품과 일하심을 다시 회복해달라는 가장 신실한 신앙의 표현이다.[79] 이러한 신실한 신앙의 표현으로서 탄식 기도는 음악을 대신해서 가장 성경적이고 현재의 불확실한 상황에 부합한 예배 구성요소로 자리잡을 수 있다.

5. 나가는 글

뉴노멀 시대는 말 그대로 새로운 일상을 초래했다. 일상과 직접 연결된 기독교 예배 역시 뉴노멀 시대를 직면해서 새로운 현상과 변화를 받아들이고 있다. 뉴노멀 시대에 경험하는 기독교 예배의 변화는 교회 안에서 시작된 갱신 운동이 아니라 교회 밖에서 주어진 불가피한 상황으로 주어지기 때문에 혼란과 혼동을 경험한다. 특히 오랜 역사를 통해서 정해진 장소에 모여 예배하고 다시 일상으로 돌아가는 순환적 리듬을 유지하면서 발전해온 예배 참여와 경험의 기본 패러다임의 변화가 주어졌다. 이런 상황에서 목회적 현실은 단순히 이전의 상황으로 돌아가기를 기다리거나 가능한 기술과 장비를 활용해서 디지털 예배를 또 하나의 새로운 대안으로 수용하는 것보다 더 중요한 질문을 요구한다. 곧 "불안전과 혼란의 시대에 어떻게 신실하게 하나님과의 관계를 지속하는 공동예배의 실천을 이끌어낼 것인가?"이다. 이 짧은 글은 이러한 질문에 대한 답변으로 어느 하나의 입장에 대한 정당

---

[79] Brueggemann, *The Psalms and Life of Faith* (Minneapolis: Fortress Press, 1995), 47 그리고 Steven Chase, *The Tree of Life: Models of Christian Prayer* (Grand Rapids: Baker Academic, 2005), 95.

성 제시가 아니라 주어진 상황에 대한 신학적 고찰과 목회적 제안을 제시하는데 주력했다. 뉴노멀 시대의 예배자들은 시간의 순환적 리듬을 명확히 하고 일상과 안식의 규칙성을 통해 하나님의 백성으로서의 정체성을 제시하는 실천을 발전시킬 수 있다. 또한 물리적 장소와 가상공간 사이에서 어느 하나를 더 우월한 예배의 공간으로 간주하려는 선택보다 예배 실천 자체가 예배 공간의 원래 의미를 구현하고 제시하는 '공간으로서의 예배'를 더욱 강화시킬 수 있다. 아울러 예배 구성요소의 수용과 발전을 지속하면서 음악을 통한 감정적 몰입과 참여의 방식을 정직한 탄식의 기도 실천으로 전환해서 더욱 성경적이고 상황에 부합하게 하나님의 임재에 참여하게 하는 실천을 강화할 수 있다. 불안과 불확실성을 포함하는 뉴노멀 시대의 예배에서도 하나님과의 신실한 관계 구축과 형성을 위한 신학적 고찰과 목회적 노력은 여전히 가능하다.

참고 문헌

김순환. "비상 상황 하의 온라인 예배 매뉴얼의 이론과 실제 모색". 「복음과 실천신학」 제58권 (2021): 261-287. DOI:10.25309/kept.2021.2.15.261.

박기영. "코로나블루 시대에 필요한 목회적 돌봄". 「복음과 실천신학」 제57권 (2020): 48-81. DOI:10.25309/kept.2020.11.15.048.

안덕원. "디지털 미디어 시대의 기독교 예배-전통적인 경계선 밖에서 드리는 예배를 위한 제언". 「복음과 실천신학」 제56권 (2020): 45-82. DOI:10.25309/kept.2020.8.15.045.

오현철. "뉴노멀시대 설교의 변화". 「복음과 실천신학」 제 57권(2020): 117-144. DOI:10.25309/kept.2020.11.15.117.

조성돈. "Post Corona 19 한국교회의 갈 방향." 포스트코로나시대의 한국교회의 생존. 실천신학대학원대학교 세미나 자료집, 2020.

주종훈. "디지털 예배의 목회적 신학적 고찰과 실천방향". 「복음과 실천신학」 제60권 (2021): 45-81. DOI:10.25309/kept.2021.8.15.045.

주종훈. "현대예배 갱신 과제 소고: 전인적 참여와 삶의 형성을 위한 대화 구조 회복". 「복음과 실천신학」 제58권 (2021): 9-41.DOI:10.25309/kept.2021.2.15.009.

최창국. "시편의 애가에 나타난 기도의 지평연구". 「복음과실천신학」 제60권 (2021): 164-198. DOI:10.25309/kept.2021.8.15.164.

Abernethy, Alexis. ed. *Worship That Changes Lives*. Grand Rapids: Baker Books, 2008.

Abraham, William. *Logic of Renewal*. Grand Rapids: Eerdmans, 2003.

Begbie, Jeremy. *Redeeming Transcendence in the Arts: Bearing Witness to the Triune God*. Grand Rapids: Eerdmans, 2018.

Bernard, Marcel, Cilliers, Johan, and Wepener, Cas, *Worship in the Network Culture*. Leuven: Peeters Bvba, 2014.

Bradshaw, Paul. *The Search for the Origins of Christian Worship*. New York: Oxford University Press, 2002.

Brueggemann, Walter. *Materiality as Resistance*. Louisville: Westminster John Knox Press, 2020.

Brueggemann, Walter. *Sabbath as Resistance: Saying No to the Culture of Now*. Louisville: Westminster John Knox Press, 2014

Brueggemann, Walter. *Virus as a Summons to Faith: Biblical Reflections in a Time of Loss, Grief, and Uncertainty*. Eugene: Cascade Books: 2020.

Calvin, John. "the Necessity of Reforming the Church." in Calvin's Tracks. Vol. 1. Eugene: Wipf and Stock Publishers, 2002.

Campbell, Heidi and DeLasmutt, Michael W. "Studying Technology and Ecclesiology in Online Multi-Site Worship." *Journal of Contemporary*

Religion, 2014. Vol. 29, No.2: 267-285.

Carvalhaes, Claudio. "And the Word Became Connection: Liturgical Theologies in the Real/Virtual World." *Liturgy* 30:2 (2015): 26-35.

Chase, Steven. *The Tree of Life: Models of Christian Prayer*. Grand Rapids: Baker Academic, 2005.

Dawn, Marva. *Keeping the Sabbath Wholly*. Grand Rapids: Eerdmans, 1998.

Dix, Dom. *The Shape of Liturgy*. New York: T&T Clark, 2005.

Dreyer, Wim. "Being Church in the Era of 'Homo Digitalis'." *Verbum et Ecclesia* 40(1), 2019: 1-7.

Dyer, John. *From The Garden to the City: The Redeeming and Corrupting Power of Technology*. Grand Rapids: Kregel, 2011.

Fuller, Brian. "Practicing Worship Media Beyond Power Point." *Understanding Evangelical Media: the Changing Face of Christian Communication*, edited by Quentin Schultze and Robert Woods, Jr. Downers Grove: IVP, 2008.

Gordon-Taylor, Benjamin. "Time", *The Study of Liturgy and Worship*. edited by Juliete Day and Benjamin Gordon-Taylor. Collegeville: Pueblo, 2013.

Henry, Matthew. "Diections for Daily Communion With God" in *the Complete Works of Matthew Henry*, Vol.1. Grand Rapids: Baker Book House, 1997.

Heschel, Abraham. *The Sabbath*. New York: Farrar, Straus, and Giroux, 2005.

Irvine, Christopher. "Space." The Study of Liturgy and Worship. edited by Juliete Day and Benjamin Gordon-Taylor. Collegeville: Pueblo, 2013.

Kaemingk, Matthew and Willson, Cory. *Work and Worship: Reconnecting*

Our Labor and Liturgy. Grand Rapids: Baker Academic, 2020.

Lim, Swee Hong and Ruth, Lester. *Lovin' On Jesus*. Nashville: Abingdon, 2017.

Martyr, Justin. 'The First Apology,' in Bard Thompson. *Liturgies of the Western Churches*. Philadelphia; Fortress Press, 1980.

Mcgowan, Andrew. *Ancient Christian Worship*. Grand Rapids: Baker Academic, 2016.

Miller, Patrick. "The Human Sabbath: A Study in Deuteronomic Theology." *Princeton Theological Seminary Bulletin* 6 (1985): 81-97.

Miller, Patrick. *They Cried to the Lord: the Form and Theology of Biblical Prayer*. Minneapolis: Fortress, 1994.

Moberly, R.W.L. "Sacramentality and the Old Testament." edited by Hans Boersma and Matthew Levering, *The Oxford Handbook of Sacramental Theology*. Oxford: Oxford University Press, 2018.

Noland, Rory. *Transforming Worship*. Downers Grove: IVP, 2021.

Packiam, Glen. *Worship in the World to Come: Exploring Christian Hope in Contemporary Worship*. Downers Grove: IVP, 2020.

Postman, Neil. *Amusing Ourselves to Death*. New York: Penguin Book, 1985.

Smith, James. *Desiring the Kingdom*. Grand Rapids: Baker Academic, 2009.

Spinks, Bryan. *The Worship Mall*. New York: Church Publishing, 2011.

Stapert, Calvin. *A New Song for on Old World: Musical Thought in the Early Church*. Grand Rapids: Eerdmans, 2007.

Sterne, Alistair. *Rhythms for Spiritual Practices for Who God Made You to Be*. Downers Grove: IVP, 2020.

Taylor, David. *Glimpses of the New Creation: Worship and the Formative Power of the Arts*. Grand Rapids: Eerdmans, 2019.

Taylor, David. *Open and Unafraid: The Psalms As a Guide to Life*. Colorado Springs: Thomas Nelson, 2020.

Villodas, Rich. *The Deeply Formed Life*. Colorado Springs: WaterBrook, 2020.

von Allmen, Jean Jacques. *Worship: Its Theology and Practice*. New York: Oxford University Press, 1965.

Watts, Michael. *The Dissenters*. Oxford: Oxford University Press, 1978.

Westermann, Claus. *Praise and Lament in the Psalms*. Atlanta: John Knox Press, 1981.

White, James. *Documents of Christian Worship*. Louisville: Westminster John Knox Press, 1992.

Wiseman, Karyn. "A Virtual Space for Grace: Are There Boundaries for Worship in a Digital Age?" *Liturgy* 30:2 (2015): 52-60.

Wolterstorff, Nicholas. "The Reformed Liturgy." in *Major Themes in the Reformed Tradition*. edited by Donald McKim. Grand Rapids: Eerdmans, 1992.

Wolterstorff, Nicholas. "The Theological Significance of Going to Church and Leaving and The Architectural Expression of That Significance." *Hearing the Call: Liturgy, Justice, Church, and World*. Grand Rapids: Eerdmans, 2011.

Wright, N. T. *God and Pandemic: A Christian Reflection on the Coronavirus and Its Aftermath*. Grand Rapids: Zondervan, 2020.

Yates, Nigel. *Liturgical Space*. New York: Routlege, 2016.

Zuboff, Shoshana. *The Age of Surveillance Capitalism: The Fight For a Human Future at the New Frontier of Power*. London: Profile Books, 2019.

chapter 3

예배의 방식과 본질 확인하기
디지털 예배의 목회적 신학적 고찰과 실천 방향[1]

1. 들어가는 글

    기독교 예배의 실천은 신학적 확신과 전통을 존중하지만 동시에 주어진 상황에 영향을 받아왔다. 2020년 시작된 팬데믹은 공동체가 같은 장소에 함께 모여 예배하는 실천에 새로운 전환을 가져다주고 있다. 예배 참여를 위해서 단정한 옷을 입고 성경 그리고 봉헌을 준비하는 것 외에, 인터넷, 컴퓨터, 테블릿, 스마트 폰과 같은 미디어 기술과 장비를 확보해야 하고 전달받은 또는 정해진 링크를 클릭해서 예배에 참여한다. 이러한 변화는 예배의 단절 또는 상실이 아니라 이전에 부분적으로 제시되고 경험하던 온라인 방식의 예배를 보다 보편적 경험으로 확대 수용하게 된 것이다.[2] 그런데 예배

---

[1] 본 장의 내용은 2021년 5월 15일 한국복음주의실천신학회 제40회 정기학술대회에서 발표한 논문이고, 「복음과 실천신학」 제60권 (2021: 45-81)에서 "디지털 예배의 목회적 신학적 고찰과 실천 방향"으로 게재된 것을 수정 보완한 것임.

[2] 이전에 대형교회 중심으로 오프라인 예배의 실황을 동시에 송출하는 방식이 이루어졌으나, 현재는 교회의 규모와 지역 그리고 교단과 전통에 상관없이 모임의 제한에 따른 대안으로 온라인 예배가 보편화되었다. 하지만 이와 동시에 지역과 교회의 규모와 상관없이 이루어지고 있는 온라인 예배의 보편화 현상이 온라인 예배의 일반화로 이어질 수 있는 것은 주의해야 한다. 각 공동체의 실천이 구체적으로 차이가 있고, 또 그에 참여하는 방식도 획일적이지는 않기 때문이다. Hannah Alderson and Grace Davie, "Online Worship: A Learning Experience,"

의 변화된 현상과 실천에 대한 신학적 정당성을 고찰하기도 전에 목회의 현실에서는 디지털 방식의 예배를 준비, 계획, 진행해야 하고 새로운 방식의 안내와 실천을 직접 감당해야 하는 과제를 안고 있다. 목회자들과 교회의 사역자들은 예배 시간과 참여 방식에 대해 교회 홈페이지와 메시지 또는 직접적인 연락을 통해서 안내하고, 미디어 장비 활용법을 익히며 영상송출 방식을 통해 예배 사역을 감당한다. 이러한 과제들은 설교와 기도 그리고 음악의 준비와 실천을 대신하는 것이 아니라 부가적으로 새롭게 추가된 것들이다.[3] 이렇게 변화된 예배의 상황과 실천은 예배자들의 신앙과 삶의 형성에 영향을 미친다. 따라서 디지털 예배 실천에 담긴 목회적 과제들을 명확히 확인하고 신학적으로 고찰하는 것이 필요하다.[4]

디지털 예배로의 새로운 전환과 실천에도 불구하고 목회 사역에서 여전히 중요한 과제는 하나님의 백성들을 그리스도 안에서 하나님에게 인도하는 것이다.[5] 디지털 예배를 촉발시킨 팬데믹의 상황에서 하나님의 언약을 확신하고 신실하게 반응해야 한다는 신앙의 과제에 대한 역사적 신학적 측면의 포괄적 주장은 이미 우리에게 주어졌다.[6] 하지만 공동체 모임 제한으로 인한 디지털 예배의 목회적 과제에 대해서는 미디어 기술의 활용 방안과 실천이라는 접근에 주력하면서 그와 관련한 신학적 고찰은 상대적으로 활

Theology Vol.1 124 (2021): 15-23 참고.

[3] 이전의 목회 사역을 위한 준비와 노력에 추가해서 기술 사용의 방식을 익혀야 하고, 온라인을 통한 회중들을 섬기는 목회 상담과 돌봄의 사역 과제를 추가적으로 요구받고 있다.

[4] 예배 신학의 기초에 근거해서 온라인 예배의 실천 방안을 제시하려는 노력은 이미 활발하게 주어지고 있다. 김순환, "비상 상황 하의 온라인 예배 매뉴얼의 이론과 모색", 한국복음주의실천신학회, 「복음과 실천신학」 제 58권(2020): 261-87. http://doi.org/10.25390/kept.2021.2.15.261.

[5] Christopher Beeley, *Leading God's People: Wisdom from the Early Church For Today* (Grand Rapids: Eerdmans, 2012).

[6] 안명준 외, 「전염병과 마주한 기독교」 (군포: 다함, 2020), Walter Brueggemann, *Virus As a Summons to Faith: Biblical Reflections in a Time of Loss, Grief, and Uncertainty* (Eugene: Cascade Books, 2020) 그리고 N. T. Wright, *God and the Pandemic: A Christian Reflection on the Coronavirus and Its Aftermath* (Grand Rapids: Eerdmans, 2020) 등 참고.

발하게 논의되지 못했다.[7] 오늘날 주어진 과제는 미디어 수용 여부의 문제를 넘어서서 미디어가 예배 환경과 경험을 주도하는 실천과 관련한다.[8] 이에 대한 목회적 과제를 규명하고 신학적으로 고찰하는 일이 요구된다. 공동 예배의 새로운 방식으로서 개인적인 선택과는 상관없이 보편적 방식으로 수용되고 있는 디지털 예배는 예배자들의 신앙 형성에 중요한 역할을 한다. 이런 필요와 중요성을 수용하면서 이 장은 오늘날 목회 현실에서 주어지는 디지털 예배 실천에 대한 목회적 신학적 고찰을 시도한다. 디지털 예배의 정당성과 필요성을 제시하거나 반대로 디지털 예배의 도전과 수용에 대한 저항을 위한 근거를 제시하지 않는다. 오히려 신앙 실천의 핵심인 공동예배의 새로운 방식으로 주어진 디지털 예배가 예배자들의 신앙을 어떻게 형성하는지 그리고 그러한 실천에서 주어지는 목회적 과제들이 무엇이며, 신학적으로 어떻게 이해하고 반응해야 하는지를 고찰한다. 문화 영역에서 주어진 미디어의 연구는 이미 디지털 기술과 장비가 삶을 지배하고 형성하는 강력한 방식이라는 점을 강조한다.[9] 기독교 예배는 미디어 활용과 신앙 형성이 교차적으로 이루어지는 공동체의 중요한 실천 방식이다. 이런 맥락에서 디지털 예배가 제시하는 목회적 과제와 도전을 신학적으로 접근하기 위해서 다음과 같은 전개 방식을 따른다. 우선 첫째로 디지털 예배가 오늘날 공

---

7 지금까지 예배가 미디어를 어떻게 수용할 것인가 그리고 예배 안에서 미디어를 어떻게 활용할 것인가에 대한 연구를 주력해 왔다. Eileen Crowley, *Liturgical Art For a Media Culture* (Collegeville: Order of Saint Benedict, 2007) 그리고 Quentin Schultze, *High-Tech Worship?* (Grand Rapids: Baker Books, 2004) 등이 대표적 예가 된다.

8 최근 박성환 교수는 새로운 시대의 미디어를 주일 학교 예배와 교육에 활용할 수 있는 방안을 구체적으로 제시하기도 했다. 박성환, "포노 사피엔스(Phono-Sapiens) 시대에 스마트폰을 활용한 어린이 설교", 한국복음주의실천신학회, 「복음과 실천신학」 제59권 (2021): 173-207. https://doi.org/10.25309/kept.2021.5.15.173261-87

9 예를 들어, David Smith, Kara Sevensma, Marjorie Terpstra, Steven McMullen, *Digital Life Together: The Challenge of Technology for Christian Schools* (Grand Rapids: Erdmans, 2020)은 교육 활동에서 미디어와 신앙 형성의 관계를 고찰하고, Andy Crouch, *The Tech-Wise Family: Everyday Steps for Putting Technology in Its Proper Place* (Grand Rapids: Baker Books, 2017)는 가정에서 미디어와 신앙 형성의 관계와 역할에 대한 고찰을 시도한다.

동예배에서 어떻게 나타나고 수용되는지 살펴보고, 이러한 새로운 상황과 변화를 통해 주어지는 목회적 과제와 도전을 정리한다. 둘째로 성례 신학적 관점에서 디지털 예배가 예배자들에게 하나님의 임재를 어떻게 제시하고 참여하게 하며 신앙을 형성하는지 파악한다. 마지막으로 신앙과 삶의 형성을 위한 신학적 측면을 반영한 디지털 예배의 실천 방향과 과제를 제시한다.

2. 디지털 예배 현상과 목회적 과제

디지털 예배는 공동체가 함께 모여 실천하는 전통적 방식의 예배에 대한 새로운 대안으로 주어진 것은 아니다. 이미 수년 전부터 디지털 방식의 예배가 소개되었고, 일부 교회 공동체에서 수용되어온 실천이다.[10] 다만 최근에 공동체의 모임 제한이라는 상황에서 공동예배의 지속적인 실천을 위해 교단과 전통 그리고 지역과 규모에 상관없이 대부분의 교회들이 실천하는 방식으로 부각되었다. 물론 이러한 디지털 예배 방식을 거의 모든 예배 공동체가 현상적으로 수용한다고 해서 그 자체로 정당성을 제공하는 것은 아니다. 여전히 각각의 신학과 전통 그리고 교회 리더십에 따라 디지털 예배의 정당성 또는 제한성에 대한 논의가 제기되고 있다.[11] 하지만 서로 다른

---

10 비록 오늘날 예배자들의 이해와 경험에서 수용되는 디지털 예배와는 차이가 있지만 기술과 예배를 함께 접목시키는 방식으로 예배에서 기술 수용이 시작된 것은 1900년대 초반부터 시작된 오랜 역사를 지닌다. 특히 음향장비, 인쇄기술, 음악에서의 악기 등과 같은 여러 장비들은 기술을 예배에서 사용하고 수용한 오랜 역사를 지니고 있다. 그리고 우리 시대의 디지털 기술과 예배를 수용하기 시작한 것 역시 1980년대부터 활성화되었다. Crowley, *Liturgical Art For a Media Culture*, 18-36. 이후 미디어 기술과 예배를 수용, 통합하는 방식은 서로 다른 이들이 서로 다른 방식으로 사용하는 것의 차이를 이끌어냈을 뿐이다. Karyn Wiseman, "A Virtual Space for Grace: Are There Boundaries for Worship in a Digital Age?", *Liturgy*, 30(2), 2015, 55 참고.

11 디지털 예배의 정당성과 필요성에 대한 입장은 Deanna Thompson, "Christ Is Really Present Even In Holy Communion via Online Worship," *Liturgy v. 35*. no. 4 (2020):18-24 에서 볼 수 있다. 반면 디지털 예배의 경계와 주의에 대해서는 Jay Kim, *Analog Church: Why We Need Real People, Places, and Things in the Digital Age* (Downers Grove: IVP, 2020)

이해와 수용 방식에 대한 차이에도 불구하고 오늘날 경험되는 디지털 예배 현상과 거기에서 주어지는 목회적 과제는 다음과 같이 세 가지로 요약할 수 있다.

1) 가상공간의 실재성과 중심성

첫째, 디지털 예배는 공동예배 참여와 관련한 삶의 리듬에 가상공간의 실재성과 중심성을 이끈다. 예배 참여는 모임과 흩어짐의 방식(pattern of gathering and dispersing)에 의해서 마치 심박동의 움직임과 같이 일정한 규칙성을 따른다. 공동체의 모임을 통한 경배와 세상에서의 삶을 통한 신앙 실천을 제시하는 것은 기독교 예배 역사와 전통에서 가장 오래된 주제이자 과제이다.[12] 세상에서 그리스도의 몸으로 정체성과 사명을 감당하는 공동체의 흩어짐은 하나님을 향한 경배와 언약의 확증을 위한 공동체의 모임과 순환적 관계로 깊이 연결되어 왔다. 전통적 방식의 예배 참여는 시간의 규칙성을 따라서 장소의 이동을 통한 일정한 리듬을 형성한다. 하지만 디지털 예배는 시간의 리듬을 유지하면서도 장소의 참여 방식에 새로운 전환을 가져다 준다. 지난 2000여 년이 넘게 기독교 예배의 보편적 방식으로 수용한 예배 장소(place)로 이동하는 것에서 디지털 장비가 제공하는 공간(space)에 모이는 방식으로 전환된다. 이러한 전환은 가상공간(virtual space)의 실재성(reality)을 수용하고, 그것의 중심성(centrality)을 받아들이게 한다. 곧 가상공간을 공동체의 경배와 축제를 위한 예배 실천의 중심 공간으로 수용시킨다.[13] 곧 일상의 영역과 구분된 공간으로서의 예배 장소로 이동하는 것이 아니라, 일상에서 접하는 가상공간을 예배와 의례를 위한 공간으로 전환시키

가 대표적이다.

12 Nicholas Wolterstorff, "Trumpets, Ashes, and Tears," in *Hearing the Call: Liturgy, Justice, Church, and World* (Grand Rapids: Eerdmans, 2011), 19-20.

13 Marcel Barnard, Johan Cilliers, and Cas Wepener, *Worship In the Network Culture: Liturgical Studies. Fields and Methods, Concepts and Metaphors* (Leuven: Peeters Bvba, 2014), 1-8.

는 방식을 수용한다. 이것은 "디지털 공간의 지역성(the locality of the digital reality)이 어디에도 없는 곳(nowhere)이자 동시에 모든 곳(everywhere)이 된다"[14]는 것을 경험하게 한다. 다른 표현으로 하면 예배 참여를 위한 '경계의 붕괴'(collapse of boundary) 현상을 접하는 것이다. 이것은 전통적으로 수용한 거룩한 공간과 세속적인 공간의 명확한 구분이 흐려지고 하나님의 임재와 일하심의 영역을 새롭게 수용하게 하는 계기를 제공하기도 한다.[15]

이러한 가상공간의 실재성에 기반을 둔 경험과 참여로 인한 예배 공간의 전환은 목회적 과제를 새롭게 제시한다. John Reader가 제시한 것처럼, 전통적으로 수용된 목회 사역의 과제들 곧 그리스도의 몸인 공동체를 세우고 돌보며, 말씀과 성례 중심의 사역에 집중하는 전통적 과제를 재해석하고 새롭게 접근할 것을 요구한다.[16] 모임으로서의 예배와 삶으로서의 예배가 서로 어떤 관계에 있고 어디에 강조와 비중을 두는가에 대한 오랜 목회적 과제[17]가 이제는 하나님의 임재를 확신하는 참된 삶의 방식을 추구하는 믿음(faith seeking for a way of authentic life in the presence of God)[18]을 위한 신학의 본

---

14 Wim Dreyer, "Being Church in the Era of 'homo digitalis', *Verbum et Ecclesia 40 (1)*, 2020, 5.

15 Charles Taylor는 그의 책 *A Secular Age* (Boston: Belknap Press, 2018)에서 현대 사회에 대한 여러 비평 가운데 개혁주 전통이 성과 속의 구분을 통해서, 하나님과 세상을 분리시키는 원인을 제공했다고 보는데, 사실 개혁주 전통은 하나님의 임재를 제한된 교회 건물과 공간으로부터 세상으로 확대하고, 세상을 하나님의 임재와 영광을 제시하는 영역으로 수용하게 한 것이다. 개혁주 학자들은 칼빈의 가르침을 따라서 신자가 된다는 것은 이 세상을 하나님 임재와 현현 그리고 영광 제시의 장소로 경험하는 것임을 강조한다. 곧 세상을 하나님의 성례로 경험하는 것을 강조한다. Wolterstorff, "Trumpets, Ashes, and Tears," 24. David Taylor, *The Theater of God's Glory: Calvin, Creation and The Liturgical Arts* (Grand Rapids: Eerdmans, 2017), 34-46 참고.

16 John Reader, *Reconstructing Practical Theology: The Impact of Globalization* (Aldershot: Templeton Press, 2008), 5-6.

17 예배 신학의 오래된 주제(lex credendi와 lex orandi의 관계 고찰)에 따르면 가톨릭의 경우 의례에 비중을 둔 삶을 강조하고, 개신교의 경우 삶에 비중을 둔 의례를 제시하기 위해 노력해 왔는데, 이러한 관계 구조에 대한 전통적 이해와 수용이 전환된다.

18 Louw는 Reader가 제시한 삶의 형성을 위한 영성 개념에 근거해서 신학과 목회의 과제가 수행적 또는 실천적 교회론(operative ecclesiology)과 습관의 신학적 접근에 집중해야 한다고 강조한다. Daniel Louw, "Practical Theology As Life Science: Fides Quaerens Vivendi

질적 과제에 더욱 집중하게 한다. 가상공간에 의해서 주어진 예배와 관련한 목회적 과제는 교회 교리나 역사적 신앙고백의 선포와 가르침을 무시하지 않으면서 공동체가 처한 삶의 자리 안에서 직접적으로 하나님의 임재를 경험하고 신앙에 따른 참된 삶을 살아가도록 돌봄을 제공하는 것을 더욱 부각시킨다. 모임을 위한 예배 장소에로의 이동과 참여가 제한된 상황에서 목회자들의 과제는 예배 참석자들의 숫자를 확보하거나 모임에 기반을 둔 교육보다는 성도들(예배자들)이 하나님과 단절되지 않고 지속적으로 신앙에 기반을 둔 삶을 살아가도록 도움을 제공하는 것이다. 곧 새롭게 주어진 가상공간에서의 예배 참여를 통한 신앙의 본질을 구현하는 책임을 요구받게 된다. 이러한 목회적 과제는 디지털 방식으로 실천하는 예배의 구성과 진행이 하나님과의 관계를 어떻게 형성하게 하는지 관심을 갖고 책임 있는 목회적 노력을 시도하는 것이다.[19] 이를 위해서 Wiseman은 오늘날 디지털 예배를 준비, 계획, 인도하는 목회자들에게 사역의 본질적인 질문을 상기시켜준다. 목회자들은 예배자들에게 "성경의 오래된 이야기를 오늘날 새로운 방식[디지털 예배 방식]으로 어떻게 제시해서 더욱 적극 참여하게 할 것인가?"라는 질문에 답을 제시하기 위해 노력해야 한다. 물론 디지털 예배의 공간 변화와 수용은 전통적 방식의 예배로 전환할 수 있는 상황의 회복이 가장 중요하고 필요하다는 것을 요청하지만 동시에 새로운 상황에서 예배자들이 하나님과의 관계 형성을 지속할 수 있도록 목회적 섬김을 지혜롭게 지속하는 것을 피할 수 없다.

2) 하나님의 임재 이해와 경험의 새로운 전환

둘째, 디지털 예배는 하나님의 임재 이해와 경험에 새로운 전환을 이끈다. 기독교 예배의 핵심 과제는 하나님이 어디에 그리고 어떻게 나타나시는

---

and Its Connection to Hebrew Thinking," *In die Skriflig* vol. 51 (1), 8.
19 Wiseman, "A Virtual Space for Grace: Are There Boundaries for Worship in a Digital Age?," 52.

지에 대한 제시와 참여와 관련한다. 그리고 이러한 예배의 핵심 과제는 디지털 예배 상황에서도 지속된다.[20] 전통적으로 예배에서 하나님의 임재를 경험하는 방식은 주로 세 개의 구성요소에 집중된다. Lester Ruth는 예배의 구분과 해석을 다루는 자신의 글[21]에서 기독교 예배의 구분과 해석에서 가장 중요한 기준 가운데 하나가 하나님의 임재를 어떤 구성요소에 두고 있는가로 볼 수 있다고 한다. 전통적으로 하나님의 임재를 제시하고 참여하게 하는 구성요소는 성찬(정교회, 가톨릭, 성공회 등), 말씀(개혁교회, 루터교회, 침례교회 등), 그리고 음악(오순절 전통)이다. 디지털 예배는 하나님 임재 경험을 위한 전통적 참여 방식에 새로운 전환을 초래했다. 공동체가 함께 먹고 마시고 감사의 고백을 하는 성찬의 제한 또는 변화된 실천은 가장 두드러진 전환이다. 같은 장소(식탁)에서 함께 모여 떡과 잔을 나누는 것 자체가 어려운 상황이다. 말씀을 함께 읽고 선포하는 것 역시 공동체가 함께 모인 자리에서 경험하는 것과는 달리 개인적 참여 방식으로 전환된다. 성경 읽기와 선포에서 다른 사람들의 참여와 반응을 직접 접하지 못하고 개인적으로 참여하는 측면을 부각시킨다. 음악의 경우 디지털 예배에서 가장 큰 변화와 전환을 경험한다. 전통적으로 예배에서 음악의 실천이 지닌 강조점은 '함께 적극적으로 참여'하게 하는 것이다. 현대예배는 음악이 하나님의 임재를 경험하고 예배자들의 상상력을 성경에 따라 형성시키기까지 할 수 있는 가장 중요한 요소로 발전시켰다.[22] 하지만 디지털 예배는 음악에서 공연적 측면을 강화하고, 예배자들이 함께 적극적으로 참여하며 하나님의 임재를 경험하는 것과 관련해서 스크린을 통한 참여로 제한시킨다.

하나님의 임재에 대한 이해와 경험의 새로운 전환을 초래하는 디지털

---

20 Gerald Liu, "Christian Worship and the Question Concerning Technology," *Liturgy 30(2)*, 2015, 41.

21 Lester Ruth, "A Rose by Any Other Name," in *The Conviction of Things Not Seen*, ed. Todd Johnson (Grand Rapids: Baker Boooks, 2002), 33-52.

22 David Taylor, *Glimpses of the New Creation: Worship and the Formative Power of the Arts* (Grand Rapids: Eerdmans, 2019), 75-96.

예배에서 목회의 과제는 이전보다 훨씬 더 복잡하고 새로운 측면을 수용하게 된다. 성찬, 말씀, 그리고 음악은 하나님의 임재를 기계적으로 이끌어내는 수단이 아니라 구체적인 실천 방식에 의해서 하나님의 임재를 경험하는 은혜의 방편[23]으로 주어진다. 곧 하나님의 임재를 제시하는 주체는 목회자 또는 예배의 방식이 아니라 삼위 하나님이시다.[24] 디지털 예배 실천에서 목회자들은 삼위 하나님의 주체적이고 능동적인 임재와 일하심을 선명하게 제시하고 그 참여를 위한 도움을 제공하는 역할을 감당한다. 이것은 단순한 기술(technique 또는 skill)이 아니라 지혜로운 분별을 통해서 이루어진다.[25] 목회자들은 디지털 예배 방식에서 하나님의 임재를 '비록 제한적일지라도' 어떻게 경험하고 참여하는지에 대해서 두 가지 측면의 실천적 과제를 요구받는다. 하나는 디지털 기술 방식에 대한 포괄적 이해를 갖는 것이다. 디지털 기술은 단순히 도구(tool)를 넘어서서 새로운 환경과 여건을 제공하는 미디움(medium)이고 그것을 접하는 자들을 직접 형성시키는 의도된 실천(practice) 방식이다.[26] 곧 우리가 예배를 위해서 사용하는 도구를 넘어서서 우리의 예배 방식을 만들고, 그 방식에 참여하는 예배자들도 형성시키는 역할을 한다.[27] Neil Postman과 그의 스승인 Marshall McLuhan이 강조한 바와 같이 디지털을 포함한 현대 기술은 새로운 미디어 생태(media ecology)를

---

[23] 여기서 음악을 성경의 가르침과 초대교회의 실천에 비추어 이해하면 폭넓게 기도로 간주할 수 있다. 그리고 기독교 전통에서 말씀, 성례, 기도는 하나님의 임재를 경험하는 은혜의 방식으로 간주한다.

[24] 이런 점에서 'ex opere operato' 또는 'ex opere operantis'의 논의와 함께 예배에서 삼위 하나님의 능동성과 주체성을 심도있게 다루는 것이 중요한 예배 신학의 과제가 된다.

[25] 비록 디지털 예배를 직접 다루지는 않지만 Cornelius Plantinga Jr와 Sue Rozeboom이 명확히 제시한 것처럼 삼위 하나님의 사역에 따른 분별(discerning)이 더욱 요구 된다. Cornelius Plantinga Jr and Sue Rozeboom, *Discerning the Spirits* (Grand Rapids: Eerdmans, 2003), 1-12.

[26] Smith, *Digital Life Together*, 17-19.

[27] 기술이 도구를 넘어서서 그것을 사용하는 것에 의해서 만들어진 포괄적 의미를 지닌다는 것은 미디어 연구의 공통적 결론과 주장이다. Dyer, *From the Garden to the City*, 58.

제공해서, 그 사용을 통해 삶의 방식도 주도적으로 결정한다는 점[28]을 인지하면서 목회적으로 수용해야 한다. 이를 위해서 디지털 방식의 기술이 하나님의 임재를 통한 관계 형성의 실천으로서 예배에서 어떻게 작용하는지, 어떻게 영향을 미치는지, 어떻게 예배자들을 형성하는지에 대한 질문에 대한 답을 고찰하는 것이 필요하다.

또 다른 실천적 과제는 하나님의 임재성(sacramentality of God)에 대한 이해와 경험 방식의 확대된 수용이다. 곧 하나님의 임재와 일하심을 이성과 개인의 경험에 가두지 않는 노력이 요구된다. 성경과 교회 역사의 가르침에 따른 하나님의 임재 경험은 주로 말씀, 기도, 그리고 성례를 통해서 이루어진다. 하지만 이러한 은혜의 방편을 통해서 하나님의 임재를 경험하고 참여하는 것에 대한 이해와 실천은 역사적으로 복잡하고 다양하게 발전해왔다.[29] 하나님의 임재성에 대한 신학적 설명과는 달리 구체적인 실천과 예배자들의 참여에 대해서는 명확한 설명을 제시하기 어렵다. 예배 공동체의 구체적인 상황이 모두 다르고 하나님의 주도적인 일하심을 인간의 이성으로 명확히 담아서 정리하는 것에 국한시키는 것은 상징[30] 그리고 하나님의 신비성[31]에 대한 제한을 초래하기 때문이다. 근대주의 정신에 기반을 둔 예배는 말씀의 명확한 이해와 전달을 강조하지만, 이성에 의해서 명확히 이해할

---

[28] Marshall McLuhand, *Understanding Media: The Extensions of Man* (Cambridge: MIT Press, 1994), 17-8 그리고 Neil Postman, *Technology: The Surrender of Culture to Technology* (New York: Vintage Books, 1993), 18.

[29] Hans Boersma and Matthew Revering, ed. *The Oxford Handbook of Sacramental Theology* (New York: Oxford University Press, 2018), 2.

[30] 기독교 예배에서 하나님의 임재는 상징과 연결되어 있다. 물고기, 빵, 포도주, 십자가, 빈무덤, 비둘기, 양 등 모두 일상에서 접하는 것들이 하나님의 임재와 연결된 상징의 의미를 갖고 있는 것은 역사적으로 그리고 신학과 실천에 의해서 주어진 내용이다. 이런 점은 보이지 않는 하나님의 은혜에 대한 보이는 싸인(a visible from of an invisible grace)으로 수용되어져 왔다. John Calvin, *Institutes of Christian Religion*, ed. John McNeill, trans. Ford Battles (Philadelphia: Westminster Press, 1960), 4.14.1.

[31] 불가지론을 뜻하는 것이 아니라, 이성의 한계를 넘어선 신비로운 영역과 측면을 뜻하는 표현이다.

수 없는 신앙 경험과 방식들에 대한 목회적 고찰과 수용에 대해서는 상대적으로 약화시켰다. 이런 상황에서 이성의 이해를 넘어서서 자신을 드러내시고 일하시는 하나님의 신비적 측면을 수용하는 것이 목회적으로 중요한 실천 과제가 된다. 좀더 구체적으로 표현하면, 디지털 예배 방식에서조차 하나님의 임재와 일하심이 주도적으로 주어질 수 있다는 것에 반응하는 것이다. 곧 디지털 예배의 제한과 한계를 이해하면서 동시에 가상공간에서 경험되는 하나님의 임재와 일하심에 대한 분별력 있는 참여를 이끌어내기 위한 목회적 과제를 감당하는 것이다.

3) 예배자들 사이의 교통과 나눔의 변화

셋째, 디지털 예배는 예배자들 상호 간의 교통과 나눔의 변화를 직접 경험하게 한다. 기독교 예배의 전통에서 초대교회부터 포함된 하나의 구성요소는 평안의 입맞춤[32]이다. 오늘날 예배자들에게 '평안의 입맞춤'은 말씀과 성찬의 구조 그리고 기도와 음악 등의 구성요소들에 대한 친숙한 이해와 실천과 비교할 때 그 중요성과 필요성이 쉽게 받아들여지지 않는다. 하지만 평안의 입맞춤은 공동예배에서 역사적으로 수용 실천해 온 중요한 실천이다.[33] 이것은 예배자들 사이에서 상호 평안의 관계를 확인하고 구축하는 것일 뿐만 아니라 그들 가운데 이미 주어진 그리스도의 임재를 확인하고 존중하며 서로 나누는 표현(a reverencing of the presence of Christ in the people around us) 방식이다.[34] 이것은 성찬과 말씀을 통해 경험되는 그리스도의 임재를 공

---

32 Geoffrey Cuming, trans and ed. 'The Apostolic Tradition, IV, XXI.' in *Hippolytus: A Text for Students* (Bramcote: Grove Books, 1976), 10-11.
33 William Dyrness, "Confession and Assurance," *A More Profound Alleluia: Theology and Worship in Harmony*, ed. Leanne Van Dyk (Grand Rapids: Eerdmans, 2005), 49.
34 George Guiver, "Sign and Symbol," *The Study of Liturgy and Worship*, ed. Juliette Day and Benjamin Gordon-Taylor (Collegeville: Pueblo, 2013), 35. 그리고 Dyrness, "Sin and Grace," 49.

동체 안에서 확증하는 실천이기도 하다.³⁵ 따라서 단순히 예배자들 상호 간에 주고받는 문안 인사와는 다른 의미를 지닌다. 디지털 방식의 공동예배는 공동체 안에 거하시는 그리스도의 임재에 대한 확증, 의도적인 인정, 그리고 고백과 표현에 대한 제한을 초래한다. 예배자들은 개인 또는 가족 단위로 스크린을 통해 제시되는 예배 방식에 참여한다. 함께 같은 장소에 모여 참여하는 예배와는 달리 같은 시간에 링크에 접속해서 서로에게 평안을 전하는 순서는 사실상 어렵고 많은 경우 생략하기도 한다. 이것은 예배의 공동체성에 대한 약화 또는 상실을 초래하게 된다.

평안의 입맞춤이 의도하고 내포하는 그리스도와의 화해와 공동체성의 회복 그리고 확증은 디지털 방식의 예배 실천에서 중요한 목회적 과제를 부각시킨다. 인터넷 기술의 발전은 장소와 거리를 넘어선 연결성(connectivity)을 이전보다 쉽고 빠르게 가능한 현실로 제시해준다. 하지만 실제 공간에서 함께 있다고 해서 서로의 공동체성이 보증되지 않는 것처럼 가상공간의 연결성만으로 공동체적 경험을 보증할 수는 없다. 곧 가상공간에서 함께 참여하는 예배가 예배자들을 연결해 주는 것은 분명하지만, 그 자체로 공동체성을 경험하거나 참여하는 것이라고 보기는 어렵다. 아울러 이른바 사회연결망을 통해 서로 연결된 방식으로 상대를 대하는 것이 공동체의 경험과 같은 것은 아니다.³⁶ 목회자들은 연결성(connectivity)과 공동체성(communality)을 구분해야 하고 디지털 예배에서 공동체적 경험의 가능성과 실천을 구체적으로 제시해야 하는 과제를 지닌다. 원할 때 언제든지 가입하거나 탈퇴할 수 있는 방식으로의 자율성과 연결성을 강조하는 사회연결망에 익숙한 예배자들에게 서로에 대한 돌봄과 헌신 그리고 희생을 요구하기까지 하는 기독교 공동체의 관계 방식을 지도해야 한다. 특히 목회자들은 예배자들이 자신을

---

35 특히 평안의 입맞춤이라는 공동체의 나눔은 성찬을 통한 하나님과의 화해가 공동체 안에서, 공동체 상호 간 이어진다는 의미를 갖고 실천되어 왔다. 곧 성찬과 평안의 나눔은 상호 연결된 실천이다.

36 Smith, Sevensma, Terpstra, and McMullen, *Digital Life Together*, 265.

원하는 만큼 숨기거나, 위장하거나 다른 방식으로 제시할 수 있는 가상공간의 연결망이 공동체로서 서로에 대한 책임을 약화시킬 수 있다는 것을 중요한 과제로 수용해야 한다.[37] 왜냐하면 공동체 안에서 희생과 책임이 없이 서로 연결되어져 있다는 주관적 느낌을 공동체의 경험으로 축소시킬 수 있는 다소 위험한 결과를 초래할 수 있기 때문이다.[38] 결국 디지털 예배에서 예배자들이 서로 바라보며, 악수하고, 서로의 소리를 직접 들으며 찬양하고 기도하고, 함께 냄새를 맡거나 먹고 마시는 주의 만찬에 참여하는 공동체적 경험의 새로운 대안 또는 창의적 접근을 시도해야 하는 과제를 지닌다.[39]

이와 함께 가상공간에서 연결된 예배 방식의 경험은 소외대상에 대한 목회적 돌봄을 더욱 부각시킨다. 가상공간의 경험과 디지털 장비의 보급이 보편화된 오늘날에도 여전히 가난과 주어진 형편에 의해서 인터넷 사용이 불가능하거나 장비 사용에 어려움을 겪는 공동체의 구성원들이 있다. 곧 인터넷 사용이 자연스럽지 않은 노인분들과 가난의 이유로 필요로 하는 최소한의 장비조차 구비 하지 못하는 자들이 있다. 이런 상황에서 자칫 교회 공동체를 가상공간에 접속한 이들만으로 한정시키는 위험에 빠지기도 한다.[40] 평안의 입맞춤은 교회 공동체에 속한 모두에게 차별없이 임재하시는 그리스도를 확증하고 선언하고 고백하는 예배의 실천이다. 따라서 디지털 예배

---

37 Claudio Carvalhaes, "And the Word Became Connection: Liturgical Theologies in the Real/Virtual World," *Liturgy 30:2* (2015), 29.

38 Carvalhaes, "And the Word Became Connection: Liturgical Theologies in the Real/Virtual World," 30. "The sinful nature of the current neoliberal economy is to pretent forms of connection that will keep people feeling connected but numb."

39 Carvalhaes, "And the Word Became Connection: Liturgical Theologies in the Real/Virtual World," 29. 아울러 여전히 온라인 예배에서의 성찬에 대한 정당성 논의 그리고 실천을 위한 구체적인 방식 등이 제기되고 있다.

40 가상공간이 교회 구성원의 멤버십을 규정하거나 교회 공동체의 입문의례 과정을 대신하는 것으로 간주하는 것은 교회론과 세례와 관련한 복잡한 논의를 요구한다. 최근에 부각된 디지털 사역(digital ministry)은 단지 디지털 방식에 의해서 디지털 공간에 있는 이들을 목회적으로 섬기는 것뿐 아니라, 디지털 방식의 목회 사역이 지닌 특징과 한계 그리고 대면 사역의 필요와 보완 그리고 상호 병행 등의 다양한 측면을 동시에 고려해야 한다. Wiseman, "A Virtual Space for Grace: Are There Boundaries for Worship in a Digital Age?", 54-5.

의 실천에서 가상공간에 연결되지 않은 공동체의 또 다른 구성원들을 기억하고 그들에 대한 접근과 지원을 목회적으로 고려하고 포함해야 한다.[41]

3. 디지털 예배의 신학적 주제 고찰

디지털 예배는 가상공간의 실재성과 예배 참여 방식의 확대를 통해서 하나님의 임재성에 관한 신학적 논의를 새롭게 이끈다. 하나님의 임재와 그에 대한 참여로 주어지는 예배자들의 반응과 삶의 형성은 예배 실천에서 핵심 사안이고[42] 아울러 성례 신학(sacramental theology)의 핵심 주제이다.[43] 따라서 디지털 예배의 신학적 고찰은 하나의 문화 생태로 주어지는 미디어 기술이 예배자들로 하여금 하나님의 임재에 어떻게 참여하고 반응하게 하는지를 심도있게 다룬다.

1) 가상공간의 연결성

첫째, 디지털 예배는 하나님의 임재를 실제적인 경험으로 가능하게 하지만 연결성에 강조를 둔 제한된 방식으로 참여하게 한다. 성례신학적 측면에서 디지털 예배는 가상세계에서 또는 가상세계를 통해서 하나님의 임재를 경험하고 참여하는 방식이다. 디지털 예배에 대한 긍정적 지지와 정당성을 제시하는 입장은 가상공간의 세계를 하나님의 임재를 제시하는 새로운 그리고 확대된 방편으로 자연스럽게 인정한다.[44] 하나님의 임재 경험에 대한

---

[41] Carbalhaes, "And the Word Became Connection: Liturgical Theologies in the Real/Virtual World," 32.

[42] John Witvliet, "The Cumulative Power of Transformation in Public Worship," *Worship That Changes Lives, ed. Alexis Abernethy* (Grand Rapids: Baker Books, 2008), 48-50.

[43] Boersma and Revering, ed. *The Oxford Handbook of Sacramental Theology*에서 이러한 주제를 성경적, 역사적, 교리적 측면에서 방대하게 다룬다.

[44] Heidi Campbell과 Michael DeLashmutt은 이미 수년 전에 디지털 기술에 의한 온라인 예배

성례 신학적 고찰의 출발은 하나님의 자기 계시에서 비롯한다. 인간의 제한적 상황과 조건에 자신을 스스로 드러내시는 하나님(accommodating God)에 의해서 하나님을 경험할 수 있다는 개혁주의 성례신학의 토대[45]는 동일하게 가상공간에도 적용된다. 보이지 않는 공간에 하나님께서 스스로 자신을 드러내시는 은혜로 인해서 인간은 하나님의 임재를 경험하게 된다. 따라서 가상공간이 하나님의 임재를 제시하지 못한다는 단정적 입장에 대해서는 타당한 신학적 정당성을 제시하기 어렵다.

하지만 가상공간이 이전의 현실 세계를 전적으로 대체하거나 그 자체로 가치 중립적 공간(value-neutral place)은 아니다.[46] 곧 가상공간이 예배의 구성 요소들을 통해서 하나님의 임재를 중립적으로 제시하는 방편 또는 도구가 아니다.[47] 이런 점에서 가상공간을 성경과 교회의 역사에서 수용한 하나님의 임재를 제시하는 방편들 곧 성경과 그 선포, 성례, 하나님의 창조세계에 또 하나 추가된 것으로 간주하는 것은 신학적으로 주의해야 한다. 특히 가상공간이 규정하는 가치는 하나님의 임재를 인격적으로 경험하는 것이 아니다. 단지 대상과의 연결성(connectivity)에 가치를 부여하고 그에 따른 경험 방식을 결정한다.[48] 하나님의 임재와 참여에서 중요한 것은 단순한 연결성이 아니라 참된 만남 곧 하나님과의 인격적 직면과 만남(true encounter)을 가능하게 하는 것이다.[49] 이와 함께, 연결성에 집중하는 가상공간이 기억의 장

가 공동체의 보편적인 예배 방식으로 활성화되고 오프라인 예배와 큰 차이 없이 하나님을 경험하는 방식으로 수용되고 있다는 것을 'Northland'라 불리는 일종의 'distributed church'의 케이스를 통해 제시했다. "Studying Technology and Ecclesiology in Online Multi-Site Worship," *Journal of Contemporary Religion Vol. 29 No. 2* (2014): 267-85.

45 Charles Partee, *The Theology of John Calvin* (Louisville: Westminster John Knox Press, 2008), 154-7.
46 Schultze, *High-Tech Worship?*, 48.
47 Schultze, *High-Tech Worship?*, 43.
48 Dyer, *From the Garden to the City*, 177.
49 Daniella Zsupan-Jerome, "Virtual Presence as Real Presence? Sacramental Theology and Digital Culture in Dialogue," *Worship 89. no. 6 (2015)*, 526.

소로 전환되는 것을 주의해야 한다. 공동체의 모임은 기억의 대상과 함께 경험과 관련해서 중요하다. 사람들이 예배 공간에 함께 모이는 것은 그 장소에서만 하나님을 만나기 때문이 아니라 그 공간에서의 경험을 다시 기억하기 위해 찾아가는 것이다. 가상공간은 하나님의 임재 경험을 위한 새로운 기억의 장소가 되고 교회 공동체의 직접적인 모임에 있는 기억을 약화하거나 축소해버릴 수 있다. 오늘날 페이스북, 트위터, 인스타그램 등은 인간의 경험을 저장하고 언제든지 접할 수 있는 기억의 핵심 장소이다.[50] 이러한 가상공간의 경험은 하나님의 임재에 참여하는 현실 세계에서의 경험과 그 기억을 약화 또는 축소시키고 인격적 참여 방식을 멀어지게 한다.

2) 전인적 참여에서 실체적 참여로 전환

둘째, 디지털 예배는 하나님의 임재에 전인적 참여(holistic participation)가 아니라 실체적 참여(substantial participation)로 이끈다. 그리스도의 임재와 관련해서 초대교회와 중세 교회에서 나타난 강조점의 차이 가운데 하나는 그리스도의 임재를 제시하는 물질에 두는 것과 그리스도의 임재에 참여하는 공동체에 두는 것에 있다. 그리스도의 임재에 대한 공동체적 경험이 의례의 발전을 통해서 물질의 변화 또는 그리스도의 임재를 담아내는 방식으로 축소 또는 전환되었다. 이러한 전환은 그리스도의 임재를 제시하는 물질에 집중하는 의례/예배 실천과 신학적 고찰을 강화시켰다.[51] 이것은 아리스토텔레스의 철학에 근거해서 단순한 질료의 조합이 하나의 형상으로 실체가 되게 하는 것처럼 떡도 사제의 축성(consecration)을 통해서 그리스도의 몸을 실체적으로(substantially) 제시한다고 강조한다. 디지털 예배는 가상공간의 경

---

50 Carvalhaes, "And the Word Became Connection: Liturgical Theologies in the Real/Virtual World," 31.

51 이러한 접근은 공동체의 참여보다는 그리스도가 물질로 변화되는 것에 대한 관심과 연구에 더욱 집중하는 이른바 'metabolic realism'을 뜻한다. John Rempel, *Recapturing an Enchanted World* (Dowers Grove: IVP, 2020), 117.

험을 통해서 그리스도의 임재 경험과 참여 방식을 실체적으로 수용시킨다. 가상공간에서의 예배는 예배자들이 자신의 몸을 직접 가져가는 전인적 의미의 신체적인 참여(holistic and physical participation)가 아니라 디지털 방식의 매개를 통한 실체적인 참여(substantial participation)와 경험이다. 디지털 방식을 단지 지식이나 정보 교환만을 하는 것이 아니라 서로간의 상호 관계적 작용을 통한 경험으로 발전시키고 그것을 예배의 경험으로 수용한다. 이러한 경험과 참여는 가상공간을 마치 그리스도의 임재를 담아내는 성찬에서의 떡과 같은 것으로 간주하고 수용하게 한다.[52] 성찬에서 떡이 그리스도의 몸으로 변화되는 과정에 대한 이해가 필요하지만 예배에서 더욱 중요한 것은 그리스도의 임재를 직접 경험하고 참여하는 인격적 만남이다. 개혁주의 성례가 강조한 것 가운데 하나는 물질의 변화 과정이 아니라, 예배자들의 직접적이고 공동체적 참여에 있었다.[53]

예배는 우리의 본질을 드러내는 하나의 실체로서 참여(substantial participation)하는 것일뿐만 아니라, 몸을 수반해서 전인적으로 참여(holistic participation)하는 직접적인 경험이다. 일종의 실체적 경험을 제공하는 가상공간의 예배는 몸을 수반한 직접적인 대면의 예배와는 달리 축소되고 제한된 측면에의 경험만 이끌어 낸다. 곧 우리 자신에 대한 가상공간에서의 노출과 나눔의 영역을 마치 성찬에서 물질에만 한정하듯이 제한하고 몸 전체의 제시와 참여에 대한 부분을 의도적으로 제한시킨다. 사회관계망에서 자신을 드러내고자 하는 부분을 생각하고 결정하고 원하는 부분만 표현하듯

---

[52] 디지털 예배에 대한 신학적 고찰을 제시한 Teresa Berger 교수는 예배자들의 디지털 예배 참여가 실체적(substantial) 방식으로 이루어진다고 본다. 이것은 성찬에서 그리스도가 실체적으로(substantially) 자신을 제시하시는 것과 같이 디지털 예배에 참여하는 것은 인간의 몸이 실체적으로 참여하는 것을 뜻한다. 하지만 실체적인 참여가 전인격적 참여와 동일한 것은 아니다. Teresa Berger, "Participatio Actuosa In Cyberspace? Vatican II's Liturgical Vision in a Digital World," *Worship 87 (Nov. 2013)*, 536.

[53] 칼빈의 경우 성례의 물질성에 대한 해석보다 공동체가 인격적으로 참여하며 그리스도의 임재를 경험하는 것을 강조했다. 이에 대한 신학적 의례적 논의는 Martha Moore-Keish, *Do This In Remembrance of Me* (Grand Rapids: Eerdmans, 2008) 참고.

이 디지털 예배 참여의 부분을 의도적으로 한정시킨다.[54] 좀더 직접적으로 표현하면 하나님 앞에서 자신의 있는 모습 그대로를 총체적으로 그리고 자연스럽게 제시하는 공동체의 대면 예배 경험으로부터 멀어지게 한다. 아울러 가상공간에서 자신을 드러내는 영역을 의도적으로 제한하는 조절과 참여는 그리스도의 임재를 물질의 변화에만 집중해서 접근하는 것처럼 하나님과의 만남을 위한 인간의 이해에도 왜곡을 초래할 수 있다. 인간은 스스로 죄의 상태에 놓여 있고, 이러한 연약함은 언제나 하나님의 임재를 직접 경험하고 능동적으로 참여하는데 제한을 받는다.[55] 디지털 예배의 구성 요소에 죄의 고백과 용서의 확증을 포함하는 것보다 더 중요한 것은 가상공간의 경험 자체가 자신을 의도적으로 가리고 숨길 수 있는 방식이라는 분명한 이해와 확신을 갖는 것이다. 디지털 예배는 공동예배를 가능하게 하지만 언제든지 자신을 속일 수 있고 참된 그리고 정직한 만남과 경험을 이끌어내는 전인적 참여를 대신하거나 제한시키는 방향으로 흐를 수 있다는 점을 주의해야 한다.[56]

3) 개인의 참여 강화

셋째, 디지털 예배는 하나님의 임재 경험을 개인의 참여로 강화시키고 공동체에 대한 포괄적 이해와 참여를 제한시킨다. 개인의 기도와 가정의 예배를 통한 하나님의 임재 경험의 중요성을 간과하지 않으면서 동시에 공동체 전체의 모임을 통한 하나님의 임재 참여 방식은 성경과 역사의 분명한 가르침이다. 디지털 예배에서의 연결성은 그 자체로 공동체의 경험을 강화시키지는 못한다. 오늘날 예배자들은 대부분 이미 온라인 방식으로 서로 다른 사람들과 연결하는 가상공간을 먼저 경험하고 난 후 그것을 예배의 경

---

54 Dyer, *From the Garden to the City*, 168-9.
55 Dyrness, "Confession and Assurance," 31-54.
56 Cavalhaes, "And the Word Became Connection: Liturgical Theologies in the Real/Virtual World," 28.

험으로 확장한다. 온라인에서 다른 사람들과 연결되는 방식은 스스로의 선택과 결정에 의한 것이다. 스스로 원하는 만큼 자신을 제시하고, 다른 이들의 필요와 삶의 문제에 대해서 직접적인 개입이나 헌신 그리고 섬김의 의무를 제시하거나 부과하기 어렵다. 공동예배를 통해서 예배자들이 그리스도의 임재를 확신하고 서로에게 확증하는 교제와 나눔 그리고 돌봄은 초대교회 실천으로부터 발전해온 중요한 측면이다.

지역교회를 유지하면서 온라인 공동체의 예배를 실천하고 있는 'Northland'의 사례를 통해서 온라인 예배의 실천과 그 특징을 연구 분석한 Campbell과 DeLashmutt의 정리에 따르면, 교제와 섬김이 서로에 대한 관심 표현과 즉각적인 반응으로는 가능하지만 그것조차 자발적으로 스스로 원하거나 가상공간에서의 의사소통을 편하게 받아들이는 자들에게만 집중되어져 있다는 점을 지적한다.[57] 곧 가상공간의 예배는 서로에 대해 즉각적으로 반응하게 하지만 스스로 자신을 드러내거나 표현하는 이들에게 한정된 경험이다. 따라서 공동체에 대한 포괄적인 이해와 참여 그리고 그에 부합한 헌신과 섬김으로 연결되기에는 한계를 지닌다. 이와 아울러 공동체의 경험을 제한시키는 디지털 예배는 현실 세계의 복잡성과 어색함 그리고 부자연스러움과 같은 구체성을 간과하게 한다. 공동체를 피상적으로 이해하고 수용하면 이 땅에서 직접 경험하는 하나님 나라를 추상적 대상으로 제한시키고[58] 가상공간에서 비추어지는 현상의 즉각적인 모습에만 집중하게 한다. 곧 하나님을 만족의 경험과 대상으로만 제한시킨다.[59] 이러한 개인주의적 소비주의적 영적 형성은 공동체의 다른 지체들에 대한 책임있는 과제로서의 섬김과 함께 삶의 아픔을 직접 고백하고 나누는 경험을 약화시킨다.

---

57 Campbell and DeLashmutt, "Studying Technology and Ecclesiology in Online Multi-Site Worship," 267-85.

58 Mark Taylor, *About Religion: Economics of Faith in Virtual Culture* (Chicago: University of Chicago Press, 1999), 182.

59 Carvalhaes, "And the Word Became Connection: Liturgical Theologies in the Real/Virtual World," 32.

이러한 필요성은 결국 공동체가 대면으로 함께 모여 예배하는 것의 중요성을 더욱 부각시킨다.

4. 신학적 고찰을 반영한 디지털 예배의 실천 방향

지금까지 살펴본 것처럼 디지털 예배는 단순히 미디어 기술의 활용을 통한 새로운 예배의 대안으로 간주하는 것 이상의 목회적 대응과 신학적 고찰을 요구한다. 미디어 기술이 활발하게 교회 안으로 수용되던 초기에 디지털 예배는 새로운 세대를 향해서 새로운 가능성과 대안을 제시하는 예배로 주목을 받았다.[60] 이후 2010년대에 디지털 공동예배는 지역과 공간이라는 경계를 넘어선 새로운 공동체를 형성하는 대안으로까지 확대 발전했다. 하지만 이제 미디어는 디지털 방식의 신앙 실천에 대해 비평적 저항 또는 신중한 수용이라는 새로운 고찰을 시도할 것을 요구한다.[61] 그런데 팬데믹 상황은 디지털 예배를 수용할 것인가 혹은 거부할 것인가의 선택 사항이 아니라, 주어진 현실에서 하나의 가능한 또는 불가피한 실천으로 접하며 받아들이게 한다. 이러한 디지털 예배 실천과 관련해서 물론 각 공동체가 속한 교단과 전통 그리고 교회 리더십의 결정에 따라 디지털 예배 실천에 대한 수용과 구체적인 방식을 결정할 수 있다. 그럼에도 불구하고 여기서는 디지털 예배의 목회적 과제에 대한 성례신학적 고찰을 반영한 실천 과제와 방향을 제시하고자 한다.

---

60 Brian Fuller, "Practicing Worship Media Beyond PowerPoint," *Understanding Evangelical Media*, ed. Quention Schultze and Robert Woods, Jr (Downers Grove: IVP, 2008), 98-110.

61 이러한 비평적 고찰은 미디어 연구가들에 의해서 더욱 선명히 나타나고 있으며, 신학적 고찰도 그러한 비평적 입장을 수용한다. Postman, *Technopoly: The Surrender of Culture to Technology* 그리고 Jacques Ellul, *The Meaning of City*, trans. Dennis Pardee (Grand Rapids: Eerdmans, 1993) 참조.

1) 디지털 참여 방식의 제한성 인정

첫째, 제한된 상황에서 공동예배의 지속적인 실천 가능성을 제공하는 유익과 동시에 디지털 기술에 의한 참여 방식의 결정과 그에 따른 제한성을 인정하는 것이다. 디지털 기술의 발전은 물리적 거리를 넘어서서 공동체가 함께 연결되는 것을 가능하게 해준다. 공간적 거리가 사회적 거리와 일치하지 않고, 서로 다른 지역에 있는 사람들이 함께 연결될 수 있는 가능성을 현실화시켜준다. 디지털 예배를 통한 공동체의 연결은 가상공간의 경험이지만 그 자체가 허상의 경험이 아닌 실제 경험이다. 이러한 가상공간에서 예배자들이 참여하는 경배와 찬양, 말씀의 전달과 수용의 경험들은 그 자체로 하나님의 임재에 참여하는 실제적인 신앙 실천으로 볼 수 있다.[62] 하지만 이러한 가상공간의 예배 경험은 제한된 상황에서 공동체가 함께 예배할 수 있는 '도움을 제공해주는 것'으로서는 유익하지만, 오프라인에서 함께 모여 인격적으로 참여하는 경배와 다르다. 무엇보다도 가상공간의 경험은 중립적이지 않고 그 디지털 공간 참여를 위해 설계한 논리와 참여 방식에 갇히게 하는 힘을 지니고 있다. Albert Borgmann이 지적한 것처럼, 디지털 방식의 기술 사용은 표면적으로는 쉽게 나타나지 않지만, 오랜 과정의 숨겨진 경험을 통해서 인식적으로 쉽게 파악하지 못하게 하는 방식으로 사람들의 마음을 형성시킨다.[63] 이러한 측면은 디지털 기술이 공동체의 예배 가능성을 새롭게 제시한다는 점에서 도움을 주지만, 그 방식이 예배자들의 마음을 형성하는 가치 부여의 시스템이 되어 새로운 습관을 형성시킨다는 점에서 경계할 것을 요구한다. 필요한 상황에서 도움을 얻는 것과 그것에 전적으로 의존해서 삶의 방식을 결정하는 것은 차이가 있다. 기독교 예배의 역사에서 한결같이 부여한 공동체의 직접적인 모임을 통한 예배자들의 경험과 삶의 형성에 대한 가치와 필요성을 지속적으로 인식할 필요가 여전히 주어진다.

---

62 Liu, "Christian Worship and the Question Concerning Technology," 42.
63 Albert Borgmann, *Technology and the Character of Contemporary Life: A Philosophical Inquiry* (Chicago: Unversity of Chicago Press, 1984), 40-7.

이런 점에서 새로운 현상으로 제시된 디지털 예배는 모임의 제한 상황에서 현실적인 도움을 주지만 하나님의 임재 경험을 공동체가 함께 전인격적으로 참여하는 오프라인 모임을 완전하게 대체하는 실천으로 굳어지게 하는 것은 주의해야 한다.

2) 환대의 강화

둘째, 목회적 수용과 포용이라는 환대적 역할을 강화하는 것이 요구된다. 미디어 기술로 인한 공동체의 연결은 또 다른 측면에서 소외의 문제를 새롭게 부각시킨다. 디지털 기술을 통한 가상공간에서의 연결과 만남은 예배자들에게 단절과 소외를 극복할 수 있는 새로운 가능성을 제공한다. 하지만, 현실 세계에서는 여전히 가상공간으로의 경계선을 넘어가지 못하는 자들이 존재한다. 디지털 기술의 보편성에도 불구하고 인터넷 연결을 통한 가상공간의 참여가 여전히 어렵거나 현실적으로 제한을 경험하는 공동체의 구성원들이 존재한다. 교회 공동체의 가난한 자들 그리고 인터넷 연결조차 어려운 기술 사용의 사각지대에 놓인 자들이 여전히 있다. 가상공간에 참여하지 못하는 자들은 그 자체로 공동체로부터의 단절이라는 새로운 고통을 경험하게 된다.[64] 이런 점에서 디지털 예배의 목회적 실천 과제는 단지 미디어 기술 사용의 능력을 배양하거나 정교한 영상 편집 기술을 발전시키는 것보다 소외된 대상을 돌봐야 하는 훨씬 더 포괄적 노력을 요구한다. 디지털 예배가 가져다주는 유익을 간과할 수는 없지만 이로 인해 의도치 않게 주어진 소외대상을 어떻게 포용하고 수용할 것인가를 구체적으로 염두에 두고 노력해야 한다. 예배와 관련한 목회적 과제는 가상공간일지라도 그 자리가 소외와 단절이 아닌 포용과 수용을 통한 환대의 공간[65]이 될 수 있도록 의도

---

64 Cavalhaes, "And The Word Became Connection: Liturgical Theologies in the Real/Virtual World," 32.

65 Sandra Van Opstal에 따르면 환대가 예배에서 새로운 문화를 수용하는 적절한 원리와 방식이다. 디지털 기술의 수용을 새로운 문화로 간주할 때 환대는 목회적으로 더욱 확대된 접근을 요

적으로 노력하고 돌보는 것이다.

3) 관계 구축을 위한 의도적 접근

셋째, 디지털 예배가 단지 기술과 문화 수용을 통한 새로운 종교 경험이 아니라, 하나님과의 관계를 구축하고 예배자들의 삶을 형성하는 실천이 될 수 있도록 의도적으로 접근하고 노력하는 것이다. 기독교 예배는 언제나 예배자들의 변화를 주도하거나 가능하게 하는 중요한 자리이다.[66] 디지털 예배 역시 예배자들에게 단순히 새로운 예배 경험을 제시하는 것이 아니라, 하나님을 만나고 삶의 변화를 촉발시키는 경험의 공간이 되게 하는 것이 필요하다. 최근 예배가 단지 변화를 위한 기능주의적 역할을 하는 것에 대해서 심도있는 비평이 주어지고 있다.[67] 이런 점에서 디지털 예배가 단지 예배라는 이유로 예배자들의 변화를 자연스럽게 이끌어낼 수 있다는 막연한 기대와 확신을 주의해야 한다. 예배에서 예배자들의 변화를 주도하는 주체는 성령이시다. 성령은 예배가 단순히 종교 경험으로 제한되지 않고 하나님의 임재에 참여하고 그에 반응하는 과정을 통해 삶의 변화를 이끄는 주체이시다.[68] 성령의 주체성은 디지털 예배에서도 동일하게 적용된다. 다만 미디어 기술은 단지 도구가 아니라 그 자체로 사람들의 습관과 마음의 방향을 형성시키는 힘을 갖고 있다는 점을 주의해야 한다.[69] 기술이 제공하는 영상과 편

구하는 과제가 된다. Sandra Van Opstal, *The Next Worship* (Downers Grove: IVP, 2016), 74.

[66] Clayton Schmit, "Worship as a Locus for Transformation," in *Worship That Changes Life*, 27.

[67] Graham Hughes는 예배가 삶의 변화를 이끌어내는 개혁주의 성례성을 강조하면서 James Smith의 문화적 예배가 제시하는 삶을 형성 방식이 자칫 기능주의적 접근의 위험에 빠질 수 있다는 것을 비평적으로 지적한다. Graham Hughes, *Reformed Sacramentality* (Collegeville: Liturgical Press, 2017), 41-2.

[68] Schmit, "Worship as a Locus for Transformation," 31-3.

[69] Dyer, *From the Garden to the City*, 73. 기술의 유혹은 하나님과 분리해서 그 자체로 원하는 목적을 이룰 수 있다는 확신을 종용하는 것이다.

집된 이미지 또는 음향 효과의 화려함에서 즐거움과 만족을 추구하는 영적 경험에 갇히지 않도록 인도해야 한다. 기독교 예배는 미디어를 통해서 제공되는 이미지, 영상, 정보 등을 수용하고 소비하는 경험이 아니라, 하나님과의 만남과 삶의 변화를 가능하게 하는 인격적 경험이 되어야 한다.

4) 대화 구조 회복

넷째, 디지털 예배는 스크린을 통한 영상송출 방식에 의존해서 관람과 시청의 경험을 강화시키기 때문에 예배의 대화 구조를 약화시킬 수 있다는 점을 주의해야 한다. 기독교 예배는 하나님과 예배자들 사이의 인격적 대화 방식으로 구성된다.[70] 공동예배의 참여에서 중요한 원리는 예배자들이 모두 적극적으로 참여하게(active and together) 하는 것이다.[71] 지난 수 십년간 범교단적으로 노력해온 예배 갱신의 핵심은 예배자들의 수동적, 부분적 참여를 능동적, 적극적 참여로 전환시키는 것에 있다. 이런 과정에서 가장 부각된 예배 구성요소가 음악이다. 하지만 디지털 예배 경험은 음악을 통한 예배자들의 적극적 참여를 어렵게 한다. 오히려 음악의 구성과 진행이 축소되고, 예배를 스크린 시청의 경험에 제한시킨다. 시청 또는 관람과 같은 참여 방식이 그 자체로 수동적인 것은 아니다. 스포츠, 영화, 뮤지컬 공연 등을 관람(spectating)하는 것은 상당히 적극적이고 능동적인 참여로 볼 수 있다.[72] 하지만 디지털 예배가 예배자들에게 적극적 관람을 통한 개입과 참여를 자연스럽게 보증하거나 이끌지는 못한다. 디지털 예배를 통해 자연스럽게 경험하는 관람 방식이 하나님을 향한 표현과 하나님으로부터 주어지는 말씀에

---

[70] Nicholas Wolterstorff, "Thinking about Church Music," *Music in Christian Worship. at the Service of the Liturgy*, ed. Charlotte Kroeker (Collegeville: Liturgical Press, 2005), 3-16. 기독교 예배의 음악을 고찰하면서 예배의 대화 구조에 대한 정의를 명확히 제시한다.

[71] Alan Rathe, *Evangelicals, Worship and Participation: Taking a Twenty-First Century Reading* (London: Routledge, 2014) 참고.

[72] Eric Rothenbuhler, *Ritual Communication: From Everyday Conversation to Mediated Ceremony* (Thousand Oaks: Sage Publication, 1998), 219.

대한 적극적인 반응의 방식으로 이어질 수 있도록 노력해야 한다.[73] 이를 위해서 예배의 대화 구조를 회복시키고 의도적으로 강화하는 것이 필요하다. 영상 또는 스크린 경험에 갇히지 않고 하나님과 예배자들이 살아있는 직접적인 대화를 진행하는 것으로 예배 경험을 이끌어내는 것이 필요하다. 하나님과의 대화로 진행하는 예배는 인격적 대상 사이의 대화에서 경험하듯 서로 간의 이해, 긴장, 따분함, 당황 등 매우 정교하고 세분화된 전인적 경험을 가져다준다.[74] 이렇게 디지털 예배 경험이 정교하게 짜여지거나 편집된 영상을 관람하는 일방적 참여가 아니라 예배의 대상과 주체로 계시는 하나님과 살아있는 대화를 위한 거룩한 공간(sacred space for living conversation)[75]이 되도록 노력하는 목회적 실천이 요구된다. 이를 위해서 디지털 예배 실천을 실시간 진행 과정으로 인도하고 예배자들이 단지 관람이 아니라 하나님과의 대화에 직접 참여하는 방식으로 인도하는 것이 더욱 바람직하다.

5) 예배 경험의 축소주의와 경계

다섯째, 디지털 예배는 예배 경험을 축소시키고 하나님과의 관계 영역을 일부 특정한 영역으로 제한시킬 수 있다는 것을 유의해야 한다. 미디어 기술은 인간을 원하는 방식대로 제시할 수 있는 통제 능력을 지닌다. 예를 들어 페이스북을 이용할 경우, 자신을 규정하는 방식은 페이스북의 주도적 통제에서 벗어나기 어렵다. 곧 자신의 전 존재가 아니라 학업, 경력, 현재의 직장 등에 대한 몇 가지로 정체성을 규정하는 방식에 따라 자신을 드러내야

---

[73] Crowley, *Liturgical Art for a Media Culture*, 38-9. 관람(spectating) 방식이 적극적 참여가 되는 예배에서의 경험은 그것을 내면의 깊은 고찰과 관조(contemplation)에까지 이르게 하는 과정이 되게 하는 것이다.

[74] Sherry Turkle, *Reclaiming Conversation: The Power of Talk in a Digital Age* (New York: Penguin House, 2016), 242-3.

[75] Turkle, *Reclaiming Conversation*, 320. Andy Crouch 역시 미디어 사회의 관계에서 대화의 중요성과 필요성이 하나님과의 관계 그리고 신앙을 통한 삶의 형성에서 중요하다는 것을 강조한다. Crouch, *The Tech-Wise Family*, 155-63.

한다.⁷⁶ 이러한 몇 가지 항목이 자신에 대한 잘못된 것은 아니지만 제한된 것인 것만큼은 사실이다. 마찬가지로 디지털 예배 경험은 스크린에 비추거나 드러내는 모습만이 자신을 규정하는 방식일 수 있다는 제한성에 갇힐 수 있다. 이것은 예배를 통해서 인간의 전 존재를 하나님과 연결시키고 그에 따라 예배자들을 형성시키기 위한 경험을 축소시킬 수 있다. 영상으로 송출되는 예배 방식에 수동적으로 참여하거나, 이따금 자신을 드러내야 할 때는 원하는 만큼 제한된 방식으로 비추게 할 수 있다. 이러한 제한성에 따라서 공동체가 같은 장소에서 함께 모여 하나님 앞에서 다른 예배자들과 함께 자신을 정직하게 비추어 보는 경험을 의도적으로 제시해야 하는 필요성이 주어진다. 자신을 제시하는 요소를 몇 가지로 축소하지 않고 전 존재를 하나님 앞에 제시하고 또 삶의 모든 영역을 하나님과 연결시키기 위한 노력이 요구된다. 디지털 예배를 통한 가상공간의 경험이 인간의 실제 세계에서 주어지는 아픔과 상처, 그리고 고통과 불의의 측면들을 선명히 제시하는 자리가 되어야 한다.⁷⁷ 이러한 정직한 인간의 정체성과 모습을 제시하기 위해서 더욱 필요로 하는 예배 구성요소 가운데 하나는 기도이다. 특히 목회기도와 예배자들의 동시 참여로 이루어지는 말씀 후 반응 기도 등은 인간의 고통과 제한된 한계 상황을 하나님 앞에 직접 언어로 연결시키는 중요한 신앙 실천이다.⁷⁸ 또한 인간의 모습을 가장 정직하게 드러내고 하나님으로부터 주어지는 소망을 경험하는 성경적 실천 방식이다.⁷⁹ 이처럼 디지털 예배를 통해 예배자들이 자신을 규정하고 표현하는 방식이 몇 가지 원하는 항목이나 영역에 제한되지 않고 삶의 전 영역을 하나님과 연결시키기 위한 목회적 노력

---

76 페이스북에서 자신의 정체성을 제시하는 것은 사는 곳, 학업, 경력 등 몇 가지 항목을 통해서 제시한다.

77 Cavalhaes, "And The Word Became Connection: Liturgical Theologies in the Real/Virtual World," 28.

78 Wolterstorff, "If God is Good and Sovereign, Why Lament?", 81-3.

79 Walter Brueggemann, *The Word That Redescribes the World* (Minneapolis: Fortress Press, 2011), 13-6.

이 요구된다.

5. 나가는 말

지금까지 디지털 예배의 현상에 대한 목회적 과제, 성례 신학적 고찰 그리고 그에 따른 실천 방향에 대해 개괄적으로 살펴보았다. 미디어 기술은 공동체가 실제 공간에서의 모임에 제한을 받을 때 예배를 지속할 수 있는 도구와 방편이 될 수 있다. 성령께서는 가상공간을 활용하는 디지털 예배에서도 예배자들이 하나님의 임재를 경험하도록 이끄실 수 있다. 하지만 가상공간의 디지털 예배가 현실 공간의 예배와 같은 경험을 제공하거나 새로운 대안이 될 수 있다고 보기는 어렵다. 가상공간의 예배는 디지털 기술에 의한 미디어 참여 방식에 영향을 받는다. 미디어 기술은 가치 중립적이지 않고 사용자들의 삶의 방식에까지 영향을 미친다. 따라서 디지털 예배는 단지 새로운 종교 경험이 아니라 신앙 형성과 하나님과의 관계라는 본질적인 측면을 고찰해야 한다. 곧 디지털 예배를 인도하는 목회자들은 예배자들이 피상적 신앙 경험에 머무르지 않고 하나님의 임재에 더욱 선명히 참여할 수 있도록 목회적 책임과 돌봄을 위한 과제를 감당해야 한다. 이러한 요구는 하나님의 임재를 어떻게 받아들이고 참여하게 하는지에 대한 성례신학적 접근을 더욱 강화시킨다.

목회자는 우선 디지털 예배를 통한 예배자들을 연결시켜주는 새로운 가능성을 수용하지만 참여 방식의 제한성을 명확히 수용하는 것이 요구된다. 곧 미디어 기술의 터득과 향상을 통해서 예배자들이 가상공간의 예배 실천에 참여하도록 초청하거나 서로를 연결시켜주는 기능적 환대와 지원 이상의 역할을 감당해야 한다. 디지털 예배에 쉽게 참여하기 어려운 가난과 소외의 대상에 대한 목회적 돌봄을 강화해야 한다. 예배자들이 디지털 예배 경험에 만족하거나 관람자의 입장에 갇히지 않고 하나님과의 관계 형성을 위한 실제적이고 살아있는 대화 방식을 경험하도록 도와야 한다. 아울러 스크린에 비추어지는 모습 외에 예배자들의 고통과 슬픔을 포함한 전 영역을 하나님과 연결시킬 수 있도록 전인적 돌봄을 신경써야 한다. 이처럼 신학적 고찰을 반영한 디지털 예배의 실천을 추구할 때 단순히 미디어 기술의 향상과 적용을 넘어서서 가상공간이 제공하는 도움뿐만 아니라 상대적인 한계를 명확히 구분하는 지혜와 용기 있는 사역을 가능하게 할 것이다. 요한은 이와 관련해서 오늘날 디지털 예배에 대한 적절한 교훈을 제시해 준다. "내가 너희에게 쓸 것이 많으나 종이와 먹으로 쓰기를 원하지 아니하고 오히려 너희에게 가서 대면하여 말하려 하니 이는 너의 기쁨을 충만하게 하려 함이라."(요한이서 1:12; 요한삼서 1:13-4). 우리는 종이와 먹이라는 미디어의 신기술을 갖고 있다. 하지만 그것이 공동체의 직접적인 모임을 대신하거나 더 큰 기쁨과 유익을 제공해주는 대안으로 간주하기는 어렵다. 현재의 디지털 예배는 공동체의 직접적인 모임을 통한 하나님을 향한 경배와 그분과의 인격적 교제에서 주어지는 더 나은 기쁨을 기다리는 과정에서 한시적으로 경험하는 과정이다.

참고 문헌

김순환. "비상 상황 하의 온라인 예배 매뉴얼의 이론과 모색". 한국복음주의실천신학회. 「복음과 실천신학」 제 58권(2020): 261-87. http://doi.org/10.25390/kept.2021.2.15.261.

박성환. "포노 사피엔스(Phono-Sapiens) 시대에 스마트폰을 활용한 어린이 설교". 한국복음주의실천신학회. 「복음과 실천신학」 제59권 (2021): 173-207. https://doi.org/10.25309/kept.2021.5.15.173261-87

안명준 외. 「전염병과 마주한 기독교」. 군포: 다함, 2020.

Alderson, Hannah and Davie, Grace. "Online Worship: A Learning

Experience." *Theology Vol.1 124 (2021)*: 15-23.

Barnard, Marcel. Cilliers, Johan. Wepener, Cas. *Worship In the Network Culture: Liturgical Studies, Fields and Methods, Concepts and Metaphors*. Leuven: Peeters Bvba, 2014.

Beeley, Christopher. *Leading God's People: Wisdom from the Early Church For Today*. Grand Rapids: Eerdmans, 2012.

Berger, Teresa. "Participatio Actuosa In Cyberspace? Vatican II's Liturgical Vision in a Digital World." *Worship 87 (Nov. 2013)*: 533-47.

Boersma, Hans and Revering, Matthew. ed. *The Oxford Handbook of Sacramental Theology*. New York: Oxford University Press, 2018.

Borgmann, Albert. *Technology and the Character of Contemporary Life: A Philosophical Inquiry*. Chicago: Unversity of Chicago Press, 1984.

Brueggemann, Walter. *The Word That Redescribes the World*. Minneapolis: Fortress Press, 2011.

_____. *Virus As a Summons to Faith: Biblical Reflections in a Time of Loss, Grief, and Uncertainty*. Eugene: Cascade Books, 2020.

Calvin, John. *Institutes of Christian Religion*. edited by John McNeill, translated by Ford Battles. Philadelphia: Westminster Press, 1960.

Campbell, Heidi and DeLashmutt, Michael. "Studying Technology and Ecclesiology in Online Multi-Site Worship." *Journal of Contemporary Religion, Vol. 29. No. 2 (2014)*: 267-85.

Carvalhaes, Claudio. "And the Word Became Connection: Liturgical Theologies in the Real/Virtual World." *Liturgy 30:2 (2015)*: 26-35.

Crouch, Andy. *The Tech-Wise Family: Everyday Steps for Putting Technology in Its Proper Place*. Grand Rapids: Baker Books, 2017.

Crowley, Eileen. *Liturgical Art For a Media Culture*. Collegeville: Order of Saint Benedict, 2007.

Cuming, Geoffrey. trans and ed. 'The Apostolic Tradition, IV, XXI.' in *Hippolytus: A Text for Students*. Bramcote: Grove Books, 1976.

Dreyer, Wim. "Being Church in the Era of 'homo digitalis', *Verbum et Ecclesia 40 (1), 2019*: 1-7.

Dyrness, William. "Sin and Grace." *A More Profound Alleluia: Theology and Worship in Harmony*. edited by Leanne Van Dyk. Grand Rapids: Eerdmans, 2005.

Ellul, Jacques. *The Meaning of City*, translated by Dennis Pardee. Grand Rapids: Eerdmans, 1993.

Fuller, Brian. "Practicing Worship Media Beyond PowerPoint." *Understanding Evangelical Media*. edited by Quention Schultze and Robert Woods, Jr. Downers Grove: IVP, 2008.

Guiver, George. "Sign and Symbol." *The Study of Liturgy and Worship*, edited by Juliette Day and Benjamin Gordon-Taylor. Collegeville: Pueblo, 2013.

Hughes, Graham. *Reformed Sacramentality*. Collegeville: Liturgical Press, 2017.

Kim, Jay. *Analog Church: Why We Need Real People, Places, and Things in the Digital Age*. Downers Grove: IVP, 2020.

Liu, Gerald. "Christian Worship and the Question Concerning Technology." *Liturgy 30(2), 2015*: 36-44.

Louw, Daniel. "Practical Theology As Life Science: Fides Quaerens Vivendi and Its Connection to Hebrew Thinking." In *die Skriflig vol. 51 (1)*: 1-13.

McLuhand, Marshall. *Understanding Media: The Extensions of Man*. Cambridge: MIT Press, 1994.

Moore-Keish, Martha. *Do This In Remembrance of Me*. Grand Rapids:

Eerdmans, 2008.

Partee, Charles. *The Theology of John Calvin*. Louisville: Westminster John Knox Press, 2008.

Plantinga Jr, Cornelius and Rozeboom, Sue. *Discerning the Spirits*. Grand Rapids: Eerdmans, 2003.

Postman, Neil. *Technology: The Surrender of Culture to Technology*. New York: Vintage Books, 1993.

Rathe, Alan. *Evangelicals, Worship and Participation: Taking a Twenty-First Century Reading*. London: Routledge, 2014.

Reader, John. *Reconstructing Practical Theology: The Impact of Globalization*. Aldershot: Templeton Press, 2008.

Rempel, John. *Recapturing an Enchanted World*. Dowers Grove: IVP, 2020.

Rothenbuhler, Eric. *Ritual Communication: From Everyday Conversation to Mediated Ceremony*. Thousand Oaks: Sage Publication, 1998.

Ruth, Lester. "A Rose by Any Other Name." in *The Conviction of Things Not Seen*. edited by Todd Johnson. Grand Rapids: Baker Boooks, 2002: 33-52.

Schmit, Clayton. "Worship as a Locus for Transformation." in *Worship That Changes Life*. edited by Alexis Abernethy. Grand Rapids: Baker Academic, 2008.

Schultze, Quentin. *High-Tech Worship?* Grand Rapids: Baker Books, 2004.

Smith, David. Sevensma, Kara. Terpstra, Marjorie. McMullen, Steven. *Digital Life Together: The Challenge of Technology for Christian Schools*. Grand Rapids: Erdmans, 2020.

Taylor, Charles. *A Secular Age*. Boston: Belknap Press, 2018.

Taylor, David. *Glimpses of the New Creation: Worship and the Formative*

Power of the Arts. Grand Rapids: Eerdmans, 2019.

_____. *The Theater of God's Glory: Calvin, Creation and The Liturgical Arts*. Grand Rapids: Eerdmans, 2017.

Taylor, Mark. *About Religion: Economics of Faith in Virtual Culture*. Chicago: University of Chicago Press, 1999.

Thompson, Deanna. "Christ Is Really Present Even In Holy Communion via Online Worship." *Liturgy v. 35. no. 4 (2020)*: 18-24.

Turkle, Sherry. *Reclaiming Conversation: The Power of Talk in a Digital Age*. New York: Penguin House, 2016.

Van Opstal, Sandra. *The Next Worship*. Downers Grove: IVP, 2016.

Wiseman, Karyn. "A Virtual Space for Grace: Are There Boundaries for Worship in a Digital Age?" *Liturgy, 30(2)*, 2015: 52-60.

Witvliet, John. "The Cumulative Power of Transformation in Public Worship." *Worship That Changes Lives*. edited by Alexis Abernethy. Grand Rapids: Baker Books, 2008.

Wolterstorff, Nicholas. "If God is Good and Sovereign, Why Lament?" *Hearing the Call: Liturgy, Justice, Church, and World*. Grand Rapids: Eerdmans, 2011.

_____. "Trumpets, Ashes, and Tears." in *Hearing the Call: Liturgy, Justice, Church, and World*. Grand Rapids: Eerdmans, 2011.

_____. "Thinking about Church Music." *Music in Christian Worship: at the Service of the Liturgy*. edited by Charlotte Kroeker. Collegeville: Liturgical Press, 2005.

Wright, N. T. *God and the Pandemic: A Christian Reflection on the Coronavirus and Its Aftermath*. Grand Rapids: Eerdmans, 2020.

Zsupan-Jerome, Daniella. "Virtual Presence as Real Presence? Sacramental Theology and Digital Culture in Dialogue." *Worship 89. no. 6 (2015)*: 526-542.

chapter 4

전통의 유산에서 길을 찾기
4세기 예루살렘교회 예배와 뉴노멀 시대의 예배 갱신[1]

1. 들어가는 말

예배 갱신은 교회의 핵심 실천이자 과제 가운데 하나다. 현대 교회의 예배 갱신은 크게 두 가지 측면으로 나타난다. 하나는 성경에 기반을 둔 예배 신학의 실천을 지향하는 것이고, 다른 하나는 예배자들의 문화에 부합한 적실성 있는 실천을 제시하는 것이다. 이러한 두 가지 예배 갱신의 유형은 예배의 성경 신학적 구현으로서 '경배와 찬양 운동'(Praise and Worship Movement)과 문화 수용과 반영으로서 '현대예배 운동'(Contemporary Worship Movement) 현상에서 확인할 수 있다.[2] 최근에는 예배의 문화적 적실성과 수용성을 뜻하는 용어인 '현대'와 예배의 성경 신학적 원리와 내용을 반영하는 표현인 '경배와 찬양'이 하나로 통합되어 이른바 '현대 경배와 찬

---

[1] 이 장은 2021년 5월 31일 총신대학교 신학대학원 총학회 주최 세미나에서 발표했고, 「신학지남」 제347권 (2021:333-362)에 게재된 내용을 수정 보완한 것임.

[2] '경배와 찬양 운동'은 성경에 근거한 예배 신학을 구축하고 그것을 반영하는 가사와 주제의 신앙고백적 표현을 지향한다. '현대예배 운동'은 예배자들의 문화를 적극적으로 수용하고 예배를 전도와 성장의 대안적 실천으로 제시한다. Robb Redman, *The Great Worship Awakening: Singing a New Song in the Postmodern Church* (San Francisco: Jossey-Bass, 2002), 22-71.

양'(Contemporary Praise and Worship) 유형으로 나타나고 있다.³ 이러한 예배 갱신의 현상과 유형은 예배가 성경의 본질과 내용을 동시대의 문화에서 구체적으로 구현하는 실천이라는 것을 선명하게 제시해준다. 곧 예배 갱신을 위해서는 예배의 성경적 가르침과 함께 예배자들의 문화적 상황을 분별력 있게 수용하고 반영해야 한다.⁴ 이런 점에서 예배 실천의 갱신과 관련해서 오늘날 주어지는 질문은 비교적 선명하다. 곧 "뉴노멀이라 불리는 새로운 일상에서 예배를 어떻게 갱신할 것인가?"이다. 이 질문은 "뉴노멀 시대의 변화된 상황에서도 성경에 기반을 둔 예배의 본질과 실천을 어떻게 지속할 것인가?"로 조금 더 구체화할 수 있다.

이 장의 목적은 뉴노멀의 새로운 예배 상황에서 성경적 가르침에 충실한 예배를 지속적으로 실천하기 위한 목회적 과제와 방향을 제시하는 것이다. 이러한 목적을 위해서 예배의 성경적 본질을 다시 규명⁵하거나 예배와 문화의 통합 방식을 제시하는 '현대 경배와 찬양' 유형을 직접 수용하지 않는다. 오히려 성경적 예배와 동시대 문화의 통합을 제시한 역사적 사례를 통해서 뉴노멀 시대의 예배 갱신 방향과 과제를 이끌어내고자 한다. 이러한 사례를 통한 접근⁶은 예배 실천의 한 유형을 고고학적으로 재현하는 것이 아니라

---

3   기독교 예배 역사학자 Lester Ruth는 'Contemporary Praise and Worship'의 새로운 통합이 가장 최근의 예배 갱신 현상이고 이에 대한 고찰과 비평적 접근이 요구된다고 언급한다. Lester Ruth, ed., "Introduction: The Importance and History of Contemporary Praise and Worship," *Essays on The History of Contemporary Praise and Worship* (Eugene: Pickwick, 2020), 9-10.

4   Robert Webber는 성경에서 가르치는 예배의 본질과 내용은 말씀의 선포와 성찬의 실천이라는 기본적인 구조와 구성으로 요약될 수 있다고 정리한다. 동시에 문화는 예배의 상황과 배경으로서 구체적인 형태와 방식을 결정하는 역할을 한다고 본다. 이런 점에서 성경에서 제시하는 예배의 본질과 구조는 비교적 고정적이지만 예배자들의 문화는 시대와 상황을 반영하고 서로 다르기 때문에 예배 방식 곧 스타일의 불가피한 변화가 지속적으로 주어진다고 본다. Robert Webber, *Worship Old and New* (Grand Rapids: Zondervan, 1982), 62, 151.

5   Allen Ross, *Recalling the Hope of Glory: Biblical Worship from the Garden to the New Creation* (Grand Rapids: Kregel, 2006).

6   특정 시대와 공동체의 예배 실천에 주목하고 그것을 오늘날을 위한 유산으로 회복해서 연결시키려는 접근법은 원자료들로의 회귀(return to the sources)를 뜻하는 'ressourcement'

구체적인 예배 실천의 내용과 방식 안에 담긴 원리를 찾아 오늘날의 예배 실천을 위한 교훈을 얻는 방식이다.[7] 이 장은 뉴노멀 시대의 예배 상황에 도움이 될 수 있는 교훈을 이끌어내기 위해 4세기 예루살렘교회 예배를 사례 분석의 대상으로 삼는다. 특히 예배 실천 기록이 비교적 상세히 남겨진 380년대 후반의 예루살렘 예배를 대상으로 삼는다.[8] 예배 갱신의 신학과 실천을 위한 개혁주의 전통의 친숙한 내용들[9]을 무시하지 않으면서 기독교 예배 실천의 대전환을 경험했던 4세기 예루살렘교회로부터 뉴노멀 시대를 위한 예배 갱신의 교훈을 찾고자 한다. 이를 위해서 이 장은 우선 첫째로 뉴노멀 시대와 4세기 예루살렘교회 예배의 연결성을 고찰한다. 둘째로 뉴노멀 시대와 관련해서 4세기 예루살렘교회 예배의 구성과 실천에 담긴 특징을 분석한다. 셋째로 뉴노멀의 상황에서 예배 갱신의 과제를 지속하기 위해 4세기 예루살렘교회 예배로부터 배울 수 있는 교훈을 제시한다.

으로 교회와 예배 갱신의 주요 원리로 수용된다. 이 접근법은 성경과 초대교회의 유산을 교회와 예배의 회복을 위한 근거와 기초로 간주하고 직접 수용한다. John Baldovin, "The Development of the Liturgy: Theological and Historical Roots of Sacrosanctum Concilium," *Worship* 87 (2013): 517-32.

[7] 예배의 연구 대상이 문헌 또는 예배모범들이 아니라 예배 공동체의 구체적인 실천에 집중하고 그것을 통해서 더욱 선명한 과제를 얻을 수 있다는 것은 James White가 *Introduction to Christian Worship*(Nashville: Abingdon, 2001)을 통해서 제시했고, 이후 예배신학자들이 수용하는 한 방식이다. 이러한 방식을 신학적으로 잘 수용한 학자가 Melaine Rose이고 그녀의 저서 *Liturgical vs. Evangelical? Defying a Dichotomy* (Grand Rapids: Eerdmans, 2014), Ch.2, 5에서 직접 확인할 수 있다.

[8] 380년대 후반의 예루살렘교회 예배는 당시 주교였던 시릴(Cyril of Jerusalem)과 순례자 에제리아(Egeria)가 남긴 예배 실천 기록이 비교적 역사적 정당성을 인정받는 기록으로서 연구의 대상으로 부합하다. John Willkinson, *Egeria's Travels* (London: SPCK, 1971).

[9] 개혁주의 예배 갱신의 토대는 제네바의 존 칼빈과 스코틀랜드의 존 낙스의 유산에서 배우는 것이 가장 보편적인 접근이다. 제네바는 존 칼빈의 주된 예배 실천 지역으로 개혁주의 예배 신학과 실천의 근거를 제시한다. Karin Maag, *Lifting Hearts to the Lord: Worship with John Calvin in Sixteenth-Century Geneva* (Grand Rapids: Eerdmans, 2016)는 제네바 예배의 상세한 설명을 담고 있다. 스코틀랜드는 존 낙스의 예배 개혁과 실천의 중심 지역으로 장로교 예배 발전에서 중요한 근거를 제시한다. John Knox, *The History of the Reformation in Scotland* (London: Thomas & Nelson, 1949)를 참고할 수 있다.

2. 뉴노멀 시대와 4세기 예루살렘교회 예배의 연결성

4세기 예루살렘교회 예배는 주로 시릴(Cyril of Jerusalem, c.315-86)의 영향과 기여로 인해 주목 받아왔다. 시릴의 세례 입문자들을 위한 가르침과 설교는 4세기 예배 실천의 의미와 특징 그리고 기여를 이끌어내는 주된 연구 영역이다.[10] 또한 로버트 웨버(Rboert Webber)가 예배 갱신을 시도할 때 예루살렘교회를 포함한 4세기 예배 유산에 집중했다.[11] 그는 오늘날 포스트모던 시대의 신앙과 예배의 실천에서 4세기를 중심으로 한 전통의 유산이 새롭게 회복될 수 있다는 확신과 가능성을 제시하는데 주력했다. 하지만 세례 입문자들을 위한 교육과 설교가 오늘날 뉴노멀 시대의 예배 갱신을 위한 직접적인 연결성을 제공하지는 않는다. 아울러 개혁주의 예배는 4세기보다 16세기 개혁가들의 실천을 갱신을 위한 전통과 유산으로 수용한다. 이러한 역사적 측면과 신학적 입장을 고려할 때 4세기 예루살렘교회가 오늘날 뉴노멀 시대와 갖는 연결성은 예배의 상황과 배경 그리고 실천 전반에 걸쳐 보다 포괄적으로 찾아볼 수 있다.

첫째, 4세기 예루살렘교회 예배와 뉴노멀 시대는 예배의 긴장과 갈등(liturgical tension and conflict)으로 연결된다. 예루살렘은 기독교 역사에서 긴장과 갈등의 장소였다. 오늘날 예루살렘은 유대교, 기독교, 이슬람교의 중심 지역이기도 하다.[12] 4세기 예루살렘은 파괴된 성전의 재건, 이방 기독교인들과 유대 기독교인들 사이의 새로운 연합, 그리고 이방 신전을 비롯한 로마

---

[10] E.C. Whitaker, *Documents of the Baptismal Liturgy* (Minneapolis: Liturgical Press, 2003), 26-32 (Cyril of Jerusalem) 그리고 John Baldovin, *Liturgy in Ancient Jerusalem* (Bramcote: Grove, 1989) 참고.

[11] Robert Webber, *Ancient Future Faith: Rethinking Evangelicalism for a Postmodern World* (Grand Rapids: Baker Academics, 1999), 97-120.

[12] Karen Armstrong, *Jerusalem: One City, Three Faiths* (New York: Alfred Knopf, 1996), 150-90.

의 유산들에 대한 도시 재건의 과제를 갖고 있었다.[13] 예배와 관련해서는 노인들과 아이들, 수도사들과 평신도들, 유대 기독교인들과 이방 기독교인들, 도시 거주민들과 수많은 순례객들이 함께 참여하는 예배를 실천해야 하는 상황에 있었다.[14] 곧 서로 다른 배경과 문화에 속한 예배자들에 의해서 주어지는 차이를 수용하고 긴장과 대립을 완화시켜야 하는 상황에 있었다. 특히 그리스도의 탄생을 1월 6일에 기념하는 예루살렘 성도들과 12월 25일에 기념하는 다른 지역의 성도들 사이에서 주어지는 차이는 예배 실천의 대표적인 긴장과 대립으로 이어지기도 했다. 또한 서로 다른 성경 구절을 사용해서 그리스도의 탄생을 기억하는 것은 당시로서 새롭게 주어진 차이와 경험이었다.[15] 예배자들 사이에서 주어지는 이러한 차이와 긴장은 뉴노멀 시대에도 선명하게 주어진다. 물론 긴장과 대립의 이슈는 4세기 예루살렘과 다르다. 하지만 예배 실천 방식에 대한 제한과 통제를 받게 되면서 경험하는 대립은 선명하게 나타난다. 뉴노멀의 상황에서 기독교 공동체들은 서로 다른 입장과 의견을 제시하면서 신앙의 자율성을 추구하고 있다. 예배 자체의 금지가 아니라 같은 장소에 모이는 인원의 제한에 따른 수용 방식의 차이로 인해 긴장과 대립이 주어지기도 한다. 디지털 미디어 방식의 예배 실천을 새로운 기회로 간주하기도 하고,[16] 여전히 전통적인 방식의 모임을 통한 예배 실천을 강하게 제시하기도 한다.[17] 이처럼 예배자들은 새로운 상황에

---

[13] Lester Ruth, Carrie Steenwyk, John Witviet, *Walking Where Jesus Walked: Worship in Fourth-Century Jerusalem* (Grand Rapids: Eerdmans, 2010), 3-5.

[14] Ruth, Steenwyk, Witviet, *Walking Where Jesus Walked*, 11.

[15] Paul Bradshaw, "The Influence of Jerusalem on Christian Liturgy," *Jerusalem: Its Sanctity and Centrality to Judaism, Christianity, and Isalm*, ed. Lee Levine (New York: Continuum, 1999), 251-99.

[16] Teresa Berger, *@Worship: Liturgical Practices in Digital Worlds* (New York: Routhledge, 2019)와 Deanna Thompson, *the Virtual Body of Christ in a Suffering World* (Nashville: Abingdon, 2016).

[17] Jay Kim, *Analog Church: Why We Need Real People, Places, Things in the Digital Age* (Downers Grove: IVP, 2020).

서 서로 다른 방식의 예배 실천을 위한 입장과 차이를 보이며 긴장과 갈등을 경험한다.

둘째, 4세기 예루살렘교회와 뉴노멀 시대의 예배는 공간과 관련한 연결성을 지닌다. 예루살렘교회는 예배와 관련해서 하나의 고정된 장소를 공동체의 유일한 예배 장소로 사용하지 않았다. 도시 안에 그리스도의 생애와 사역과 관련한 의미를 부여하는 건물들을 세웠다. 거룩한 무덤(Holy Sepulcher)이라 불리는 복합 건물은 크게 그리스도의 고난과 죽음의 자리에 세워진 '마티리움'(Martyrium)과 부활의 자리에 세워진 '아나스타시스'(Anastasis)를 중심으로 여러 건물들로 구성되었다.[18] 예배자들은 그리스도의 마지막 생애와 사역을 중심으로 세워진 건물들을 옮겨가며 예배에 참여했다. 고정된 하나의 장소를 예배 공간으로 받아들이는 다른 지역의 예배자들에게 예루살렘교회의 복합적인 예배 장소들은 어색함과 혼란으로 비추어졌다. 당시 예루살렘교회의 예배자들은 특정한 하나의 장소에 속해서 주어지는 정체성을 갖고 있지 않았다. 오히려 삶의 공간 전체를 포괄적으로 수용해서 예배와 연결시켰다.[19] 그런데 오늘날 뉴노멀 시대의 예배 공간도 어느 하나의 장소에 국한되지 않는다. 디지털 기술에 의한 미디어 예배는 특별히 정한 한 장소에서만 하나님을 예배하는 것이 아니라, 가상공간에서도 하나님을 예배할 수 있다는 새로운 가능성과 직접적인 경험을 이끌고 있다. 예배자들은 정해진 장소뿐 아니라 일상생활의 자리가 언제든지 공동체와 함께 연결해서 예배할 수 있는 공간이 될 수 있다는 것을 경험한다. 물론 4세기 예루살렘교회의 예배 공간과 구체적인 상황은 차이가 있지만 고정된 한 장소를 예배의 공간으로 규정하지 않는다는 점에서 오늘날 예배자들과의 연결성은 분명히 찾아볼 수 있다. 반드시 정해진 장소에 모여서 예배해야 한다는 확신을 지닌 예배자들에게 디지털 기술에 의해서 가능해진 새로

---

18 Ruth, Steenwyk, Witviet, *Walking Where Jesus Walked*, 37-46.
19 Martin Stringer, *A Sociological History of Christian Worship* (Cambridge: Cambridge University Press, 2005), 61.

운 공간의 수용을 통한 예배 참여는 여전히 어색하고 생소한 경험으로 수용되고 있다.

셋째, 4세기 예루살렘교회와 뉴노멀 시대는 예배 구조와 구성요소를 강화시켜야 하는 과제를 지닌다는 점에서 연결성을 지닌다. 이미 2세기부터 기독교 예배 공동체들은 각각 구분된 방식으로 실천되어 오던 말씀 중심의 예전과 성찬 중심의 예전을 서로 연결된 하나의 통합된 구조로 구성하기 위해 노력해 왔다.[20] 4세기 예루살렘교회를 지도한 시릴(Cyril of Jerusalem)은 당시 서로 다른 지역들에서 찾아오는 수많은 순례자들과 예루살렘 거주민들에게 기독교 예배의 정체성을 제시하는 구조를 명확히 제시해야 하는 과제를 지니고 있었다. 특히 콘스탄틴 이후의 기독교 예배가 이전의 초대교회 예배와 연결성을 지니는 구조를 유지하고, 성경 읽기와 기도와 같은 핵심 구성요소들의 실천 방식을 명확히 제시해야 하는 과제를 갖고 있었다. 곧 4세기 예루살렘의 예배 구성과 관련한 과제는 모든 예배자들에게 지역을 넘어서서 같은 예배 공동체에 속한 자들로서의 정체성을 갖게 하고 초대교회로부터 이어온 기독교 예배의 역사적 연결성을 제시하는 것이다.[21] 한편 뉴노멀 시대의 예배 실천에서 경험하는 것 가운데 하나는 예배 구조와 구성요소들의 혼란과 약화이다. 모임의 제한과 디지털 기술에 의한 미디어 방식의 예배 실천은 전통적으로 경험해오던 예배의 구조와 구성요소들에 대한 변화를 이끌고 있다. 말씀과 성찬 또는 말씀과 음악의 기본 구조가 불가피하게 조절된다. 성찬이나 음악은 공동체 전체가 함께 같은 장소에 모여서 실천하는 구조와 구성 방식을 지속하는데 제한을 받는다. 성경을 함께 읽는 방식도 약화되고 공동체 전체가 함께 기도하는 것도 제한 또는 축소되고 있다.[22] 뉴노멀 시대의 예배를 인도하는 목회자들은 전통적으로 발전해 온 기

---

20 Frank Senn, *Christian Liturgy: Catholic and Evangelical* (Minneapolis: Augsburg Fortress, 1997), 73-7.
21 Senn, *Christian Liturgy*, 113-4.
22 디지털 방식의 예배 경험과 변화가 예배 구조와 구성요소에 대한 새로운 과제를 부여하는 것

독교 예배의 기본 구조와 구성을 지속해야 하고 동시에 미디어 기술과 관련해서 서로 다르게 이해하고 수용하는 다양한 예배자들을 모두 포괄시킬 수 있는 실천을 지속해야 하는 과제를 지닌다.

위에서 살펴본 바와 같이 4세기 예루살렘교회와 뉴노멀 시대는 다양한 예배자들의 수용을 통한 예배의 긴장과 대립, 공간의 새로운 변화, 예배의 구조와 구성요소의 재구성과 실천을 위한 과제 직면이라는 점에서 연결성을 지닌다. 그러면 긴장과 대립 그리고 공간의 새로운 상황에 직면했던 예루살렘교회의 예배는 구체적으로 어떤 구조와 구성요소들에 의해서 진행되었고 그러한 실천에서 드러나는 특징이 무엇인지 세부적으로 살펴볼 필요가 있다.

3. 4세기 후반 예루살렘교회 예배의 구성과 특징들

뉴노멀 시대의 예배를 위해서 이 장이 주도적으로 살펴보고자 하는 4세기 예루살렘교회 예배는 주교 시릴(Cyril)의 문헌[23]과 서유럽의 순례자인 수녀 에제리아(Egeria)의 관찰 기록[24]이 담고 있는 380년대 후반에 집중한다. 특히 에제리아의 관찰과 정리에 의해 남겨진 이 시기의 예루살렘교회 예배는 비교적 상세하고 또 역사적으로도 인정을 받는다.[25] 아울러 4세기 예루살

에 대해서는 Shane Hipps, "convergence and consumption: The Digital Age and a New Ecology of Worhsip," Lecture in 2013 Worship Symposium에서 살펴볼 수 있다. 이 강의 내용의 영상은 https://worship.calvin.edu/resources/resource-library/convergence-and-consumption-the-digital-age-and-a-new-ecology-of-worship에서 확인할 수 있다.

23 Cyril of Jerusalem, *The Catechetical Lectures of St. Cyril of Jerusalem* (Oxford: Veritatis Splendor Publications, 2014).
24 Willkinson, *Egeria's Travels*.
25 본 연구는 시릴과 에제리아를 중심으로 기록된 4세기 예루살렘교회 예배 실천에 대해서 가장 상세히 정리하고 소개해 놓은 Ruth, Steenwyk, Witvliet의 저술, *Walking Where Jesus Walked: Worship in Foruth-Century Jerusalem*을 주요 문헌으로 참고한다.

렘은 다양한 지역에서 온 수많은 예배자들이 함께 예배하고 서로가 서로에게 영향을 미치면서 새로운 전통을 발전시켰고 기독교 예배의 기본 구조와 특징을 제시한다는 점에서 살펴볼 가치를 지닌다.[26]

1) 4세기 말 예루살렘교회 예배 구조와 구성

4세기 말 예루살렘교회 예배는 '말씀의 예전'과 '성찬의 예전' 구조와 구성을 기본적으로 제시해준다. 우선 말씀의 예전은 '성경 읽기'(구약, 서신서와 복음서), '시편 노래', 가르치는 장로들의 '선포', '기도'로 구성된다. 성찬의 예전은 '평안의 입맞춤', '기도', '주기도', '성찬 초대', '떡과 잔을 받아 먹고 마심'으로 구성된다.[27] 시편의 노래와 기도는 성경을 읽는 순서 사이에 위치시키고, 또한 설교 이후에 포함하기도 했다.[28] 아울러 성찬 이전에 위치시키는 기도는 역사적으로 성찬 기도(위대한 감사와 축성 기도)[29]로 발전한 것이다. 이처럼 예루살렘교회 예배는 성경 읽기, 시편의 노래, 설교, 기도, 성찬이라는 단순하고 선명한 구조와 구성을 지닌다. 예배자들은 매일 기도 모임뿐 아니라 주일 공동예배를 위해서 이른 아침과 오전에 각각 위의 말씀과 성찬 예전 구조 방식에 따른 실천에 참여했다. 프랑크 센(Frank Senn)의 분석에 따르면 말씀과 성찬의 구조를 제시하는 4세기 예루살렘교회 예배는 역사적 연속성을 지닌다. 곧 *The Apostolic Constitutions*와 시릴의 교육과 실천(Catecheses)에 영향을 받아 형성된 것이고,[30] 이후 'The Liturgy of St.

---

26 R.C.D. Jasper and G.J. Cuming, *Prayers of the Eucharist: Early and Reformed* (Collegeville: Order of Saint Benedict, 2019), 133 그리고 Bryan Spinks, "The Jerusalem Liturgy of the Catecheses Mystagogicae: Syrian or Egyptian?" *Studia Patristica* 18.2 (1989): 391-96.
27 Ruth, Steenwyk, Witvliet, *Walking Where Jesus Walked*, 24.
28 Ruth, Steenwyk, Witvliet, *Walking Where Jesus Walked*, 24.
29 성찬 기도는 역사적으로 위대한 감사의 기도(The Great Prayer of Thanksgiving)과 떡과 잔의 축복과 변화와 관련한 축성 기도(The Prayer of Consecration)로 구분된다.
30 Senn, *Christian Liturgy*, 120.

James'의 형성과 발전에 기여하기도 했다.³¹ 예루살렘교회의 예배는 시리아 서부 지역 기독교인들만이 아니라 로마를 포함해서 서유럽에 이르는 다양한 순례객들이 참여했다. 곧 서로 다른 지역의 예배자들을 연결시키고 그들을 위한 기독교 예배의 정체성을 제시하는 표준을 제시했다. 이후 기독교 예배에서 말씀과 성찬의 구조는 초대교회의 실천에 근거한 가장 기본적인 형태로 수용 발전되었다.

2) 4세기 말 예루살렘교회 예배의 특징

4세기 말 예루살렘교회 예배 실천은 몇 가지 특징을 지닌다. 첫째로 예배의 다양성을 인지하고 환대 실천을 강화한 것이다. 4세기 후반 예루살렘교회 예배가 인지한 다양성은 예배자들과 관련한다. 예루살렘교회의 예배에 참여한 자들은 지역에 거주하는 기독교인들과 함께 수많은 순례객들을 포함한다.³² 서로 다른 예배 전통과 경험을 지닌 자들이 교차할 때 예배는 배타적이고, 다양한 문화들 사이의 갈등을 경험하면서 같은 부류의 성향을 지닌 자들과 동질 그룹을 형성하는 경향이 강하다.³³ 그런데 예루살렘교회의 경우 서로 다른 예배자들의 문화를 수용하고 예배의 공통성 안에서 주어지는 다양성을 인정하고 발전시키는데 더욱 관심을 가졌다. 이를 위해서 예배에서의 환대를 강화했다. 특히 서로 다른 지역에서 온 예배자들이 함께 예배 참여할 때 예배자들의 연합과 일치를 위해서 언어의 다중성을 활용했다. 곧 예배의 중심 언어인 그리스어를 시리아어로 통역했고, 라틴어 사용자들을 위해서 개인 통역사들을 제공해주기도 했다.³⁴ 아울러 예루살렘교회의 공동예배는 모든 세대가 함께 참여하는 예배로 진행되었다. 그런데 공동예배는 한 장소에서 이루어지지 않았고 그리스도의 죽음과 부활을 중심으로

---

31 Jasper and Cuming, *Prayers of the Eucharist: Early and Reformed*, 139-40.
32 Ruth, Steenwyk, Witvliet, *Walking Where Jesus Walked*, 8.
33 Kathy Black, *Culturally-Conscious Worship* (St. Louis: Chalice Press, 2000), 63-82.
34 Ruth, Steenwyk, Witvliet, *Walking Where Jesus Walked*, 15, 22.

세워진 복합 건물(Holy Sepulcher)과 함께 도시 안에 여러 예배 장소들[35]을 이동하며 예배했다. 여기서 어린아이들과 이동이 불편한 어른들에 대한 배려는 예배자들을 위한 환대의 또 다른 실천 영역이다. 이와 함께 경제적으로 가난한 자들과 부유한 자들이 함께 예배에 참여하고 서로에 대한 대립과 차별을 최소화하기 위한 예루살렘교회 공동체의 모습은 에제리아에게 부각된 환대의 또 다른 측면이기도 하다.[36]

둘째로 예배 구성을 그리스도 중심의 시간과 연결한 것이다. 물론 기독교 예배의 구성과 실천을 시간과 연결시키는 것은 예루살렘교회만의 특징은 아니다. 4세기 이전에도 일(day) 그리고 주(week) 단위 리듬과 그리스도의 죽음과 부활을 기억하고 기념하는 주간의 시간을 예배와 연결시켰다.[37] 예루살렘교회의 기여는 연간 단위(yearly) 리듬을 따라 그리스도 중심의 시간을 생애와 죽음, 부활, 그리고 이후의 시간으로 확대 발전시키고 그것을 예배 구성과 진행에 연결한 것이다. 곧 그리스도의 생애와 사역을 따라서 성경을 읽고 기도하고 또 예배의 주제를 구체화했다. 매일 기도에서 그리스도를 기억하고, 주일 공동예배에서 그리스도의 부활을 기억하고, 년 단위 시간 리듬을 따라서 그리스도의 생애와 사역을 기억하는 방식으로 예배를 구성했다. 특히 년 단위로 그리스도의 생애와 사역의 리듬을 따라 성경을 읽고 기도하는 예배의 구성은 4세기 후반 예루살렘교회의 특징이자 기여로 볼 수 있다.[38]

셋째로 공동예배에서 성경의 직접적인 사용을 통해 그리스도의 구원 사

---

[35] 그리스도의 무덤 위에 세워진 'Martyrium', 부활의 장소에 세워진 'Anastasis' 그리고 'Eleona', 'Lazarium' 등 여러 장소들을 의미한다.

[36] "Egeria's Diary: A Pilgrim's Observations of Jerusalem at Worship," in *Walking Where Jesus Walked*: 36,3.

[37] Paul Bradshaw, *Early Christian Worship: A Basic Introduction to Ideas and Pracitce* (Collegeville: Liturgical Press, 2010), 77-87 그리고 Paul Bradshaw and Maxwell Johnson, *The Origins of Feasts, Fasts, and Seasons in Early Christianity* (Collegeville: Liturgical Press, 2011), 3-38.

[38] Ruth, Steenwyk, Witvliet, *Walking Where Jesus Walked*, 28.

역을 기억하고 강력하게 반응한 것이다. 4세기 후반 예루살렘교회 공동체는 '말씀의 예전'(the service of the Word)에서 성경 읽기를 강화했다. 공동예배 안에서 구약 성경과 신약 성경 그리고 복음서의 내용을 구분해서 읽었으며, 읽은 본문과 연결된 시편과 기도를 포함시켰다.[39] 예루살렘교회 예배의 성경 읽기는 일정한 연속성을 지향했고, 그리스도의 생애와 사역을 중심으로 구성된 시간과 연결해서 실천되었다. 그리스도 중심의 시간에 따라 공동예배에서 성경을 읽었다. 이러한 성경 읽기 구성[40]은 오늘날 알려진 '렉셔너리'(lectionary, 성서전과)의 구성 곧 구약, 시편, 복음서, 신약의 네 영역의 구분에 따른 3년 주기의 성경 읽기와는 다르다. 이 구성은 그리스도의 탄생과 현현을 시작으로 주일과 평일을 포함해서 그리스도의 생애를 따라 '시편, 복음서, 구약의 다양한 본문들', '시편, 신약, 시편, 복음서' 또는 '구약, 시편' 등 74개로 구성된 방식을 사용해서 성경을 읽을 수 있도록 안내하고 있다. 이 성경 읽기의 본문들은 설교를 위한 근거 본문이 아니라, 그 자체로 구분된 예배의 구성요소이다. 이것은 선포와 함께 예배에서 말씀 중심의 실천을 구성하는 중요한 방식으로 발전했다.[41] 에제리아의 관찰에 따르면, 예배자들은 공동예배의 성경 읽기에서 들려지는 말씀을 실제의 이야기로 받아들

---

[39] Ruth, Steenwyk, Witvliet, *Walking Where Jesus Walked*, 24.

[40] 예루살렘교회 예배에서 사용한 그리스도 중심의 시간에 따른 성경 읽기 내용과 구성은 5세기 문헌인 Codex Armenian Jerusalem 121에서 찾아볼 수 있다. 이 문헌의 내용이 "The Scripture Readings Likely Used in Jerusalem"이란 제목으로 영어로 번역되어 *Walking Where Jesus Walked*, 65-85에 포함되어 있다.

[41] 장로교 예배도 *Westminster Directory*의 안내를 따라 말씀 읽기를 구별된 예배의 구성요소로 포함하고 실천했다. 다만 그리스도 중심의 시간에 따른 읽기가 아니라, 연속적 방식에 의한 읽기를 실천했고, 이해를 위해 별도의 설명과 가르침을 포함하는 방식을 추가하기도 했다. 핵심은 성경 읽기가 역사적으로 발전한 예배의 중요한 구성요소라는 점이다. 아울러 성경 읽기는 설교와 선포를 담당하는 목회자의 책임을 통해서 단순한 의례가 되지 않도록 노력해야 한다. D.G. Hart and John Muether, *With Reverance and Awe: Returning to the Basics of Reformed Worship* (Phillipsburg: P&R Publishing, 2002), 150. Terry Johnson and Ligon Duncan III, "Reading and Praying the Bible in Corporate Worship," *Give Praise to God: A Vision for Reforming Worship*, ed. Philip Ryken, Derek Thomas, and J. Ligon Duncan III (Phillipsburg: P&R, 2003), 140-69. 그리고 Bryan Spinks, *Scottish Presbyterian Worship* (Edinburgh: Saint Andrew Press, 2020) 참고.

이면서 적극적으로 반응했다.⁴² 이처럼 예루살렘교회 예배자들은 건축의 화려한 장식이나 기술을 사용한 음악의 표현이 아니라 성경 읽기와 선포를 통해서 들려지는 그리스도의 구원 이야기에 가장 적극적으로 반응했다.

4. 뉴노멀 시대를 위한 4세기 후반 예루살렘교회 예배의 교훈

그러면 오늘날 뉴노멀의 상황에서 4세기 후반 예루살렘교회 예배로부터 배울 수 있는 교훈은 무엇인가? 예배 갱신의 과제를 지속하는 과정에서 4세기 후반 예루살렘교회의 예배는 오늘날 새로운 일상을 직면한 예배자들에게 여전히 중요한 교훈을 제공해준다. 곧 예배 경험과 참여의 새로운 환경과 조건에서도 하나님의 환대, 그리스도 중심성 그리고 성경 중심의 예배 실천을 위한 방향성을 제시해준다.

1) 예배 실천의 다양성과 환대의 수용

첫째, 4세기 후반 예루살렘교회의 예배는 뉴노멀 시대에 예배 실천의 다양성과 환대에 대한 과제를 새롭게 수용하도록 교훈을 제공한다. 현대예배 갱신에서 부각된 주제 가운데 하나는 예배 공동체의 다문화적 상황 수용과 환대와 관련한다. 예배 갱신 운동의 초기에는 복음 전도와 선교를 통한 새로운 상황의 접근과 그에 부합한 예배 실천을 위해 상황화(contextualization)를 강조했다. 하지만 최근에는 복잡한 인구 이동과 도시화 현상⁴³으로 인해서 예배 안에 다문화적 상황을 어떻게 수용할지 그리고 긴장과 대립 관계

---

42 "Egeria's Diary: A Pilgrim's Observations of Jerusalem at Worship," in *Walking Where Jesus Walked*: 24,10.

43 최근 기독교 실천은 인구 이동과 도시화 현상이 초래하는 다문화적 상황을 주요 논제로 받아들인다. Michael Goheen, *Introducing Christian Mission Today* (Downers Grove: IVP 2014), 27-34.

에 놓인 서로 다른 문화적 상황을 어떻게 수용하고 환대를 제시할지를 주요 주제로 받아들인다. 다문화 상황을 예배에서 수용하는 것은 문화와 관련한 수용의 주체가 또 다른 대상을 객체로 받아들이는 것이 아니다. 마이클 혼(Michael Hawn)이 언급한 것처럼 자신의 문화에서 다른 문화를 수용하는 것이 아니라, 서로 다른 문화를 그리스도의 중심성에 참여시키는 방식과 과정이다.[44] 뉴노멀의 시대는 모임의 어려움을 직면하면서 공동체로의 단절과 구분이 아니라 서로 다른 문화 사이의 연결과 통합 또는 다양성을 수용하는 방식에 새로운 관심을 촉구한다. 4세기 후반의 예루살렘교회는 예배에서 다문화 상황의 수용과 환대를 위한 좋은 사례를 제시한다. 다양한 순례자들과 예루살렘 거주민들, 영적 훈련에 집중하는 수도사들뿐 아니라 일상에서 신앙을 구현하는 삶을 살아가는 사람들, 어른들과 노약자들 그리고 어린이들 모두 예배 공동체로 차별 없이 받아들이고 수용했다. 예루살렘교회 예배가 제시한 다양성 수용과 환대는 크게 두 가지로 나타난다. 이미 위에서 언급한 것처럼 하나는 다중언어예배의 실천이다. 예배 안에서 그리스어와 시리아어를 동시에 사용했고, 라틴어 사용자들을 위해서 통역을 제공했다.[45] 예배 안에서 세 개의 언어를 동시에 사용했고 이러한 복잡한 실천의 수용을 받아들였다. 언어 사용에 따라 예배를 구분하거나 효율성에 근거해서 새로운 예배를 만들지 않았다. 오히려 예배 공동체의 연합과 통일을 위해서 다양한 언어의 동시 사용을 통한 환대를 제공했다.[46] 또 다른 다양성 수용과 환대의 실천은 세대별 차이를 수용하고 존중한 것이다. 예배에서 어린이들과 노인분들의 참여 방식은 서로 다르다. 집중력과 몸의 움직임에 차이가 있고 이해하는 방식도 서로 다르다. 예루살렘교회의 예배는 어린아이들이 부모와 어른들의 도움을 받아서 함께 성경을 듣고 기도하고 찬양하게 했으

---

[44] Michael Hawn, *Gather into One: Praying and Singing Globally* (Grand Rapids: Eerdmans, 2003), 1-16.

[45] Ruth, Steenwyk, Witvliet, *Walking Where Jesus Walked*, 15.

[46] Ruth, Steenwyk, Witvliet, *Walking Where Jesus Walked*, 22.

며, 노인분들이 예배 이동에 어려움이 없도록 배려하고 도움을 제공했다.⁴⁷

오늘날 뉴노멀의 예배 상황에서 다양성 수용과 환대의 필요는 더욱 선명하게 부각되고 있다. 미디어 예배의 수용으로 인해서 예배를 위한 구별된 장소(예배당)와 가정 사이의 경계가 없어지기 시작했고, 가정을 중심으로 공동예배에 참여하는 현상이 보편화되고 있다. 가정은 생활의 중심지이고 공동예배 참여의 새로운 중심 역할을 감당한다. 부모와 자녀가 다시 함께 하나님을 예배하고 세대별 차이에 대한 이해를 새롭게 확인하고 있다. 아울러 서로 다른 지역에 거주하는 이들도 장소의 이동 없이 같은 시간에 미디어의 접속을 통해서 서로 연결되어 함께 하나님을 예배한다. 이전보다 예배의 다양성이 더욱 구체화되고 직접 수용되고 있다. 예루살렘교회의 예배가 다중언어의 예배를 4세기 말에 실천한 것은 오늘날 우리 시대의 예배에 서로 다른 세대와 문화에서 주어지는 예배자들의 수용과 포용을 위한 다문화 또는 다중 언어 예배의 가능성을 위한 근거를 제공한다. 특히 서로 다른 문화와 언어의 차이를 제시하는 세대별, 부서별 예배를 구분해서 발전시키기보다는 가정 중심의 단위로 서로 함께 예배할 수 있는 다양성의 수용 방식을 의도적으로 반영하는 것이 도움이 될 수 있다. 특히 서로 다른 예배자들이 같이 살아가는 세상의 공동 필요를 위해서 함께 기도하는 것과 서로 다른 세대가 선호하는 음악을 상호 수용하고 같이 부르는 것은 현실적으로 가능한 다양성 수용의 방식이다.⁴⁸ 아울러, 환대의 실천도 좀더 구체화할 수 있다. 이미 확인할 수 있는 바와 같이 뉴노멀 시대의 디지털 기술을 통한 예배는 장비 사용에 제한을 받는 세대와 장비 확보에 어려움을 겪는 경제 취약 계층에 대한 목회적 돌봄을 부각시킨다. 그리고 영적 순례자들에 대한 환대를 제시하기 위한 노력도 포함된다. 1960년대 이후 북미에서 선명하게 나타난

---

47 "Egeria's Diary A Pilgrim's Observations of Jerusalem at Worship" 36.3.
48 Kevin Adams, *The Gospel in a Handshake: Framing Worship for Mission* (Eugene: Cascade Books, 2019), 160-3.

영적 구도자들을 대상으로 교회가 환대를 수용하기 위해 노력한 것[49]은 뉴노멀 시대에 '디지털 순례자들'의 등장으로 새로운 상황에 직면해 있다. 물리적 거리와 장소에 제한을 받지 않는 영적 순례자들을 위해 환대와 수용을 위한 새로운 가능성의 기회로 삼는 것도 필요하고 또 가능하다. 이처럼 기독교 예배는 전문성과 기술 활용을 통한 세대별, 문화별 세분화보다 한 공동체 안에서 주어지는 다양성을 수용하고 반영하기 위한 노력을 요구한다. 곧 뉴노멀 시대는 가정과 공동체의 새로운 통합을 통해서 예배 안에 다양성 수용과 환대를 제시하는 새로운 실천을 노력하는 것이 필요하다.

2) 그리스도 중심의 시간에 따른 구성과 실천

둘째, 4세기 후반 예루살렘교회 예배는 뉴노멀 시대에 예배의 적실성을 위한 과제를 그리스도 중심의 시간으로 구체화하는데 중요한 교훈을 제공한다. 예배 갱신에서 가장 중요한 과제와 도전 가운데 하나는 성경과 복음에 부합하고 상황과 문화에 적실한(relevant) 예배를 실천하는 것이다.[50] 1960년대 이후 촉발된 예배 갱신은 상황과 문화에 대한 적실성(relevance)을 추구하는 것을 핵심 과제로 제시했다. 예배의 적실성을 추구하는 것은 예배의 본질과 핵심 내용을 변화시키는 것이 아니라, 예배의 상황에 부합한 실천(practice appropriate to the liturgical context)을 시도하는 것이다. 여기서 적실성의 대상으로서 상황에 대한 이해를 분명히 하는 것이 필요하다. 지금까지 예배의 상황 곧 적실성의 대상을 '사람들'에게 집중해왔다. 적실성의 대상으로 예배자들을 세분화하고 그들에 부합한 실천을 갱신의 방향으로 삼아

---

49 구도자 중심, 구도자 주도의 예배(seeker-driven, seeker-sensitive service)는 신앙과 영적 관심을 갖고 있으나 교회에 나가지 않는 이들(unchurched)을 대상으로 접근한 방식의 예이다. Lester Ruth, "Lex Agendi, Lex Orandi: Toward a Understanding of Seeker Services as a New Kind of Liturgy", *Worship* 70, no. 5 (September, 1996): 386-405.

50 개혁주의 예배 갱신 역시 오랜 역사에서 문화와 상황에 적절한 실천을 추구해온 것임을 확인할 수 있다. Doug Gay, *Reforming the Kirk: The Future of the Church of Scotland* (Edinburgh: Saint Andrew Press, 2017), 9.

왔다.⁵¹ 4세기 후반 예루살렘교회 역시 예배 갱신을 시도했고, 적실성을 추구했다. 하지만 예루살렘교회 예배의 갱신에서 적실성의 대상은 예배에 참여하는 사람들이 아니라 '시간'이었다. 예배 구성에서 적실성의 대상을 그리스도의 생애와 사역을 통해서 주어진 시간으로 규정하고 그 시간에 부합한 실천을 구현하기 위해 노력했다. 계속해서 변화하는 예배자들의 기대와 만족을 위한 적실성이 아니라 그리스도 중심의 시간에 부합한 적실성을 추구했다. 에제리아의 관찰에 따르면, 예루살렘교회 예배의 적실성 추구는 "찬양, 기도, 성경 읽기와 설교 모두 예배하는 '그 날'에 가장 부합한 방식으로 실천되었다."⁵² 곧 시간을 예배의 적실성을 위한 기준으로 삼고 그 시간에 부합한 방식을 추구한 것이다. 여기서 사용한 시간은 초대교회의 전통에 따라 매일의 시간, 주간 단위의 시간, 그리고 년 단위의 시간 전체를 포함한다. 4세기 후반 예루살렘교회의 예배는 시간의 리듬과 주기를 연속적으로 발전시키고 구체화했다. 매일 정해진 시간 기도하는 것과 주일 단위로 공동예배를 통해 부활을 기념하는 것을 구체화했다.⁵³ 그리고 년 단위로 그리스도의 탄생과 고난 그리고 죽음과 부활로 구성된 시간을 따라 성경 사용과 기도 그리고 음악을 실천했다.⁵⁴ 여기서 그리스도의 생애에 따른 시간을 구성하고 그에 부합한 적실성 있는 예배 실천을 추구한 것은 예루살렘교회의 기여로 볼 수 있다. 4세기 이전에는 그리스도의 생애 전체를 유기적으로 연결하고 발전시킨 의미로 오늘날 확인할 수 있는 교회의 시간 수용을 찾아보

---

51 예배 갱신의 역사는 예배자들을 향해 어떻게 다가가고 어떻게 수용하고 어떻게 참여시킬 것인가에 집중해왔고 그에 따라 결정되었다. 이러한 예배자들 중심의 적실성 추구는 예배자들이 누구인지에 대한 이해가 불분명한 상황에까지 이르렀다. Glenn Stallsmith, "The Path to a Second Service: Mainline Decline, Church Growth, and Apostolic Leadership", *Essays on The History of Contemporary Praise and Worship*, ed. Lester Ruth (Eugene: Pickwick Publications, 2020): 5-73.

52 John Wilkinson, *Egeria's Travels* (London: SPCK, 1971), 168.

53 예루살렘교회 이전 초대교회부터 공동체의 기도모임과 공동예배는 매일 그리고 주일 단위의 시간을 기반으로 구성되었다. 시간은 예배 구성과 실천을 위한 기준을 제시했다. Bradshaw, *Early Christian Worship*, 70-9.

54 Ruth, Steenwyk, Witvliet, *Walking Where Jesus Walked*, 27.

기 어렵다.⁵⁵ 그리스도 중심의 시간과 예배를 하나의 리듬으로 연결시킨 것은 4세기 후반 예루살렘교회를 통해서 주어진 것이다. 이처럼 예배자들의 특징과 기대에 만족을 제시하는 적실성 추구가 아니라, 그리스도에 의해서 형성된 시간에 부합하고 적실한 실천을 추구하려는 노력을 선명하게 확인할 수 있다.

오늘날 뉴노멀 시대의 예배는 시간의 중심성을 새롭게 요구하고 있다. 예배자들이 함께 같은 장소에 모이는 것에 제한이 주어지고, 디지털 기술의 도움을 받아 물리적 거리를 넘어서서 가상공간에 함께 모이는 것을 새롭게 수용한다. 정해진 시간에 같은 장소에 함께 모여 하나님을 예배하는 직접적인 참여와 경험은 기독교 역사에서 발전해온 예배 실천의 가장 바람직한 원칙이다.⁵⁶ 그런데 상황적으로 예배 장소에 함께 모이는 것이 제한을 받을 때 예배 실천을 위해 시간의 중심성을 확보하고 강화하는 것은 도움이 된다. 한 장소에 같이 모이는 것에 제한 또는 도전이 주어질 때 예배 실천의 혼란과 목회적 어려움은 시간 중심성을 유지하는 것으로 새로운 대안을 제시할 수 있다. 예배의 적실성을 위한 기준과 대상을 사람이나 상황에 두지 않고 시간에 고정할 경우 그에 부합한 실천을 지속하는데 도움을 얻을 수 있다. 개혁주의 전통은 고정된 시간에 함께 하나님을 예배하는 것을 분명히 제시한다. 그리스도 중심성에 근거해서 주일에 고정된 예배 시간으로 규율화시키고 발전시켰다.⁵⁷ 이렇게 시간의 중심성을 강조하고 그에 따른 예배와 삶의 리듬을 강조할 때 예배자들의 신앙 실천의 정체성을 유지시켜 줄 수 있다. 교회 장소에 모이는 것 자체가 하나님의 임재를 보증하는 경험이 아니고, 반대로 가상공간이라고 해서 하나님의 임재가 없다고 규정하기는 어렵

---

55 Ruth, Steenwyk, Witvliet, *Walking Where Jesus Walked*, 28.
56 Nicholas Wolterstorff, "The Theological Significance of Going to Church and Leaving", *Hearing the Call: Liturgy, Justice, Church, and World* (Grand Rapids: Eerdmans, 2011), 228-40.
57 Maag, *Worshiping with the Reformers*, 15-21.

다. 하지만 그리스도를 중심으로 형성된 시간의 리듬을 따라 예배를 지속하는 것은 하나님의 임재를 제공하는 실천에 참여하기 위한 중요한 기준점과 적실성을 제공해준다. 삶의 리듬(rhythm of life)을 통해 그리스도와 함께 살아가는 시간의 수용과 그리스도의 생애와 사역을 반영하는 예배 구성[58]은 뉴노멀 시대에 예루살렘교회로부터 배울 수 있는 중요한 교훈이다. 물론 교회력 또는 렉셔너리와 같은 유산을 무조건 신학적 고찰 없이 수용하는 것은 경계해야 한다. 개혁주의 전통은 그리스도와 관련해서 일상의 시간과 주일 단위의 시간 그리고 부활의 시간을 강조한다. 곧 기독교 예배의 시간 중심성을 그리스도에게 두는 것만큼은 여전히 유효한 교훈이 될 수 있다.

3) 예배자들의 적극적인 참여와 반응 강화

셋째, 4세기 후반 예루살렘교회의 예배는 뉴노멀 시대의 예배자들에게 예배의 적극적인 참여와 반응 방식에 대한 교훈을 제공한다. 기독교 예배 갱신의 중요한 원리와 방향은 예배의 다양한 구성요소들에 전인적 의식적 적극적 참여(full conscious active participation)를 가능하게 하는 것이다.[59] 이것은 예배 인도자 중심의 실천에서 소극적이고 제한적인 참여에 머무르던 예배자들로 하여금 적극적이고 능동적인 참여로 전환할 것을 강조한다.[60] 역사적으로 예배 갱신은 예배자들의 적극적인 참여를 위한 다양한 실천 방안을 제시하는데 주력해오고 있다.[61] 하지만 데이비드 테일러(David Taylor)가

---

58 사실 시간의 리듬과 예배 실천의 연결이라는 주제의 실천적 고찰은 뉴노멀 시대 이전부터 이루어진 중요한 영역이다. 대표적으로 Mike Cosper, *Rhythms of Grace: How the Church's Worship Tells the Story of the Gospel* (Wheaton: Grossway, 2013) 참고할 수 있다.
59 John Witvliet, *Worship Seeking Understanding* (Grand Rapids: Baker Books, 2003), 242.
60 최근 코리 윌슨과 매튜 캐밍크는 만인제사장설에 근거해서 예배자들의 능동적이고 적극적인 참여와 실천을 제안하고 일과 일상(삶과 직업)을 연결하면서 예배 갱신의 구체적인 방향성과 과제를 제시했다. Matthew Kaemingk and Cory Willson, *Work and Worship* (Grand Rapids: Eerdmans, 2020).
61 Alan Rathe, Evangelicals, *Worship and Participation: Taking a Twenty-First Century Reading* (London: Routledge, 2014).

명확히 지적한 바와 같이, 적극적인 참여를 단지 목회자 또는 예배 인도자의 역할을 예배자들과 공유하거나 전환하는 것을 뜻하지는 않는다.[62] 오히려 예배자의 위치에서 예배의 구성요소들에 적극적으로 실천하고 반응하는 것을 뜻한다. 곧 예배를 통해서 제시되는 복음과 삼위 하나님의 일하심에 대한 예배자들의 적극적인 참여를 이끌어내는 것이다. 4세기 후반 예루살렘교회의 예배는 신앙의 핵심인 그리스도의 구원 이야기를 기억하고 직접 참여하는 방식으로 구성되었다. 성경 읽기와 기도 그리고 가르침과 설교로 이루어진 예배 구성요소들의 핵심 내용은 인간을 위한 그리스도의 구원 이야기에 집중했다.[63] 신앙의 핵심인 그리스도의 구원 이야기를 기억하는 방식으로 말씀을 읽고, 선포하고, 찬양하고, 기도하는 것을 규칙적인 방식으로 제시했다. 그런데 에제리아의 관찰에서 특징적으로 드러나는 부분은 예루살렘교회 예배자들의 반응이다. 예루살렘교회의 예배자들은 그리스도를 통해서 주어지는 하나님의 구원 사역을 예배 안에서 기억할 때 단지 지적 이해의 대상으로 수용하지 않고 삶의 실제적이고 직접적인 이야기로 받아들이고 참여했다. 그리스도의 구원 사역을 제시하는 성경을 읽을 때, "예배자들은 그리스도께서 행하신 일을 들으면서 직접 슬픔과 탄식 그리고 기쁨을 표현했고, 그러한 반응은 마음이 굳어있는 다른 예배자들을 감동시키기도 했다."[64] 에제리아는 성경을 읽고 선포하는 것만으로도 예배자들이 탄식, 슬픔, 기쁨, 환희 등과 같은 직접적인 반응을 적극적으로 표현하는 것에 인상적이었고 또 감동을 받았다.[65]

예배의 성경적 구성과 예배자들의 열정적 표현과 반응(enthusiastic response)을 통한 적극적인 참여(active participation)는 오늘날 뉴노멀 시대의 예배자들이 4세기 후반 예루살렘교회 예배자들로부터 배울 수 있는 중요

---

62 David Taylor, *Glimpses of the New Creation* (Grand Rapids:Eerdmans, 2019), 35-6.
63 Ruth, Steenwyk, Witvliet, *Walking Where Jesus Walked*, 28.
64 "Egeria's Diary", 24.10.
65 Ruth, Steenwyk, Witvliet, *Walking Where Jesus Walked*, 28-9.

한 교훈이다. 우리 시대는 미디어를 활용한 디지털 예배의 경험 방식을 예배 갱신의 새로운 실험과 실천으로 제시하는 것보다 예배의 본질인 구원의 역사를 기억하고 참여하는 것이 더욱 요구된다. 곧 새로운 예배 경험을 추구하는 것이 아니라 예배의 본질을 더욱 강화하고 회복하는 것이 요구된다. 예루살렘교회 예배에서 살펴볼 수 있는 말씀 중심의 예배는 예배 환경의 변화를 이끌어내는 뉴노멀 시대에도 가능한 실천이다. 성찬 중심의 예배 또는 음악 중심의 예배와는 달리 말씀 중심의 예배는 디지털 기술에 의한 새로운 방식의 예배에서도 큰 장애와 어려움이 지속할 수 있다.[66] 성경적 예배의 구성에 대한 구체적인 연결은 성경 읽기와 가르침 그리고 기도의 회복과 강화를 통해서 가능하다. 특히 성경 읽기는 장로교 예배의 기본 토대와 원리로 수용된 '웨스트민스터 디렉토리'(Westminster Directory)에서도 포함한 예배 구성요소이다.[67] 또한 성경적 기도의 구체적인 실천 방식으로 시편을 사용하는 것은 개혁주의 예배 실천의 중요한 특징이다.[68] 시편은 주로 쉽게 참여할 수 있는 단순한 음률을 수반한 예배 음악으로 수용되어 왔다. 동시에 인간의 삶 전체를 포괄하는 기쁨과 탄식의 구체적인 표현으로서 성경적 기도 방식으로 이해하고 수용하는 것 역시 실제적이고 정확한 수용 방식이다. 변화된 예배 환경에서도 이러한 성경 읽기와 시편 기도의 실천은 예배자들에게 하나님의 구원 역사에 지속적으로 참여하게 하는 성경적 예배 구성과 실천 방식이 될 수 있다. 아울러 예배 경험 자체에 주관적이고 감정적으로 만족을 제시하는 피드백이 아니라, 말씀에 직접적이고 열정적으로 참여하고

---

[66] 디지털 예배에서 가장 큰 어려움과 도전은 성찬 실천의 방식과 현장성에 영향을 받는 예배 음악의 실천이다. 하지만 성경 읽기와 설교는 비록 전달과 수용 방식의 새로운 경험에도 불구하고 준비와 구성 그리고 진행 자체에 설교자들에게 결정적인 장애를 제시하지는 않는다.

[67] Horton Davies, *Worship and Theology in England: 1534-1690* (Grand Rapids: Eerdmans, 1996), 411. 장로교 예배의 역사적 발전 과정에서 설교 중심의 실천이 강화되면서 구분된 구성요소인 성경 읽기를 생략하거나 공동예배 밖에서 진행하고 있다.

[68] Howard Rice and James Huffstutler, *Reformed Worship* (Louisville: Geneva Press, 2001), 7.

반응하게 하는데 도움을 줄 수 있다. 예배 안에서의 성경 읽기를 단지 해석과 가르침의 본문으로 간주하는 것을 넘어서서 직접적으로 하나님의 말씀에 대한 반응과 참여를 위한 순서로 활용하는 것은 성경적 예배의 중요한 구성이다. 예기치 않은 삶의 변화된 상황에서 주어지는 아픔과 상처 그리고 절망과 새로운 소망의 기대를 위해 성경의 시편을 직접 사용해서 고백하고 표현하는 것[69]은 예배자들의 열정적 반응과 참여(enthusiastic response and participation)를 성경적으로 인도하는데 도움을 제공한다.

5. 나오는 말

이 장은 4세기 후반 예루살렘교회의 예배가 뉴노멀 시대의 예배를 위해 제공해주는 교훈을 살펴보는데 주력했다. 지금까지 4세기 후반 예루살렘교회 예배와 관련한 학자들의 연구는 당시 주교인 시릴(Cyril of Jerusalem)의 세례문답교육과 설교가 신앙교육과 형성에 미친 영향을 파악하는데 주력했다. 이 장은 이러한 선행 연구의 기여와 가치를 인정하면서 보다 실천적 관점에서 예루살렘교회의 예배를 오늘날 상황과 연결하는데 중점을 두었다. 서유럽의 순례자 에제리아가 관찰하고 정리한 예루살렘교회 예배를 살펴보면서 뉴노멀 시대의 예배 실천을 위한 방향과 과제를 이끌어내는데 중점을 두었다. 4세기 후반 예루살렘교회와 오늘날 뉴노멀의 상황은 예배 실천의 긴장과 갈등, 공간 경험의 변화, 예배 구성요소의 실천적 강화를 위한 과제 수용이라는 점에서 연결성을 지닌다. 4세기 예루살렘교회 예배는 새로운 상황과 환경에서 하나님의 환대를 제시하고 고정된 시간의 리듬을 따라 그리

---

[69] 이와 관련한 실천적 자료들의 예는 David Taylor, *Open and Unafraid: The Psalms as a Guide to Life* (Colorado Springs: Thomas Nelson, 2020) Fred Anderson, *Singing God's Psalms* (Grand Rapids: Eerdmans, 2016), 그리고 John Witvliet, *The Biblical Psalms in Christian Worship* (Grand Rapids: Eerdmans, 2007) 등을 들수 있다.

스도 중심의 구원 역사를 기억하고 성경적 예배 구성요소를 강화하는 실천을 제시했다.

　개혁주의 예배는 성경적 예배 곧 그리스도 중심성으로 제시되는 삼위 하나님의 구원 역사를 성경 사용을 통해서 직접 고백하고 표현하고 반응하는 것을 강조한다. 예배자들의 문화와 상황 그리고 예배 환경과 방식의 급격한 변화에도 불구하고 4세기 후반 예루살렘교회 예배에서 제시된 그리스도 중심성은 오늘날 뉴노멀의 상황에서도 여전히 지속적으로 실천할 수 있는 방향성을 제시한다. 이러한 확신 가운데 이 장은 본문에서 뉴노멀 시대의 예배 실천을 위한 방향성을 제시했다. 곧 서로 다른 예배자들의 문화에서 주어지는 긴장과 대립을 다양성의 수용 기회로 삼고 적극적인 환대를 통한 목회적 돌봄을 제공하는 것이다. 그리고 예배 실천에서 공간의 혼란과 변화에 흔들리지 않도록 고정된 시간을 따라 그리스도를 기억할 수 있는 매일 그리고 주일과 년간 예배의 리듬을 지속시키는 것이다. 이와 함께, 성경 중심의 실천을 새로운 예배 방식에서도 지속하고 성경 읽기와 가르침 그리고 선포의 기본 구성요소를 통해서 제시되는 구원을 삶의 실제로 수용하고 전인적으로 반응하도록 이끄는 것이다. 하지만 이 장은 뉴노멀 시대의 예배 실천 방향과 갱신의 과제에 대한 제안에도 불구하고 디지털 예배와 같은 새로운 방식의 실천에 대한 심도 있는 분석과 평가 또는 과제를 직접 다루지는 않았다. 목회현장에서 새롭게 수용하고 경험하는 방식으로서 디지털 예배를 통해서 예배의 그리스도 중심성과 성경적 구성요소들의 실천이 어떻게 이루어질 수 있는지에 대한 실천적 과제는 다음 연구 주제로 남겨둔다.

참고문헌

Adams, Kevin. *The Gospel in a Handshake: Framing Worship for Mission*. Eugene: Cascade Books, 2019.

Anderson, Fred. *Singing God's Psalms*. Grand Rapids: Eerdmans, 2016.

Armstrong, Karen. *Jerusalem: One City, Three Faiths*. New York: Alfred Knopf, 1996.

Baldovin, John. "The Development of the Liturgy: Theological and Historical Roots of Sacrosanctum Concilium". *Worship* 87 (2013): 517-32.

_____. *Liturgy in Ancient Jerusalem*. Bramcote: Grove, 1989.

Berger, Teresa. *@Worship: Liturgical Practices in Digital Worlds*. New York: Routhledge, 2019.

Black, Kathy. *Culturally-Conscious Worship*. St. Louis: Chalice Press, 2000.

Bradshaw, Paul and Johnson, Maxwell. *The Origins of Feasts, Fasts, and Seasons in Early Christianity*. Collegeville: Liturgical Press, 2011.

Bradshaw, Paul. "The Influence of Jerusalem on Christian Liturgy". *Jerusalem: Its Sanctity and Centrality to Judaism, Christianity, and Isalm*. edited by Lee Levine. New York: Continuum, 1999.

Bradshaw, Paul. *Early Christian Worship: A Basic Introduction to Ideas and Practice*. Collegeville: Liturgical Press, 2010.

Cosper, Mike. *Rhythms of Grace: How the Church's Worship Tells the Story of the Gospel*. Wheaton: Grossway, 2013.

Cyril of Jerusalem. *The Catechetical Lectures of St. Cyril of Jerusalem*. Oxford: Veritatis Splendor Publications, 2014.

Davies, Horton. *Worship and Theology in England: 1534-1690*. Grand Rapids: Eerdmans, 1996.

Gay, Doug. *Reforming the Kirk: The Future of the Church of Scotland*. Edinburgh: Saint Andrew Press, 2017.

Goheen, Michael. *Introducing Christian Mission Today*. Downers Grove: IVP 2014.

Hart, D.G. and Muether, John. *With Reverance and Awe: Returning to the Basics of Reformed Worship*. Phillipsburg: P&R Publishing, 2002.

Hawn, Michael. *Gather into One: Praying and Singing Globally*. Grand Rapids: Eerdmans, 2003.

Jasper, R.C.D. and Cuming, G.J. *Prayers of the Eucharist: Early and Reformed*. Collegeville: Order of Saint Benedict, 2019.

Johnson, Terry and Duncan III, Ligon. "Reading and Praying the Bible in Corporate Worship." *Give Praise to God: A Vision for Reforming Worship*. Edited by Philip Ryken, Derek Thomas, and J. Ligon Duncan III. Phillipsburg: P&R, 2003: 140-69

Kim, Jay. *Analog Church: Why We Need Real People, Places, Things in the Digital Age*. Downers Grove: IVP, 2020.

Knox, John. *The History of the Reformation in Scotland*. London: Thomas & Nelson, 1949.

Maag, Karin. *Lifting Hearts to the Lord: Worship with John Calvin in Sixteenth-Century Geneva*. Grand Rapids: Eerdmans, 2016.

Rathe, Alan. *Evangelicals, Worship and Participation: Taking a Twenty-First Century Reading*. London: Routledge, 2014.

Redman, Robb. *The Great Worship Awakening: Singing a New Song in the Postmodern Church*. San Francisco: Jossey-Bass, 2002

Rice, Howard and Huffstutler, James. *Reformed Worship*. Louisville: Geneva Press, 2001.

Rose, Melaine. *Liturgical vs. Evangelical? Defying a Dichotomy*. Grand Rapids: Eerdmans, 2014.

Ross, Allen. *Recalling the Hope of Glory: Biblical Worship from the Garden to the New Creation*. Grand Rapids: Kregel, 2006.

Ruth, Lester, Steenwyk, Carrie, Witviet, John. *Walking Where Jesus Walked: Worship in Fourth-Century Jerusalem*. Grand Rapids: Eerdmans, 2010.

Ruth, Lester. "Lex Agendi, Lex Orandi: Toward a Understanding of Seeker Services as a New Kind of Liturgy". *Worship* 70, no. 5 (September, 1996): 386-405.

Ruth, Lester. ed. "Introduction: The Importance and History of Contemporary Praise and Worship". *Essays on The History of Contemporary Praise and Worship* (Eugene: Pickwick, 2020: 1-12.

Senn, Frank. *Christian Liturgy: Catholic and Evangelical*. Minneapolis: Augsburg Fortress, 1997.

Spinks, Bryan. "The Jerusalem Liturgy of the Catecheses Mystagogicae: Syrian or Egyptian?" *Studia Patristica* 18.2 (1989): 391-96.

_____. *Scottish Presbyterian Worship*. Edinburgh: Saint Andrew Press, 2020.

Stallsmith, Glenn. "The Path to a Second Service: Mainline Decline, Church Growth, and Apostolic Leadership". *Essays on The History of Contemporary Praise and Worship*. Edited by Lester Ruth. Eugene: Pickwick Publications, 2020: 5-73.

Stringer, Martin. *A Sociological History of Christian Worship*. Cambridge: Cambridge University Press, 2005.

Taylor, David. *Glimpses of the New Creation*. Grand Rapids:Eerdmans, 2019.

_____. *Open and Unafraid: The Psalms as a Guide to Life*. Colorado Springs: Thomas Nelson, 2020.

Thompson, Deanna. *the Virtual Body of Christ in a Suffering World*. Nashville: Abingdon, 2016.

Webber, Robert. *Ancient Future Faith: Rethinking Evangelicalism for a Postmodern World*. Grand Rapids: Baker Academics, 1999.

_____. *Worship Old and New*. Grand Rapids: Zondervan, 1982.

Whitaker, E.C. *Documents of the Baptismal Liturgy*. Minneapolis: Liturgical Press, 2003.

White, James. *Introduction to Christian Worship*. Nashville: Abingdon, 2001.

Willkinson, John. *Egeria's Travels*. London: SPCK, 1971.

Witvliet, John. *The Biblical Psalms in Christian Worship*. Grand Rapids: Eerdmans, 2007.

_____. *Worship Seeking Understanding*. Grand Rapids: Baker Books, 2003.

Kaemingk, Matthew and Willson, Cory. *Work and Worship*. Grand Rapids: Eerdmans, 2020.

Wolterstorff, Nicholas. "The Theological Significance of Going to Church and Leaving". *Hearing the Call: Liturgy, Justice, Church, and World*. Grand Rapids: Eerdmans, 2011: 228-40.

chapter 5

예배 실천의 출발과 토대로서 모임
예배를 위한 모임의 중요성에 대한 요한 칼빈의 가르침과 실천[1]

1. 들어가는 말

    기독교 공동체는 역사적으로 공동예배를 위해 정해진 시간에 구체적인 장소에서 함께 모이는 것을 강조해왔다. 2세기 기독교 예배의 구성과 실천에 대한 기록을 담은 저스틴 마터(Justin Martyr)의 「제일변증서」(The First Apology)에 따르면 "일요일이라 부르는 날에 도시와 시골 지역에 거주하는 모든 사람들이 함께 한 장소에 모였다."[2] 이후 공동체가 정해진 시간에 한 장소에 함께 모이는 것(gathering together to one place on specific time)은 기독교 예배의 구조와 구성에서 가장 기본적인 실천으로 발전했다. 역사적으로 핍박과 재해 등 다양한 요인들이 공동예배를 위한 공동체의 모임을 제한시켰지만[3] 함께 모이는 것 자체를 대신할 수 있는 예배의 대안은 주어지지 않았

---

[1] 이 장은 「신학지남」 제349권 (2021: 421-454)에 게재된 논문을 새롭게 구성 보완한 것.
[2] Bard Thompson, *Liturgies of the Western Church* (Philadelphia: Fortress Press, 1980), 9: Justin Martyr, 'The First Apology,' 67.
[3] 초대교회의 핍박과 영국 국교회의 비국교도들에 대한 핍박은 공동체의 예배 모임 제한을 가져다준 대표적인 예들이다. 아울러 풍토병과 전염병과 같은 강력한 위협도 공동체의 모임을 어렵게 한 대표적인 상황들이다. 예를 들어, 키프리안 시대의 전염병(plague of Cyprian, 250-270 CE), 중세와 종교개혁시대의 흑사병(The Black Death, 1348 Zurich, 1519, Wittenberg,

다. 그런데 공동예배를 위한 모임의 중요성은 오늘날 팬데믹으로 인한 거리두기와 모임 제한으로 인해서 더욱 선명한 과제로 부각 되었다. 예배 공동체가 정해진 시간에 예배할 수 있지만 모두 한 장소에 같이 모이는 것은 어렵고 또 직접적인 제한을 받고 있다. 성경과 헌금을 준비하고 단정한 옷차림으로 예배 장소로 이동하는 대신 컴퓨터나 태블릿 또는 스마트 텔레비전 앞에서 개인 또는 가족 단위로 모인다. 여기서 공동체의 예배 실천을 어떻게 구성하고 어떻게 갱신할 것인가에 대한 질문보다 모임 자체와 관련한 근본적인 질문들이 주어지고 있다. "교회로 불리는 공동체의 구성원들이 공동예배를 위해서 함께 모이는 것은 무엇을 의미하는가?" "공동체가 한 장소에서 같이 직접 모이지 않아도 새로운 방식의 공동예배를 가능하게 할 수 있는가?" "물리적 장소가 아닌 디지털 기술에 의한 연결 상태가 모임의 새로운 대안이 될 수 있는가?" "함께 모여서 진행하는 공동예배와 디지털 기술에 의해 연결된 가상공간의 모임을 통한 예배는 단지 방식의 차이 외에는 없는가?" 이러한 질문들은 예배를 위한 공동체의 모임에 대한 의미와 중요성을 신학적 관점에서 이해하고 실천할 것을 요구한다.

그런데 최근 공동체의 모임에 대한 중요성은 예배의 구체적인 실천 방식에 대한 다양한 제안들에 비해 상대적으로 강조되지 못했다. 모임의 제한을 강력하게 요구받지 않았기 때문에 모임을 전제로 진행하는 예배의 구성과 실천의 갱신에 집중했다.[4] 하지만 예배를 위한 공동체의 모임은 여전히 중요한 주제이다. 우선 모임의 중요성은 복음을 수용한 후 가장 우선적인 반

1527, Geneva, 1542 등)과 근대의 천연두((Smallpox Epidemic, Princeton, New Jersey, 1758), 콜레라(Cholera, 1854), 독감(The Flu Epidemic, 1918-1919), 에볼라(Ebola, 2015) 등은 기독교 공동체의 모임을 어렵게 하고 제한시키는 주된 재해들로 볼 수 있다.

[4] 최근까지 예배 갱신의 동력은 주로 상황에 부합한 적실성 있는 예배와 적극적인 참여를 이끌어내는 실천을 추구하기 위한 내적 동기에 의해서 결정되었다. 따라서 말씀, 성찬, 음악과 같은 예배의 구성요소들을 어떻게 실천할 것인가에 집중했다. 하지만 모임 제한을 경험하는 지금의 상황은 예배 실천의 근간으로서 모임 자체부터 외적 결정과 요인에 의해서 강력하게 영향을 받고 새로운 접근을 요구받는다.

응으로서의 예배 실천이 요구되는 선교적 상황에서 강조되어왔다.[5] 복음을 수용한 자들은 신앙의 성장 이후가 아니라 바로 공동체가 함께 모여 예배하는 과정을 통해서 신앙이 형성되도록 요구받는다.[6] 이와 아울러 예배를 위한 모임의 강조는 안식의 방식으로서 공동예배를 강조한 신앙 전통에서 선명히 나타난다. 안식은 기독교 신앙의 정체성을 제시하는 핵심이고, 공동예배는 안식을 실천하는 가장 중요한 방식이다.[7] 칼빈을 비롯한 개혁주의자들은 역사적으로 안식과 안식의 방식으로서 공동예배를 강조해왔고 역사적으로 이와 관련한 다양한 논쟁들이 발전하기도 했다.[8] 이처럼 주일에 공동체가 한 장소에 모여서 공동예배를 실천하는 것이 기독교의 공동체성과 신앙의 정체성을 제시하는데 핵심인 것은 분명하다. 하지만 예배를 위해서 공동체가 함께 모이는 것이 지닌 신앙적 의미에 대한 세부적인 논의는 신학적 입장에 따라 다르게 주어질 수 있다. 아울러 공동예배를 위해서 모임이 중요하지만 모임 자체가 예배의 역할을 보증하지 않기 때문에[9] 모임에 대한

---

5 Ruth Meyers, *Missional Worship, Worshipful Mission: Gathering as God's People, Going Out in God's Name* (Grand Rapdis: Eerdmans, 2014), 46-73.

6 Thomas Schattauer, "Liturgical Assembly as Locus Mission," *Inside Out: Worship in an Age of Mission*, ed. Thomas Schattauer (Minneapolis: Fortress Press, 1999), 13.

7 Paul Bradshaw, *Early Christian Worship: A Basic Introduction to Ideas and Practice* (Collegeville: The Liturgical Press, 1996), 75, 85.

8 John Primus, *Holy Time: Moderate Puritanism and the Sabbath* (Macon: Mercer University Press, 1989), 103-18. 칼빈은 이른바 'Sabbatarianism'과는 달리 안식의 율법적 준수보다 안식의 의미를 구현하기 위한 정해진 시간을 강조하고 그 과정에서 공동예배의 모임을 강조한다. 공동체의 모임과 관련한 시간과 안식 그리고 예배에 대한 강조와 다양한 논의들에 대해서는 Willy Rordorf, *Sunday: The History of the Day of Rest and Worship in the Earliest Centuries of the Christian Church* (London: SCM Press, 1968); Max Engammare, *On Time, Punctuality, and Discipline in Early Modern Calvinism* (New York: Cambridge University Press, 2009), Winton Solberg, *Redeem The Time: The Puritan Sabbath in Early America* (Cambridge: Harvard University Press, 1977), Dennis Olson, "Sacred Time: The Sabbath and Christian Worship," ed., Edward O'Flaherty and Rodney Peterson, *Sunday, Sabbath, and the Weekend* (Grand Rapids: Eerdmans, 2010): 43-66.

9 Nicholas Wolterstorff, "The Theological Signficance of Going to Church and Leaving," *Hearing the Call: Liturgy, Justice, Church, and World* (Grand Rapids: 2011), 231-2.

신학적 이해와 실천적 가치를 파악하는 것은 더욱 필요하다. 또한 오늘날 모임에 대한 제한이 강력하게 주어지는 상황 속에서 공동예배의 지속적인 실천을 위해서 개혁주의 신앙이 가르치는 모임의 의미와 중요성을 살펴보는 것은 더욱 필요한 과제가 되었다. 이 장은 공동예배를 위한 모임의 의미, 중요성 그리고 우리 시대를 위한 바람직한 실천의 방향과 과제를 칼빈의 가르침에서 찾고자 한다. 이를 위해서 우선 공동예배를 위한 모임의 의미와 가치에 대한 칼빈의 가르침을 그의 주요 저술들을 통해서 파악한다. 둘째로 칼빈이 공동예배의 모임을 위한 자신의 가르침을 어떻게 실천했는지 살펴본다. 그리고 마지막으로 공동예배를 위한 모임의 중요성에 대한 칼빈의 가르침을 우리 시대의 상황 속에서 어떻게 지속적으로 발전할 수 있을지에 대한 방향과 과제를 제시하고자 한다.

2. 예배를 위한 모임에 대한 칼빈의 가르침

예배를 위한 모임 또는 공동예배를 위한 참여는 기독교 신앙의 중요한 실천이다. 개혁주의 신학의 토대를 구축한 칼빈은 예배의 모임에 대한 자신의 신학적 목회적 확신을 분명히 가르친다. 칼빈이 성경의 가르침과 초대교회의 실천에 따라 교회를 개혁할 때 가장 먼저 언급한 영역이 예배 부분이다.[10] 예배를 위한 '모임'에 대한 칼빈의 가르침은 그의 주요 저술들 가운데 「제네바 교회 규율서」(*Genevan Ecclesiastical Ordinances*, 1541), 「교리문답」(*Catechism*, 1545), 「기독교 강요」(*Institutes of the Christian Religion*) 제2권, 8과 제3권, 20, 그리고 주석서들과 설교 및 서신서들[11] 등에서 선명하게 확인할 수

---

10 John Calvin, "Necessity of Reforming the Church," in *Theological Treatises*, ed. J.K.S. Reid (Louisville: Westminster John Knox Press, 2006), 187-92.

11 주석과 설교의 경우 예배에 대한 본문들과 주제들을 다루는 내용들에 대해 살펴보면 모임에서 이루어지는 공동예배의 출발점을 예외없이 제시한다. 특히 칼빈의 서신서들은 대부분 공동

있다.

1) 공동예배를 위한 모임의 유익

첫째, 칼빈은 공동예배를 위한 모임의 유익을 통해서 그 중요성을 제시한다. 가톨릭교회들의 권위에 대한 저항과 다양한 예배들의 새로운 가능성 가운데 칼빈은 우선적으로 공동예배를 위한 모임을 강조한다. 개인이나 가정 단위로 하나님을 예배하는 것이 중요하지만[12] 그러한 방식들이 공동예배를 통해서 얻을 수 있는 유익들과 가르침을 대신할 수 없다는 입장을 피력한다. 칼빈이 1554년 프랑스 신자들에게 쓴 편지[13]를 보면 공동예배를 위한 모임의 중요성을 분명히 확인할 수 있다. 칼빈은 신자들에게 "개별적으로만 아니라 모두가 함께"(not only as individuals, but also all together)[14] 하나님을 예배하는 용기와 힘을 지닐 수 있기를 제안한다. 공동예배를 위한 모임을 위해 격려하고 서로가 서로를 도와 모임을 위해 애써 노력할 것을 강조한다. 그런데 칼빈에 따르면, 모임은 그 자체로 목적이 아니고, 쉽게 게을러질 수 있는 연약함을 지닌 우리들에게 도움을 제공해주기 위한 것이다.[15] 곧 모임 자체가 궁극적 목적이 아니라 모임을 통해서 주어지는 신앙의 유익을 위해

체의 모임을 비롯한 예배와 관련한 그의 개혁주의적 신학과 목회의 관점을 반영하는 내용들이 중심을 이룬다. 특히 성경에 부합한 개혁주의 예배 원리에 대한 확신과 목회적 지혜를 담고 있다. Karin Maag, *Lifting Hearts to the Lord: Worship with John Calvin in Sixteenth-Century Geneva* (Grand Rapids: Eerdmans, 2016), 29.

[12] 기독교 예배의 세 가지 방식(mode)은 개인예배, 가정예배, 공동예배이다. 이 각각은 모두 중요하고 하나의 실천이 다른 하나의 실천을 대신할 수 없고 서로에게 유익을 주는 보완적 관계로 개혁주의 실천은 수용하고 발전시켜왔다.

[13] Letters of John Calvin in Joannis Calvini Opera quae supersunt omnia, ed. W. Baum, E. Cunitz, and E. Reuss (Baunschweig: Schwetschke and Son, 1876), Vol. XV, cols. 222-23. 본 연구자는 이 서신을 Karin Maag가 번역한 영문 번역본을 참고함.

[14] "a letter from John Calvin to the faithful of the Poitous (France), 3 September, 1554," in Lifting Hearts to the Lord, 57.

[15] "a letter from John Calvin to the faithful of the Poitous (France), 3 September, 1554," 57: "gathering to pray to God and hear his Word is… a vital help, given that on our own, we are much too sluggish."

서 모임이 필요하고 중요하다는 점을 분명히 제시한다. 칼빈은 함께 모일 때 주어지는 유익은 "복음 신앙으로 스스로를 강화시키고 삶을 전인적으로 자라게 하는 것(to fortify yourselves in the faith of the Gospel and grow in all holiness of life)"[16]이라고 언급한다. 이처럼 '예배를 위한 함께 모임'(gathering together for worship)은 그 자체로 목적이 아니고, 예배 실천을 위한 전제 조건을 넘어서서 예배자들의 신앙 강화와 성숙을 위한 유익을 위해서 중요하고 필요한 방식이다.

2) 성경의 가르침에 따른 방식

둘째, 칼빈은 공동예배를 위한 모임이 성경의 가르침에 따른 실천이고 하나님께서 기뻐하시는 방식임을 강조한다. 하나님께서는 자신의 능력으로 신자들에게 신앙의 유익을 제공하지만 인간의 수준에 부합한 방식을 사용하신다. 모임은 공동체가 예배를 위한 구체적인 시간에 함께 참여하는 활동이다. 이러한 모임은 인간 스스로 하나님을 위해 선택한 방식이 아니라, 하나님께서 인간에게 은혜를 베푸시는 방식으로 편의를 도모해주신 방편(God's accommodation)[17]이다. 하나님이 베푸시는 은혜를 접하고 참여하기 위한 공동예배의 모임은 성경의 가르침을 따라 질서와 조화를 요구한다. 칼빈은 고린도전서 14:40의 가르침을 예배를 위한 모임의 성경적 원리로 받아들인다.[18] 곧 공동체의 예배를 위한 모임은 성경의 가르침을 따라 질서와 규칙성을 통한 예배자들의 편의를 위해서 필요로 하는(necessary for people's

---

16 "a letter from John Calvin to the faithful of the Poitous (France), 3 September, 1554," 57.

17 개혁주의 신학과 실천에서 하나님의 편의도모는 중요한 토대이다. 인간이 하나님을 향한 경배와 예배에 참여할 수 있는 가능성은 인간 스스로의 창안으로 가능한 것이 아니라, 하나님께서 자신을 인간의 수준에 이르기까지 허용하시는 은혜로 가능한 것이다. David Taylor, *The Theater of God's Glory: Calvin, Creation, and the Liturgical Arts* (Grand Rapids: Eerdmans, 2017), 44.

18 John Calvin, *Institutes of the Christian Religion*, ed. John McNeill and trans. Ford Battles (Philadelphia: the Westminster Press, 1960), III. 20.29.

convenience) 방식이다. 그런데 칼빈에게 있어서 예배를 위한 모임은 건물이 아닌 예배자들을 하나님의 성전으로 간주하는 신학의 반영이기도 하다.[19] 공동체가 함께 하나님의 성전(God's true temple)이기 때문에 모임을 통한 예배 실천은 특정한 장소보다 중요한 의미를 지닌다. 이처럼 칼빈은 하나님이 특정한 건물 또는 인간의 손으로 만든 장소에 자동적으로 임재하시는 것을 확신하는 것이 지닌 위험을 경계한다.[20] 이와 함께 칼빈은 예배자들의 모임이 성경의 가르침에 따라 하나님께서 기뻐하시는 방식임을 강조한다. 그는 서신서에서 "예배자들이 함께 모여 하나의 목소리로 하나님을 향해 기도할 때 하나님께서 그러한 희생을 기뻐하신다"[21]고 말한다. 아울러 하나님을 향한 경배를 공동체가 함께 할 수 있는 것보다 더 큰 아름다움은 없고 이것은 성경이 가르치는 진리라고 확증한다.[22]

3) 안식의 방식

셋째, 칼빈은 예배를 위한 공동체의 모임을 안식의 방식으로 제시한다. 칼빈은 그의 「기독교 강요」에서 안식은 죄와 일로부터의 단절이자 하나님께서 우리 안에서 일하시게 하도록 내어드리는 참여의 방식임을 강조한다.[23] 이러한 안식은 인간의 삶에 하나님의 은혜를 위한 공간을 마련하는 중요한 실천이다. 칼빈에 따르면, 성경과 교회의 역사적 가르침은 안식을 강조했고 그 안식의 실천 방식으로 공동체가 함께 모여 예배하는 것을 강화시켰

---

19 Calvin, *Institutes of the Christian Religion*, III. 20.30.
20 Calvin, *Institute of the Christian Religion*, III. 20.30. 칼빈은 이사야 66:1과 사도행전 7:48-9에 대한 해석을 통해서 하나님의 임재를 건물에 제한적으로 고정하는 것에 대해 경고한다.
21 "a letter from John Calvin to the faithful of the Poitous (France), 3 September, 1554," 57.
22 "a letter from John Calvin to the faithful of the Poitous (France), 3 September, 1554," 57-8.
23 Calvin, *Institutes of the Christian Religion*, II.8.29.

다.²⁴ 특정한 날 또는 매일 일정 시간을 구분해서 안식의 방식으로 공동체가 예배하는 것이 가능하다. 칼빈은 안식의 실천을 위한 시간과 관련해서 일요일이 공동체의 모임을 통한 예배로 가능할 뿐 아니라 특별한 경우 다른 날을 안식의 실천을 위한 구분된 시간으로 사용할 수 있다고도 보았다.²⁵ 안식의 실천 방식으로 공동체가 함께 모이는 것에 대한 칼빈의 강조는 사도행전 2:42에²⁶ 대한 설명을 하면서 여전히 오늘날에도 모임(to assemble)의 중요성을 간과해서는 안된다는 표현에서 확인할 수 있다.²⁷ 하지만 칼빈은 안식을 위한 공동체의 모임이 모든 날 가능할 수 있지만 특정한 날을 구분해서 실천하는 것이 필요하다는 것을 그의「요리문답」(Catechism of the Church of Geneva)에서 강조한다. 곧 언제든지 우리 안에서 일하시는 하나님을 묵상할 수 있지만 특정한 날을 구분지어 규칙적으로 실천하는 것은 인간의 연약함을 고려할 때 유익하고 필요하다는 점을 제시한다.²⁸ 칼빈에 따르면, 예배의 구성요소들(말씀, 기도, 신앙 고백 등)의 실천을 위해서 공동체가 특정한 날에 함께 모여야 한다(the people are to meet...on the designated day).²⁹ 이처럼 칼빈은 안식의 방식인 공동예배를 위해서 공동체가 함께 모이는 것을 의례적 기념이나 율법적 순종을 넘어선 은혜 경험³⁰의 실천으로 강조한다.

24　Calvin, *Institutes of the Christian Religion*, II.8.32.
25　Primus, *Holy Time*, 121-34에서 칼빈의 안식에 대한 시간 이해와 공동예배와의 관련성에 대한 논의 내용을 확인할 수 있다.
26　역사적으로 사도행전2:42은 공동예배의 성경적 구성요소를 확인하는 본문이다. 사도들의 가르침, 교제, 떡을 뗌, 기도는 예배의 핵심 구성요소들인데, 칼빈은 이러한 구성요소들의 실천을 위한 모임(assembling)을 의도적으로 강조한다.
27　Calvin, *Institutes of the Christian Religion*, II.8.32.
28　"It is right for us to be employed in it every day. But because of our weakness one special day is appointed. John Calvin, "Catechism of the Church of Geneva," in *Theological Treatises*, ed and trans. J.K.S. Reid (Louisville: Westminster John Knox Press, 2006), 112.
29　Calvin, "Catechism of the Church of Geneva," 112.
30　Primus, *Holy Time*, 122. 안식의 외적 율법적 순종보다 그것이 지닌 내적 실체(inward reality) 곧 쉼, 모임, 정의의 구현이라는 분명한 원리의 실현을 제시하는 것이 칼빈의 강조이다.

4) 모임에서 시간의 강조

넷째, 위의 세 번째 안식과 관련해서 칼빈은 공동예배를 위한 모임에서 시간을 강조한다. 칼빈은 일요일이 노동과 기타 사회적 요구로부터 쉼을 보장해주는 날이자 동시에 하나님을 향해 구분된 공동예배의 시간으로서 중요하다는 점을 강조한다. 그에 따르면 일요일은 그 자체로 거룩한 의미를 지니지 않고 공동예배를 위한 구별된 날로써 구분된 의미를 지닌다. 곧 일요일은 그 날 자체로 다른 날보다 거룩하거나 주어진 가치가 있는 것이 아니라[31], 교회로부터 그리스도의 부활을 기념하기 위해서 구분해서 정한 시간이다.[32] 안식과 주의 부활을 기념하는 것을 사려 깊은 분별(careful discrimination)을 통해 연결시키고 일요일을 주의 날(the Lord's Day)로 전환시킨 것이다. 칼빈은 이렇게 구분된 시간으로서 주의 날에 신자들이 공동예배에 참여하는 것을 강력하게 권면한다. 곧 구분된 하루로서 주일에 "거룩한 모임에 부지런히 참여하고 하나님을 예배하는 일을 도모할 수 있는 모든 노력을 기울여야 한다"[33]고 말한다. 이처럼 칼빈은 구분된 날로써 주일날 공동예배로의 모임을 강조하는 것이 신앙형성을 위한 실천으로서 중요하다는 점을 강력하게 확신했다.[34] 정해진 날과 시간에 공동예배를 위한 모임을 강조하는 것은 특정한 날과 시간을 다른 날과 시간보다 우월하거나 거룩하다는 것을 의미하지 않고 신자들에게 규칙적인 방식으로 함께 모이는 것의 신앙적 유익을 강조한 것이다.[35] 이처럼 칼빈은 주일을 중심으로 주 단위의 반복적 리듬에 따른 규칙적인 모임을 갖는 것을 신앙 실천의 고정된 방식으로

---

31 John Calvin, *Writings on Pastoral Piety*, ed. and trans. Elsie McKee (Mahweh: Paulist, 2001), 251-2. 제 4계명에 대한 설교 부분에 해당함.

32 Calvin, *Institutes of the Christian Religion*, II.8.34.

33 Calvin, *Institutes of the Christian Religion*, II.8.34.

34 Elsie McKee, *The Pastoral Ministry and Worship in Calvin's Geneva* (Massot, Geneva: Droz, 2016), 185.

35 John Calvin, *Sermons on the Book of Micah*, ed. and trans. Benjamin Farley (Phillipsburg: P&R, 2003), 303 그리고 McKee, *The Pastoral Ministry and Worship in Calvin's Geneva*, 187.

확신했다.

5) 목회적 지도와 책임

다섯째, 칼빈은 공동예배를 위한 모임과 관련해서 목회적 지도와 책임을 가르친다. 목회자의 주된 사역은 "말씀을 선포하고, 가르치고, 훈계하고, 권면하고, 성례를 집례하는 것"[36]에 집중한다. 하지만 칼빈은 이러한 말씀과 성례 중심의 실천이 개인적인 접근과 아울러 신도들이 함께 모일 때 가능한 사역이라는 것을 명확히 이해했다. 곧 공동체의 모임이 자연스럽게 이루어지지 않고 목회적 지도와 책임을 통해서 강화되어야 한다고 본다. 칼빈은 자신이 쓴 목회자를 위한 규율에서 "성도들이 함께 모이는 것을 간과하거나 게으르게 참여할 때 신자들 사이의 교통(communion of the faithful)이 약화되고 교회의 질서가 파괴될 수 있기때문에 분명하고 명확한 가르침이 필요하다."[37]고 말한다. 아울러 목회자들과 함께 부모들도 자녀들이 "신앙 교육을 위한 가르침을 제공하는 모임에 규칙적으로 모여서 참여하도록 해야 한다."[38]고 명확히 언급한다. 좀 더 나아가 칼빈은 예배를 위한 모임이 신앙생활에서 선택이나 자율적 판단에 의한 실천이 아니라 의무적으로 지도하고 요구해야 할 사안으로 제시한다. 주중 여러 모임들 가운데 주일의 모임 곧 주일 예배를 위한 모임과 관련해서는 더욱 분명한 책임과 의무를 제시한다. 「교회의 돌봄에 대한 규율서」에서 칼빈은 "모든 신자들은 불가피한 이유를 제외하고 주일마다 함께 모여야 하고, 그렇지 못할 경우 3 수우스(sous)의 벌금을 내야한다...아울러 종들을 포함해서 함께 지내는 모든 사람들이 예외 없이 참여하도록 해야 한다."[39]고까지 했다. 또한 "함께 모이는 것의 의무를

---

36 Calvin, "Draft Ecclesiastical Ordinances," 58.
37 Calvin, "Draft Ecclesiastical Ordinances," 70.
38 Calvin, "Draft Ecclesiastical Ordinances," 69
39 John Calvin, "Ordinances for the Supervison of Churches in the Country February 3, 1547," *Calvin: Theological Treatises*, ed. J.K.S. Reid (Philadelphia: Westminster John Knox Press, 1977), 77. 1600여년 당시 화폐 기준으로 제네바의 농부가 추수 시즌에 하루 일

충족하지 못하는 자들은 그들뿐 아니라 부모나 돌보는 자들도 모두 적절하게 훈계를 받아야 한다…예배를 위한 모임에 늦게 참여하는 경우에도 훈계를 받아야 하고, 그러한 훈계에도 불구하고 여전히 변화가 없다면 역시 3 수우스(sous)의 벌금을 부과한다"[40]고까지 했다. 이처럼 주일에 예배를 위해 공동체가 함께 모이는 것에 대한 칼빈의 강조는 예외를 둘 수 없는 중요한 실천 사항이다.

3. 예배를 위한 모임에 대한 칼빈의 실천

위에서 살펴본 것처럼 칼빈은 목회 사역과 관련한 자신의 저술들을 통해서 공동예배를 위한 모임의 중요성과 필요성을 명확하게 제시했다. 칼빈은 공동예배를 위한 모임의 가르침을 자신의 사역 현장에서 구체적으로 실천하려 했고 또 그의 회중들도 그러한 가르침에 영향을 받았다. 칼빈의 목회와 예배 사역에서 모임에 대한 실천들이 어떻게 주어졌는지 살펴보는 것은 그의 가르침과 실천 사이의 일치 여부를 확인하는 것과 함께 오늘날 예배를 위한 모임의 강조와 필요를 제시하는데 도움이 된다.

1) 주일 예배와 주중 기도회의 실천

첫째, 칼빈의 공동예배를 위한 모임의 중요성에 관한 강조는 주일 예배와 주중 기도회의 실천에서 명확히 주어진다. 칼빈의 제네바 예배 실천을 상세하게 연구한 캐런 마그(Karin Maag)는 당시 제네바의 신자들이 공동예배에 참여하는 것이 중요한 실천이었음을 명확히 제시한다. "각 가정에 속한

당으로 받는 금액이 15 sous 였기 때문에, 3 sous의 가치를 평가할 수 있다. 금액의 비교에 대해서는 Karin Maag, *Worshiping with the Reformers* (Downers Grove: IVP, 2021), 17 참고.

40 Calvin, "Ordinances for the Supervision of Churches in the Country February 3, 1547," 78.

모든 구성원들이 주일에 적어도 한 번의 예배에 반드시 참여해야 했고, 예배 실천에 집중해야 했으며, 예배 모임이 끝나기 전에 떠나거나 축도가 이루어지기 전에 떠나서는 않되었다…목회자들은 예배를 단지 설교나 성찬이 아니라 예배의 전 과정을 통합시키는 모임에 대한 중요성을 간과해서는 안 되었다"[41]고 설명한다. 칼빈의 예배 실천과 횟수에 대한 비교적 상세한 안내는 그의 "*Draft Ecclesiastical Ordinances*"(1541)에 나와 있다. 제네바에 있는 세 개의 교회들에서 각각 주일과 주중에 예배가 진행되었다.[42] 주일의 경우 이른 새벽과 오전에 성찬과 설교의 예배, 정오에 요리문답교육 예배 그리고 오후에 설교 중심의 예배가 진행되었다. 주중에는 처음에는 월요일, 수요일, 금요일 중심으로 이른 아침에 기도 모임이 진행되었으나 1559년 이후부터는 월요일부터 토요일에 이르기까지 매일 아침에 한번 또는 두 번의 말씀과 기도 중심의 예배가 진행되었다.[43] 제네바의 교회들이 위치한 세 개의 지역들(St. Pierre, Madeleine, St. Gervais)에 거주하는 신자들은 각각 주일에는 3-4회, 월요일부터 토요일까지는 매일 1-2회의 공동예배 모임에 참석을 한다. 칼빈이 주로 설교를 담당했던 St. Pierre 지역의 교회에 속한 경우 1559년부터 1564년까지의 기간을 보면, 주일에는 4회, 월요일, 수요일, 금요일에는 각 2회, 그리고 화요일, 목요일, 토요일에는 1회의 모임이 주어졌다.[44] 이 통계에 따르면 예배자가 모임에 참여하는 횟수는 주일 4회, 주중 최소 6회 이상으로서 모두 10회 이상이 된다. 이러한 예배 모임에서 주일 예배는 가장 중요한 실천이고 주중 모임에도 각 가정에서 최소 한 사람은 참석하도

---

41 Maag, *Lifting Hearts to the Lord*, 21.

42 Calvin, "Draft Ecclesiastical Ordinances," 62: 'of the numbers, place and time of preachings.'

43 칼빈의 제네바 예배 실천과 구체적인 모임의 횟수에 대해서는 엘시 맥키가 1542년부터 1564년까지 진행된 예배의 장소와 횟수에 대한 상세한 도표를 통해서 확인할 수 있다. McKee, *The Pastoral Ministry and Worship in Calvin's Geneva*, 104-5.

44 McKee, *The Pastoral Ministry and Worship in Calvin's Geneva*, 105.

록 했다.⁴⁵ 제네바의 경우 수요일 오전 예배는 모든 사람들이 참석하도록 했다.⁴⁶ 이처럼 칼빈은 예배를 위한 모임의 강조를 자신의 글에서만 남긴 것이 아니라, 반복적이고 규칙적인 참여를 위해서 아주 상세하고 세밀하게 모임을 위한 실천을 제시했다.

2) 가톨릭의 이해와 실천에 대한 대안

둘째, 칼빈은 공동예배를 위한 모임의 중요성을 횟수의 확대뿐 아니라 가톨릭의 이해와 실천에 대한 대안을 제시하기 위해 노력했다. 칼빈이 제네바를 중심으로 사역한 예배의 주요 과제 가운데 하나는 가톨릭의 이해와 실천에 대한 저항과 교정 그리고 개혁이었다. 마그(Maag)의 정리에 따르면, 제네바 목회자들의 주된 과제 가운데 하나는 "가톨릭의 예배에 대한 미신적 수용을 없애는 것"⁴⁷이다. 실제로 칼빈이 교회 개혁의 과제와 필요성을 제시할 때 예배를 우선적으로 언급하고 가톨릭의 가르침에 따른 왜곡된 실천으로부터의 회복과 성경과 초대교회의 가르침에 따른 실천의 구현에 집중한 것은 우연이 아니다.⁴⁸ 칼빈은 예배와 관련한 가톨릭의 모든 실천을 완전히 없애고 새로운 것을 제안한 것이 아니다. 잘못된 가르침과 미신적 수용에 따른 예배의 실천들이 이끌어내는 위험⁴⁹을 바로 잡고 성경의 가르침에 따른 실천의 교정에 주력했다.⁵⁰ 모임 자체나 다양한 횟수의 실천 자체가 잘못된 것이 아니라, 신앙형성을 위한 바른 실천을 제시하지 못하는 것이 문제가 된다. 곧 칼빈은 모임 자체를 문제 삼은 것이 아니라, 모임에 대한 동기와

---

45 Calvin, "Ordinances for the Supervision of Churches in the Country," 77.
46 Maag, *Worshiping with the Reformers*, 23.
47 Maag, *Worshiping with the Reformers*, 17, 27.
48 John Calvin, "Necessity of Reforming the Church," 185-6.
49 그리스도를 대신하는 여러 이미지들과 마리아 경배와 같은 미신적 수용과 실천에서 주어지는 위험을 경계하는 것이 칼빈이 개혁의 필요성을 제시하는 가장 중요한 요인들이었다. Calvin, "Necessity of Reforming the Church," 189-90.
50 Maag, *Worshiping with the Reformers*, 27.

수용 방식에 대한 교정을 제시하려 했다.[51] 이런 점에서 개신교의 새로운 상황에서 가톨릭의 신앙 실천에 익숙한 제네바 회중들에게 언제, 어디서, 어떻게 예배할 것인가에 대한 상세한 안내를 제시했고, 그것을 구체화하기 위해 노력한 것이다.[52] 이와 함께 특히 모임과 관련해서 가톨릭 예배 공간의 이미지들을 경계하고 거부한 것[53]은 모임 자체와 그 안에서 이루어지는 예배 행위들을 강조하는 것으로 알 수 있다. 칼빈은 모임을 위해서 새로운 공간을 세우려하기보다는 이전의 가톨릭 예배 공간들을 새롭게 디자인하고 개혁하는데 주력했다.[54] 새로운 공간을 만드는 것보다 모임을 강화하고 그 모임에 부합한 공간의 디자인을 제공하는 것을 더 중요한 과제로 받아들인 것이다.[55] 주일과 주중에 규칙적이고 반복적으로 모이는 예배자들의 모임을 위해서 성상을 파괴하는 방식으로 교회의 디자인을 새로운 방향으로 전환하고 개혁했다.[56] 이것은 단지 정해진 공간에 의례적 방식으로 참여하는 예배가 아니라, 칼빈이 의도한 참된 의미의 안식과 경배를 위한 모임을 위해서 공간이 종속된다는 것을 명확히 제시한 것으로 이해될 수 있다.[57]

---

51 Hughes Old, "Calvin's Theology of Worship," *Give Praise to God: A Vision for Reforming Worship*, ed., Philip Rykin, Derek Thomas, and J.Ligon Duncan III (Phillipsburg: P&R, 2003),413.

52 "Ecclesiastical Ordinances"(1541)는 새로운 개신교 상황에서 모임을 통해 진행하는 예배와 목회적 과제를 제시하기 위해서 기록한 일종의 매뉴얼 또는 지침으로 볼 수 있다.

53 예배 공간과 이미지들의 우상화를 경계하고 예배자들의 모임과 그 안에서 이루어지는 활동들을 강조한 칼빈의 실천들에 대해서는 Lee Wandel, *Voracious Idols and Violent Hands; Iconoclasm in Reformation Zurich, Strasbourg, and Basel* (Cambridge: Cambridge University Press, 1995)를 참고.

54 Maag, *Lifting Hearts to the Lord*, 32.

55 Oliver Fatio, *Understanding the Reformation* (Geneva: International Museum of the Reformation, 2005), 28. Maag, Lifting Hearts to the Lord, 45에서 재인용.

56 칼빈의 제네바의 경우에 새로운 건축을 세우기보다는 나무, 돌, 죽은 자들에 대한 헛된 우상과 미신적 숭배를 철저히 경계하고 예배를 위한 모임의 본래적 의미를 성령과 진리 안에서 회복하기 위해 노력했다. John Calvin, Letters of John Calvin in *Joannis Calvini Opera quae supersunt omnia*, Vol. XI, cols. 483-89 가운데 Karin Maag의 번역본("Calvin Compares Catholic and Protestant Worship, 1542," in *Lifting Hearts to the Lord*, 53-5) 참고.

57 John Witvliet, "Introduction," Worship in *Medieval and Early Modern Europe: Change*

3) 목회적 돌봄과 지도

셋째, 칼빈은 예배의 모임을 강조하면서 모임에 참여하지 않거나 게으른 자들에 대한 돌봄과 지도를 분명하게 그리고 구체적으로 제시했다. 당시 교회의 예배 모임에 참여하는 자들은 모두 같은 동기와 태도를 지닌 것이 아니었다. 제네바의 경우 1536년 개혁주의를 지지하고 가톨릭의 신앙을 저항하며 새로운 개혁신앙과 실천을 결정했다. 당시 국가와 시의 결정은 시민들의 신앙생활 방식에 직접 영향을 미치는 시대였기 때문에 개혁주의 신앙에 따른 모임에 모두가 내적 동기를 공유하며 자연스럽게 반응하지 않았다. 제네바의 경우 목회자들이 가톨릭 신앙에서 개혁신앙으로 전환하고 그에 부합한 실천을 위해서 회중들을 지도해야 했다.[58] 새롭게 변화된 예배와 신앙 실천을 위한 모임에 참여하는 것은 이전과 다른 동기와 태도를 이끌어 냈다. 강력한 신앙고백을 표현하는 자들은 열정적으로(enthusiastically) 모임에 참여하지만 다른 이들은 모임에 대해서 무관심(apathy)의 태도를 보이거나 또는 적극적으로 저항(active resistance)하기도 했다.[59] 칼빈은 상황에 부합하도록 예배를 위한 모임을 축소하거나 조절하기보다는 주일과 주중의 모임을 더욱 강화하고 지속적으로 확대해서 실천했다. 모임의 축소를 통한 목회적 편의를 도모한 것이 아니라 모임을 지속하고 확대하면서 더욱 적극적으로 참여하도록 안내하고 지도했다. 주일 예배를 4회로 진행하고 주중 예배와 기도모임을 최소 1회 이상 매일 진행하면서 모임에 대한 책임 있는 참여를 통한 신앙형성을 지속시켰다.[60] 특히 주일 예배 모임에 빠지는 것은 목회적 권면과 지도의 중요한 과제 가운데 하나였다. 칼빈은 주일 예배와 성찬에 빠진 자들을 확인하고 모임을 경솔히 간주하는 자들에 대해서 분명히 경

---

and Contiunity in Religious Practice, ed. Karin Maag and John Witvliet (Notre Dame: University of Notre Dame Press, 2004), 1-44.

58 Maag, *Worshiping with the Reformers*, 25-6.
59 Maag, *Worshiping with the Reformers*, 12.
60 Maag, *Worshiping with the Reformers*, 22.

고하고 지도했다.⁶¹ 칼빈의 목회적 노력은 성경에 부합한 신앙고백의 지도와 가톨릭 신앙 실천으로부터의 개혁과 아울러 모임을 간과하거나 공동체를 통한 신앙 실천의 게으름을 보이는 자들을 돌보고 지도하는 것까지 포함한다.

4) 시간의 리듬을 새롭게 구성

넷째, 칼빈은 공동예배의 모임과 관련해서 주일 중심의 주 단위 시간 리듬과 성찬을 위한 절기의 시간을 구체화했다. 칼빈이 십계명에 대한 설명과 안식에 대한 가르침을 제시하면서 이미 주의 날과 예배를 연결했고 예배 모임을 위한 시간을 고정했다는 것을 위에서 살펴보았다. 그런데 칼빈이 사역하던 당시 예배자들의 모임을 위한 시간의 기준점은 단지 안식을 위한 주의 날뿐 아니라 다양한 기념일과 절기들로 구성된 교회력이었다.⁶² 교회력이라 불리는 시간의 기준은 일정한 기간의 연속적 축제와 의례를 수반했고, 다양한 모임의 구성을 요구했다. 특히 예전의 절기(liturgical season)를 강조하면서 모임의 의례성을 강화시켰다. 칼빈은 전통적으로 수용한 예전의 절기 또는 계절을 거부하고 그리스도와 성인들(the saints)을 기억하고 기념하는 의례적 모임을 발전시킨 교회력을 새로운 방식으로 재구성했다. 심지어는 사순절이라 불리는 긴 절기를 순종하는 것조차 수용하지 않았다.⁶³ 칼빈에게 모

---

61 개혁주의 신앙고백에 무관심하고 그로 인해서 모임을 게을리하거나 간과한 자를 향해 직접 가르치고 권면한 내용을 제네바 의회 기록에서 확인할 수 있다. Genevan Consistory Records 가운데 "4 April 1542 Doone Janne Pertennaz"를 향한 지도 내용 참고. Maag, *Lifting Hearts to the Lord*, 152-3.

62 그리스도의 생애 곧 탄생과 부활을 중심으로 구성된 일련의 절기들(대림절, 성탄절, 사순절, 부활절 등)로 구성된 시간으로서 공동체의 모임과 예배를 위한 기준점이 된다. 특정한 하루뿐 아니라 일련의 연속된 절기(시간,계절)로 구성된 이 시간들과 함께 다양한 성인들을 기념하고 기억하는 의례가 복잡하게 발전하면서 모임을 위한 의례성이 강화되었다. 교회력과 관련한 기본적인 이해는 Laurence Stookey, *Calendar: Christ's Time for the Church* (Nashville: Abingdon, 1996) 참고.

63 Old, "Calvin's Theology of Worship," 431.

임을 위한 중요한 기준점을 제공하는 시간은 주일이었고,[64] 주일을 중심으로 주 단위의 순환적이고 규칙적인 흐름을 강화시켰다.[65] 칼빈이 제네바 사역에서 강화시킨 주일 중심의 주 단위 시간 리듬은 창조의 시간과 안식의 시간 단위 리듬을 강화하고 일로부터의 안식과 안식의 방식으로서 공동예배를 강조한 성경적 가르침의 실천으로 볼 수 있다.[66] 이와 아울러 연 단위의 모임에 기준을 제공하는 교회력을 약화시키고 그에 상응하는 새로운 시간의 기준점을 제시했다. 곧 연 단위의 시간 자체를 파괴한 것이 아니라, 그것을 구성하는 기준을 교회력이 아니라, 주 단위 리듬을 기준으로 삼고, 연속적으로 순환 반복되는 일상의 기도 모임을 위한 시간과 성찬 참여를 위한 절기(sacramental season)로 전환시켜서 발전시켰다.[67] 칼빈은 매일 설교와 기도를 위한 예배 모임과 수요일의 주중 정기 기도의 날을 고정하고[68] 년 4회의 성찬을 위한 모임(성탄, 부활, 성령강림, 그리고 9월)을 새로운 절기/시즌으로 실천했다.[69] 이처럼 모임을 위한 시간과 관련해서 칼빈은 기독교의 공동 기준인 주일을 강화하고 교회력을 일상의 기도와 성찬 시즌이라는 절기 구성으로 새롭게 구체화했다.

64　칼빈은 주일 중심의 시간을 넘어서서 특정한 한 날을 성탄의 날로 고정하는 것은 우상이자 잘못된 미신에 기인한 가르침이라고까지 경고했다. Calvin, *Sermons on the Book of Micah*, 302-3.
65　McKee, *The Pastoral Ministry and Worship in Calvin's Geneva*, 175.
66　McKee, *The Pastoral Ministry and Worship in Calvin's Geneva*, 189.
67　McKee, *The Pastoral Ministry and Worship in Calvin's Geneva*, 658. 그리고 제네바에서 교회력를 재구성한 상세한 과정과 내용에 대한 분석은 같은 책의 286-310 페이지 참고.
68　Maag, *Worshiping with the Reformers*, 23 그리고 Engammare, *On Time, Punctuality, and Discipline in Early Modern Calvinism*, 74.
69　이러한 시간과 관련한 칼빈의 개혁이 마치 교회력 자체를 없앴거나 거부한 것 또는 교회력을 적극 수용한 예전적 전통과 일치했다는 두 입장 모두를 경계하고 개혁주의적 독특성을 갖게 했다. 이와 관련해서 개혁주의 예배와 시간의 관계에 대한 역사적 발전 과정에 대해서는 Horace Allen, Jr., "Calendar and Lectionary in Reformed Perspective and History," *Christian Worship in Reformed Churches Past and Present*, ed., Luckas Vischer (Grand Rapids: Eerdmans, 2003), 390-414 참고.

5) 주일 모임의 도전과 장애 고려

다섯째, 칼빈은 공동예배를 위한 모임과 관련해서 주일 모임에 대한 도전과 장애를 고려했다. 제네바는 1536년 5월 공식적으로 개혁주의 신앙을 인정하고 받아들였다.[70] 이러한 결정은 당시 상황에서 예배의 모임과 관련한 직접적인 영향을 미친다. 오늘날처럼 신앙 선택, 교단과 특정 공동체의 선택이 개인의 자율적 판단에 의해서 결정되지 않았다. 도시 또는 국가의 종교와 신앙 전통은 그 안에 거주하는 자들의 신앙 실천을 결정한다. 따라서 제네바가 개혁신앙을 따르기로 결정했을 때 거주민들 가운데 일부는 가톨릭 신앙을 지속하기 위해서 그곳을 떠나야 했고 동시에 남은 자들은 도시 전체를 개혁주의 신앙에 근거한 실천을 이끌어내기 위해 노력해야 했다.[71] 이것은 제네바에 남은 자들 곧 거주하는 자들은 개혁주의 신앙에 근거한 실천으로서의 예배 모임에 참여하는 것이 자연스럽고 당연한 삶의 부분과 과정임을 뜻한다. 따라서 공동예배의 모임에 참여하는 것과 관련한 도전과 어려움 또는 장애는 신학적 이유보다는 삶의 현실적인 과제와 관련한 것들이 대부분이다. 제네바 예배 실천의 모임에 대한 상세한 연구를 시도한 마그(Maag)는 예배 모임을 어렵게 만든 실제적인 이유들에 대해서 구체적으로 언급한다. 첫째는 의상이고, 이것은 가난과 관련한 것이며, 다른 하나는 일과 여가로 인한 것이다.[72] 실제로 당시에 예배에 참여하지 않은 여인들에게 그 이유를 묻는 질문에 주어진 답변은 '교회에 입고 갈 적절한 옷이 없어서'라고 한다. 당시에 적절한 옷을 입지 않았다는 판단에 근거해서 성찬을 받지 못한 사례가 있었기 때문에 예배 참석자의 입장에서 의상은 중요한 조건이 될 수 있었다.[73] 또한 공동예배에 참여하지 않은 또 다른 이유는 교회의

---

70 Maag, *Lifting Hearts to the Lord*, 8.
71 Maag, *Lifting Hearts to the Lord*, 25.
72 Maag, *Worshiping with the Reformers*, 20-1.
73 Robert Kingdon et all. ed., *Registers of the Consistory of Geneva in the Time of Calvin* (Grand Rapids: Eerdmans, 2000), 104, 236; Maag, *Worshiping with the Reformers*, 20에서 재인용.

모임 요구에 대한 기준이 아니라 사람들 편에서 주어지기도 했다. 당시 공동예배에 참여해야 할 정해진 시간에 일을 하거나, 집에서 머물며 쉬고, 술집이나 식당가를 가거나 주변을 배회하고, 또 카드놀이나 사냥 또는 바깥놀이 등을 하면서 모임 자체를 간과하는 자들이 있었다.[74] 이런 이유로 인해서 제네바에서는 공동예배 모임이 진행하는 시간에는 반드시 도시 전체에 가게 문을 닫고 모든 사람들이 참여하도록 종용했다.[75] 이와 함께 제네바에서 개혁주의 신앙을 따르기로 결정했을 때, 거주자들 모두의 예배 참여를 위해서 현실적으로 대안을 제시했다. 당시 제네바에 거주하는 시민들이 모두 한 장소에서 같이 예배하기에는 공간의 제약이 주어졌다.[76] 이런 이유로 제네바에는 세 개의 예배 장소(St. Pierre, St. Gervais, La Magdeleine)[77]가 있었고, 예배를 위해 서로 다른 시간에 모이도록 했으며, 다양한 목회자들이 서로 돌아가며 주일과 주중 예배에 대한 설교와 기도 인도를 담당했다.[78] 이와 동일하게 회중들도 제네바에 있는 세 개의 예배 장소들 가운데 원하는대로 자유롭게 참여할 수 있었다.[79] 이처럼 칼빈은 현실 상황에 대한 구체적이고 창의적인 돌봄을 통해서 모임이 지속적으로 가능한 실천이 되도록 목회적 노

74　예배 모임을 개인의 의사가 아니라, 도시 전체에서 거주하는 자들의 마땅한 실천 과제로 수용하던 시대에 이러한 거부는 교회 지도자들에게 부담이 되었고, 칼빈 역시 이러한 상황을 목회에서 고려했다. Maag, *Worshiping with the Reformers*, 21.

75　Thomas Lambert, "Preaching, Praying and Policing in Sixteenth-Century Geneva," Ph.D. Diss., University of Wisconsin-Madison, 1998, 306. 맥키의 제네바 연구에 따르면 주일 공동예배 시간 뿐 아니라, 주중 특히 수요일 공동예배가 진행하는 시간에도 도시 전체의 가게가 문을 닫고, 예배와 기도모임에 참여하도록 실천하기까지 했다.McKee, *The Pastoral Ministry and Worship in Calvin's Geneva*, 308.

76　McKee, *The Pastoral Ministry and Worship in Calvin's Geneva*, 232.

77　McKee, *The Pastoral Ministry and Worship in Calvin's Geneva*, 48. 그리고 Calvin, *Draft Ecclesiastical Ordinances*, 62.

78　당시 세 개의 각 예배 장소에서 주로 담당하는 설교자들이 있었지만 고정적이기보다는 주일과 주중 모임의 정해진 설교 시간에 목회자들이 순서를 따라서 로테이션하는 방식으로 담당했다. McKee, *the Pastoral Ministry and Worship in Calvin's Geneva*, 135-139: "The Rotation System in Practice: The Example of St. Gervais, 1550-1564."

79　McKee, *The Pastoral Ministry and Worship in Calvin's Geneva*, 165.

력을 적절하게 기울였다.

4. 예배를 위한 모임의 중요성에 대한 칼빈의 가르침과 뉴노멀 시대의 과제

개혁주의 신앙의 원리와 방향을 구축한 칼빈은 예배를 위한 공동체의 모임에 관한 신학적 이해와 목회적 실천을 명확히 제시했다. 기독교 신앙 실천은 개인에 의한 경건 형성을 넘어서서 공동체가 함께 모여 그리스도를 기억하는 방식으로 하나님을 경배하는 것을 요구한다. 공동체가 함께 모이는 것이 그 자체로 하나님을 향한 경배를 보증하지 않지만, 그리스도를 통해서 나타나시는 하나님의 임재에 참여하는 것은 공동체의 모임을 통해서 가능하다. 그러면 칼빈이 예배의 모임에 대한 성경의 교훈과 제네바에서의 사역 사례를 통해서 제시한 가르침과 실천이 오늘날 우리 시대를 위해 어떤 교훈을 주는가? 우리 시대는 직접적인 모임에 제한을 받고 디지털 기술에 의해 거리의 제한을 넘어서서 서로 연결되는 방식을 통해 공동예배의 새로운 가능성을 경험하고 있다.[80] 이러한 상황에서 공동예배를 위한 모임에 관해 칼빈이 제시해주는 교훈을 수용하고 반영하기 위한 실천적 과제를 모색하는 것이 요구된다.

1) 내적 태도와 연결된 외적 모임

첫째, 공동예배의 외적 모임은 내적 태도와 직접 연결되고 또 그것을 반영한다. 곧 공동예배를 위한 모임의 중요성을 인정하면서 동시에 모임에 참여하는 것 자체만으로 충분하다는 태도를 넘어서는 것이 요구된다. 칼빈은

---

[80] 디지털 방식의 예배 모임은 신학적 해석이 요구되지만 그 자체로 미디어 사용에 익숙한 우리 시대의 한 현상으로 보편화되고 있다. Meredith Gould, *The Social Medial Gospel* (Collegeville: Liturgical Press, 2015) 참조.

매주 공동예배에 참여하는 것이 반드시 요구되며, 심지어 참여를 하지 못할 때는 당시 기준에 따라 벌금을 부과하는 것도 요구했다. 그런데 이와 동시에 주일에 공동예배에 참여하는 외적 실천 자체만으로 하나님과의 관계 형성을 위한 경건에 충분하다는 생각도 경계했다.[81] 곧 칼빈은 성경의 가르침에 따라 모임에 대한 중요성을 강조하지만 가톨릭의 미신적 의례의 접근과 안식일 엄수주의(Sabbatarianism)[82]의 형식적 모임 준수와 같은 입장을 모두 경계한다. 칼빈은 예배를 "하나님을 향한 경배"이자 "하나님의 뜻에 대한 존중과 순종"[83]으로 이해한다. 이것은 예배가 단지 외적으로 주어지는 의례에 형식적으로 참여하는 것 이상을 뜻하는 것이다. 칼빈이 예배를 위한 모임을 강조한 것은 형식적으로 그 모임에 참여하는 것 자체를 위해서가 아니라, 하나님을 경배라는 예배의 내적 측면을 명확히 제시하기 위한 결과적 제안이다. 인간의 내적 태도 곧 마음으로부터 주어지는 예배를 구현하기 위해서 외적으로 나타나는 모임의 필요성을 제시한 것으로 이해할 수 있다. 이런 이유로 예배의 모임과 그 안에서 이루어지는 모든 행위들은 가톨릭의 이해와 유대교적 안식의 수용처럼 단지 관습과 전통에 따른 종교적 규례의 순종을 경계한다.[84] 이것은 칼빈이 예배의 모임과 관련해서 참된 예배의 구현 곧 내적 태도와 외적 의례 사이의 직접적인 연결과 일치를 추구한 것으로 이해할 수 있다.[85] 예배를 위한 모임과 관련해서 칼빈이 제시한 핵심 사안은 모임의 방식에 대한 논쟁을 넘어서서 내적 경건과 외적 의례의 일치를 추구하는 것이다. 이것은 예배 신학의 핵심 주제인 의례의 법(lex orandi)과 신앙의 법(lex credendi) 사이의 일치를 추구하는 초대교회의 가르침과 실

---

81 Maag, *Lifting Hearts to the Lord*, 19.
82 기본적으로 제 사계명에 따라 안식일을 엄격하게 준수하고 주일 예배를 위한 철저한 모임의 실천을 주장하는 입장인데, 칼빈 이후 대표적으로 청교도들의 주장과 실천으로 이해된다. Primus, *Holy Time*, 4, 18.
83 Calvin, *Catechism of the Church of Geneva*, 107.
84 Old, "Calvin's Theology of Worship," 413.
85 Calvin, *Institutes of the Christian Religion*, 4.14.26.

천에서 주어진 것이다.[86] 칼빈은 예배와 관련한 스콜라 시대의 논쟁 주제인 'ex opere operantis'와 'ex opere operato'[87]를 넘어서서 신앙과 실천의 일치를 위해 제네바 예배의 개혁을 제시했다. 오늘날 뉴노멀 시대의 예배와 관련한 주요 과제 가운데 하나는 디지털 기술에 의한 새로운 방식의 연결을 통한 가상공간의 모임이 예배자들의 직접적인 모임을 대체할 수 있는지에 대한 것이다. 칼빈의 가르침을 고려할 때, 직접적인 모임은 공동예배를 위해서 반드시 요구되는 실천이다. 그리고 직접적인 모임이 제한되는 상황에서 디지털 기술에 의한 가상공간의 모임이 하나님을 향한 내적 경배의 외적 실천으로 주어질 때 그 자체로 문제가 되지는 않는다. 다만 디지털 기술에 의한 가상공간의 모임을 새로운 대안 또는 고정된 방식으로 제시하는 것은 위험이 따른다. 디지털 기술을 사용한 가상공간의 모임이 현재적 상황에서 하나님을 향한 경배와 순종의 태도로 주어지는 갈망의 표현과 실천으로 주어지고 있는지 지속적인 점검이 요구된다. 그렇지 않으면 가톨릭의 의례의 미신적 수용과 유대교에 기반을 둔 안식의 율법적 순종과 같이 예배 모임의 형식적 참여에만 집중하게 될 수 있기 때문이다. 오늘날 중요한 과제는 모임을 지속하고 있느냐의 표면적 확인이 아니라, 하나님을 향한 바람직한 경배의 태도로서 주어진 상황과 여건에서 모임의 실천을 제시하고 있는지를 확인하고 돌보는 것이다.

---

86 초대교회의 예배 모임과 관련한 핵심 사안은 신앙과 실천 사이의 일치를 추구하는 것이다. 이것은 예배 신학의 주제인 'lex credendi'와 'lex orandi'에 대한 우선 수위의 문제가 아니라, 일치를 추구하는 것에 대한 강조를 재확인한다. Kevin Irwin, *Context and Text: A Method for Liturgical Theology* (Collegeville: Liturgical Press, 2018), Chapter 2. 그리고 Maxwell Johnson, *Praying and Believing in Early Christianity: The Interplay between Christian Worship and Doctrine* (Collegeville: Liturgical Press, 2013), 3-4 참고.

87 이 논쟁은 예배 모임과 실천이 예배 인도자에 의해서 결정(ex opere operantis)되는지, 예배 방식 자체가 결정(ex opere operato)하는지에 대한 논의를 다룬다. 하지만 칼빈은 예배의 모임과 실천의 모든 효력이 하나님에 의해서 주어진다는 신학적 확신을 갖고 있었다. 예배의 모임은 하나님의 주체적, 주도적 일하심(Opus Dei)에 대한 참여로 본 것이다. 이와 관련한 예배 신학적 이해와 정리는 Michael Aune, "Liturgy and Theology: Rethinking the Relationship," *Worship* 81, nos. 1-2 (2007): 141-69 참고.

2) 모임의 규칙적인 리듬 형성

둘째, 공동예배를 위한 모임의 규칙적 리듬을 형성하는 것이다. 칼빈은 공동예배를 위한 모임의 중요성을 제시하기 위해서 예배와 시간의 리듬을 재구성했다. 곧 전통적으로 수용해 온 교회력을 주일 중심의 시간과 실천으로 개혁했다. 칼빈이 사역하던 당시 16세기에는 이미 교회력에 대한 새로운 구성과 대안을 제시하기 위해서 개혁가들이 노력하고 있었다.[88] 칼빈은 전통적으로 수용해 온 교회력에 대한 비평적 입장을 갖고 주 단위로 반복되는 예배 모임과 일상의 순환적 관계를 새로운 교회력으로 제시했다. 곧 교회력의 기준을 연 단위의 시간이 아니라, 주 단위의 시간으로 재구성한 것이다. 이런 변화와 재구성으로 인해서 칼빈이 교회력을 거부했다는 표현보다는 주 단위 시간 개념으로 개혁한 것으로 간주하는 것이 더 바람직한 표현이 될 수 있다. 이러한 주 단위 시간을 중심으로 한 교회력의 재구성은 성경에 기반을 둔 제안이다. 칼빈은 주 단위 시간에 따른 리듬을 십계명에 대한 개혁주의적 해석과 수용의 근거로 삼았다.[89] 안식에 대한 십계명의 해석과 적용에 대한 칼빈의 가르침과 교훈은 쉼, 예배, 그리고 이웃 사랑의 실천으로 요약된다. 이 안식은 주 단위의 시간 리듬에 따라서 철저하게 노동과 일로부터의 쉼,[90] 공동의 모임을 통한 예배,[91] 그리고 쉼와 예배를 이웃에게 확보, 제공하는 구제(alms)와 같은 구체적인 실천[92]을 요구한다. 이러한 주 단위 시간에 따른 예배 모임의 구성과 실천과 관련해서 칼빈의 주된 관심은 하나님을 기억하고 하나님의 일하심에 대해 명확히 묵상하며 그것

---

[88] 쯔빙글리(Zwingli)는 사순절을 기념해서 의례화하는 것을 거부했고, 오에콜람파디우스(Oecolampadius)는 성탄, 부활, 성령강림의 기념은 인정했지만, 주일 예배 모임을 위한 시간을 강화시켰다. 부서(Bucer) 역시 예배 모임을 위한 주일의 시간을 다시 강화시켰다. 이런 이유로 칼빈이 제네바에서 사역할 때 이미 주 단위로 반복되는 모임의 준수를 가장 중요한 시간과 예배 실천으로 수용하고 있었다. Old, "Calvin's Theology of Worship," 430-1.

[89] Calvin, *Institutes of the Christian Religion*, II.8.28,30.

[90] Commentary on Matthew 12:1-8.

[91] Calvin, *Institutes of the Christian Religion*, II.8.30.

[92] Calvin, *Institutes of the Christian Religion*, II.8.28.

을 동시에 세상에서 직접 참여하는 방식으로 제시하는 것이다. 휴지스 올드(Hughes Old)는 칼빈의 안식과 예배 모임의 실천에 대해서 하나님 중심의 예배(theocentric approach to worship)가 인간을 향한 섬김으로 이어지는 결과(philanthropic results)를 이끈다고 정리한다.[93] 이렇게 칼빈은 예배가 하나님과 인간 사이의 관계 형성을 위한 핵심을 차지하고 이를 위해서 규칙적 반복적 방식의 주일 모임과 삶의 순환적 관계를 강조한다. 이 과정에서 말씀을 듣고, 공동 기도를 실천하고, 다른 신앙적 실천을 위해 '모이는 것'(assemble)은 규칙적이고 반복적으로 공동체가 참여하는 가장 기초적이고 핵심적인 사항이다.[94] 주일을 포함한 교회력의 특정한 날이 그 자체로 의미를 지니거나 거룩한 것이 아니라, 모임을 위해서 필요로 하는 특정한 날을 구분하고 그러한 날의 준수에 규칙성을 부여하는 것이 더 중요하고 필요한 실천이다. 아울러 교회력의 넓은 간격과 기간에 따른 시간보다 7일 단위의 반복적 순환을 통한 모임과 흩어짐의 시간을 통해서 좀더 엄격하게 하나님과의 관계를 위한 시간 반영과 적용을 위해 노력한 것이다.[95] 이러한 가르침은 오늘날 공동예배를 위한 모임을 위해서 규칙적이고 반복적인 참여가 자연스러운 과정이 아니라, 의도된 훈련으로 실천되어야 한다는 것을 요구한다. 공동예배를 위한 모임은 안식을 위한 주일이 그 자체로 거룩하기 때문에 율법적으로 참여하는 것이라기보다는 예배자들이 규칙적으로 모이는 것이 하나님과의 관계를 형성하고 하나님의 일하심에 참여하는 방식으로서 초대교회 역사가 가르친 것을 따르는 것이다.[96] 이런 점에서 오늘날 대면 또는 비대면 방식의 예배 모임이 특정한 날의 거룩함을 준수하기 위한 미신적 율법적 순종이 아니라 교회의 질서와 가르침에 따라 구별된 시간을 고정하고 규칙적으로 참여하는 훈련이 될 수 있도록 지도하는 것이 요구된다. 이렇게 주 단위로 고

93　Old, "Calvin's Theology of Worship," 433.
94　Calvin, *Institutes of the Christian Religion*, II.8.28.
95　Engammare, On Time, Punctuality, and Discipline in Early Modern Calvinism, 39-80.
96　Calvin, *Institutes of the Christian Religion*, II.8.33.

정된 규칙적인 리듬을 따라 공동예배의 모임과 일상의 반복적 순환을 실천하는 것은 오늘날 타협 없이 지속해야 할 중요한 과제이다.

3) 모임 제한을 이끄는 도전과 장애를 고려하는 목회적 지도

셋째, 공동예배의 모임을 제한하는 실제적인 도전과 장애를 고려하는 목회적 지도와 노력이 필요하다. 칼빈 당시에 모임에 참여하기 위한 의상과 가난 그리고 일에 대한 부담과 놀이에 대한 욕구 등은 당시 현실에서 모임을 어렵게 하는 가장 큰 도전들이었다. 칼빈이 모임에 대한 요구를 의무화한 것으로 보이지만 동시에 목회적 돌봄을 제공한 것도 기억해야 한다. 가정에 속한 모든 이들이 교회의 모임에 참여해야 하지만, 누군가가 아주 어린 아이들 또는 가축을 돌보기 위해서 집에 남아 있어야 한다면 일정한 금액의 벌금을 내고 머무르는 것을 허용했다. 의무가 아닌 자발적 선택에 의해서 일을 하거나 놀이에 참여하기 위해서 모임에 빠지거나 간과하는 것은 가난에 의해서 모임에 참여하기 어려운 것과 다른 상황이었다. 제네바에서 목회하던 칼빈은 이러한 상황에 대해서 간과하지 않았고 의회와 함께 이런 자들에 대한 불평을 토로하면서 모임 참여를 위한 목회적 지도를 강화했다. 곧 정당한 이유에 의해서 모임에 참여하지 못하거나 제한을 받는 경우 그리고 모임 참여에 대해서 스스로 게으름과 방종에 이르는 자들에 대한 목회적 고려를 제시했다.[97] 모임과 관련한 칼빈의 의도는 벌금을 부과해서 잘못된 것에 대한 교정을 요구하는 것과 함께 모임 자체를 간과해서는 안된다는 목회적 지도와 책임으로 해석할 수 있다. 이것은 칼빈이 주일 공동예배의 횟수를 확대하고 그러한 조절에 따라 모두가 예외 없이 참여하도록 하기 위한 노력으로 볼 수 있다. 칼빈의 제네바 예배 모임에 대한 역사적 고찰을 시도한 람버트(Lambert)는 제네바에서 예배의 날짜와 시간에 대한 다양하고 세부

---

[97] Calvin, *The Ordinances for the Supervision of Churches in the Country February 3, 1547*, 77.

적인 규정과 실천은 일치된 입장이 없지만 그럼에도 주일에 네 번에서 다섯 번 그리고 주중에는 두 번의 모임을 제공했던 것은 인정된다고 보았다.[98] 각 각의 이유와 사정에 의해서 공동예배 모임에 참여가 어려울 경우 공동예배의 횟수를 확대해서 가능한 시간에 참여할 수 있도록 목회적 배려를 제공한 것이다. 물론 모든 모임에 참여하는 것이 가장 바람직하지만 단 한 번의 모임으로 제한하지 않고 서로 다른 시간에 모임을 제공하는 것은 모임의 기회를 확대하기 위한 목회적 배려로 간주된다. 곧 이러한 목회적 돌봄은 어떤 경우에도 공동체의 모임을 통한 신앙형성 과정을 지속하기 위한 시도로 해석할 수 있다. 오늘날 공동체의 모임을 지속하기 위한 목회적 노력과 돌봄의 방식은 목회자의 분별과 부지런함을 요구한다. 오늘날 건강상의 이유로 공동체와 분리되어 격리된 자들, 감염병과 같은 재해로 인해서 일부 모임에 참여하는 제한된 소수 인원 밖의 나머지 공동체의 일원들을 위한 목회적 돌봄은 중요한 과제가 되었다. 이들을 위해서 현대 문명의 기술을 동원하고 서로 연결시켜 공동체의 모임에 참여시키는 것은 '제한된 상황'[99]에서 가능한 목회적 돌봄의 방식이 될 수 있다. 이처럼 공동예배를 위한 모임의 중요성과 필요성에 대한 분명한 확신을 갖고 그러한 실천이 어려울 때 목회적 분별력과 지혜를 사용해서 모임이 의도한 예배의 실천을 가능하도록 노력하는 것은 뉴노멀에 이른 우리 시대에 부합한 과제가 된다. 하지만 가상공간을 이용한 변화된 방식의 모임이 새로운 대안으로 고정되거나 예배 공동체가 추구하고 따라야 할 새롭게 확증된 방식으로 간주하는 것은 주의해야 한다. 제한된 상황에서 목회적 편의를 도모하는 노력에 의해서 주어진 가상 공간의 모임이 실제 사람들의 실제 장소에서 모여 인격적으로 참여하고 나

---

[98] Lambert, "Praching, Praying,and Policing the Reform in Sixteenth Century Geneva," 285-91.

[99] 모임이 어려운 상황에서 모임이 의도한 신앙 실천을 위한 모임의 역할을 새롭게 요구되는 상황을 뜻한다. 개인적으로 질병이나 불가피한 이유에 의해 공간적으로 멀리 떨어져 있는 상황, 공동체적으로 사회와 공동체 전체의 유익을 고려할 때 함께 모이기 어려운 상황 등을 뜻한다.

누는 경배와 섬김 그리고 돌봄을 대신할 수는 없다. 공동체의 직접적인 모임에 참여하는 것은 가상공간의 연결성을 통해서 필요로 하는 정보 또는 메시지 수용 방식과는 달리 훨씬 더 인격적이고 포괄적이기 때문이다.[100]

5. 나가는 말

이 장은 공동예배를 위한 모임의 중요성과 의미에 대한 칼빈의 가르침과 실천을 살펴보는데 주력했다. 칼빈은 제네바 목회와 예배 사역에서 공동체의 모임을 예배 실천을 위한 구체적인 구성요소와 진행 방식과 아울러 별도로 구분해서 강조했다. 칼빈이 저술한 다양한 문헌들을 통해서 살펴본 바에 따르면 공동체의 모임은 신앙적 유익을 제공하고, 성경의 가르침에 따른 중요한 순종이고, 안식의 방식으로 구체화된 적용이고, 시간의 구분에 따른 관계 형성의 방식이며, 목회적 지도와 책임을 반영하는 실천이다. 칼빈은 제네바에서 목회와 예배 사역을 진행하는 동안 공동체의 모임에 대한 자신의 이해를 명확히 반영하는 실천을 도모했다. 무엇보다도 공동체가 함께 참여할 수 있는 다양한 시간의 구분된 모임을 제공했고, 모임 자체를 주술적 신비적으로 또는 율법적으로 수용하지 않도록 가톨릭과 유대교적 실천 방식을 경계했고, 목회적 돌봄을 통해서 여러 도전들과 제한들이 모임을 약화시키지 않도록 했으며, 주일과 주중 예배 모임을 위한 시간 구성과 리듬을 명확히 이끌었고, 현실적으로 주어지는 모임의 방해 요소들에 대한 상황을 수용하면서 모임을 간과하지 않도록 노력했다.

이러한 공동예배를 위한 모임의 중요성과 의미에 대한 칼빈의 가르침과

---

[100] 공동체의 실제 모임에 의한 직접적인 참여가 가상공간의 모임과 달리 훨씬 더 깊은 예배 참여를 제시한다는 점에 대한 설득력있는 논의는 Jay Kim, *Analog Church: Why We Need Real People, Places, and Things in the Digital Age* (Downers Grove: IVP, 2020), 33-132를 통해서 확인할 수 있다.

실천은 오늘날 모임의 위기 또는 제한을 경험하고 있는 상황에서 중요한 교훈을 제공해준다. 뉴노멀이라 불리는 우리 시대는 감염병에 의한 모임의 제한 그리고 사회적 거리두기 요청에 따라서 공동체의 모임에 대한 새로운 환경에 직면했다. 디지털 기술에 의해 가상공간을 통해서 공동체가 연결되는 방식을 예배에 수용하고 직접적인 모임을 대신한 방식으로 참여하며 수용하고 있다. 우리 시대에 중요한 과제는 예배를 위한 공동체의 모임을 포기하거나 간과하지 않고 지속하는 것이다. 공동예배의 모임을 통한 신앙형성 방식을 대신할 수 있는 것은 없다. 일상의 삶을 강조하면서 반대로 의례 방식으로 주어지는 모임을 간과하는 것을 주의해야 한다.[101] 규칙적이고 반복적인 시간의 고정된 리듬을 따라 공동체의 모임에 참여할 수 있도록 성도들에게 필요한 훈련과 지도를 해야 한다. 아울러 예배를 위한 공동체의 모임을 제한시키는 현실적 상황에 가능한 방식을 사용해서 공동체 중심의 모임을 지속할 수 있는 실제적 방안도 구축해야 한다. 이러한 심도있는 이해와 확신에 따른 공동체의 모임이 지닌 유익과 중요성을 고려할 때 우리가 현재 경험하는 디지털 기술과 가상공간의 예배 모임은 단지 제한된 상황에서 모임에 참여할 수 있도록 제공하는 목회적 배려와 돌봄의 방식임을 알 수 있다. 하지만 공동체의 직접적인 모임을 통한 신앙형성의 방식에서 주어지는 유익과 필요성을 지속적으로 확신하고 기대하고 이끌어내기 위한 노력을 멈추지 않아야 한다.

이 장은 칼빈이 제네바 목회와 예배 사역의 과정에서 제시한 모임의 중요성에 대한 연구에 집중했다. 따라서 예배를 위한 공동체의 모임 안에 포함하는 구성요소들과 진행 방식에 대해서는 다루지 않았다. 아울러 개혁주의 신앙형성을 위한 공동예배의 모임이 제시하는 중요성과 의미를 파악하

---

[101] 개혁주의 예배의 약점 가운데 하나는 삶을 강조하면서 동시에 모임과 의례 방식으로 진행하는 예식을 지나치게 약화시킨 것이라는 니콜라스 월터스토프의 경고를 귀기울여볼 필요가 있다. Nicholas Wolterstorff, "The Tragedy of Liturgy in Protestantism," *Hearing the Call*, 29-38.

는데 주력했기 때문에 단지 제한된 상황에서 오늘날 경험하는 디지털 예배의 목회적 수용 가능성을 인정하는 것을 넘어선 구체적인 실천 방식과 특징에 대해서는 다루지 않았다. 결국 전통적 모임의 유익과 필요성을 확신할 때 새로운 방식의 모임이 새로운 경험이 될 수는 있고 제한된 상황과 조건에서 가능한 목회적 실천일 수는 있지만 새로운 시대의 새로운 대안으로 보편화시키는 것에 대해서는 좀더 심도 있는 고찰과 논의를 거쳐야 한다.

참고 문헌

Allen Jr., Horace. "Calendar and Lectionary in Reformed Perspective and History." *Christian Worship in Reformed Churches Past and Present*. Edited by Luckas Vischer. Grand Rapids: Eerdmans, 2003: 390-414.

Aune, Michael. "Liturgy and Theology: Rethinking the Relationship." *Worship* 81, nos. 1-2 (2007): 141-69.

Bradshaw, Paul. *Early Christian Worship: A Basic Introduction to Ideas and Practice*. Collegeville: The Liturgical Press, 1996.

Calvin, John. "Catechism of the Church of Geneva." in Theological Treatises. Edited and Translated by J.K.S. Reid. Louisville: Westminster John Knox Press, 2006: 83-139.

_____. "Necessity of Reforming the Church." in *Theological Treatises*. Edited by J.K.S. Reid. Louisville: Westminster John Knox Press, 2006): 187-92.

_____. "Ordinances for the Supervison of Churches in the Country February 3, 1547." *Calvin: Theological Treatises*. Edited by J.K.S. Reid. Philadelphia: Westminster John Knox Press, 1977

_____. *Institutes of the Christian Religion*. Edited by John McNeill and Translated by Ford Battles. Philadelphia: the Westminster Press,

1960.

_____. *Sermons on the Book of Micah*. Edited and Translated by Benjamin Farley. Phillipsburg: P&R, 2003

_____. *Writings on Pastoral Piety*. Edited and Translated by Elsie McKee Mahweh: Paulist, 2001.

Engammare, Max. *On Time, Punctuality, and Discipline in Early Modern Calvinism*. New York: Cambridge University Press, 2009.

Fatio, Oliver. *Understanding the Reformation*. Geneva: International Museum of the Reformation, 2005).

Gould, Meredith. *The Social Medial Gospel*. Collegeville: Liturgical Press, 2015.

Irwin, Kevin. *Context and Text: A Method for Liturgical Theology*. Collegeville: Liturgical Press, 2018.

Johnson, Maxwell. *Praying and Believing in Early Christianity: The Interplay between Christian Worship and Doctrine*. Collegeville: Liturgical Press, 2013.

Kim, Jay. *Analog Church: Why We Need Real People, Places, and Things in the Digital Age*. Downers Grove: IVP, 2020.

Kingdon, Robert et all. ed. *Registers of the Consistory of Geneva in the Time of Calvin*. Grand Rapids: Eerdmans, 2000.

Lambert, Thomas. "Preaching, Praying and Policing in Sixteenth-Century Geneva." Ph.D. Diss., University of Wisconsin-Madison, 1998.

Maag, Karin and Witvliet, ed. John. *Worship in Medieval and Early Modern Europe: Change and Contiunity in Religious Practice*. Notre Dame: University of Notre Dame Press, 2004.

Maag, Karin. *Lifting Hearts to the Lord: Worship with John Calvin in Sixteenth-Century Geneva*. Grand Rapids: Eerdmans, 2016.

_____. *Worshiping with the Reformers*. Downers Grove: IVP, 2021.

McKee, Elsie. *The Pastoral Ministry and Worship in Calvin's Geneva*. Massot, Geneva: Droz, 2016.

Meyers, Ruth. *Missional Worship, Worshipful Mission: Gathering as God's People, Going Out in God's Name*. Grand Rapdis: Eerdmans, 2014.

Old, Hughes. "Calvin's Theology of Worship." *Give Praise to God: A Vision for Reforming Worship*. Edited by Philip Rykin, Derek Thomas, and J.Ligon Duncan III Phillipsburg: P&R, 2003: 412-435.

Olson, Dennis. "Sacred Time: The Sabbath and Christian Worship." Edited by Edward O'Flaherty and Rodney Peterson. *Sunday, Sabbath, and the Weekend*. Grand Rapids: Eerdmans, 2010: 43-66.

Primus, John. *Holy Time: Moderate Puritanism and the Sabbath*. Macon: Mercer University Press, 1989.

Rordorf, Willy. *Sunday: The History of the Day of Rest and Worship in the Earlest Centuries of the Christian Church*. London: SCM Press, 1968.

Schattauer, Thomas. "Liturgical Assembly as Locus Mission," *Inside Out: Worship in an Age of Mission*. Edited by Thomas Schattauer. Minneapolis: Fortress Press, 1999: 1-23.

Solberg, Winton. *Redeem The Time: The Puritan Sabbath in Early America*. Cambridge: Harvard University Press, 1977.

Stookey, Laurence. *Calendar: Christ's Time for the Church*. Nashville: Abingdon, 1996.

Taylor, David. *The Theater of God's Glory: Calvin, Creation, and the Liturgical Arts*. Grand Rapids: Eerdmans, 2017.

Thompson, Bard. *Liturgies of the Western Church*. Philadelphia: Fortress Press, 1980.

Wandel, Lee. *Voracious Idols and Violent Hands; Iconoclasm in Reformation Zurich, Strasbourg, and Basel*. Cambridge: Cambridge University Press, 1995.

Wolterstorff, Nicholas. "The Tragedy of Liturgy in Protestantism." *Hearing the Call: Liturgy, Justice, Church, and World*. Grand Rapids: Eerdmans, 2011: 29-38.

_____. "The Theological Signficance of Going to Church and Leaving." *Hearing the Call: Liturgy, Justice, Church, and World*. Grand Rapids: 2011: 228-40.

chapter 6

하나님의 임재 참여를 이끄는 음악
오늘날 예배 갱신에서 음악의 위치와 역할에 대한 유형들 고찰[1]

1. 들어가는 글

　오늘날 예배 갱신은 비록 구체적인 현상은 서로 다르지만 크게 두 방향을 지향한다. 하나는 '예전적 갱신 운동'(Liturgical Renewal movement)을 추구하는 것이고, 다른 하나는 오순절 전통에 기반을 둔 '경배와 찬양 운동'(Pentecostal-based Praise and Worship movement)을 따르는 것이다. 각각의 교단과 전통 그리고 공동체마다 구체적인 형태는 다르지만 어느 방향을 택하든 예배자들의 참여와 경험(participation and experience)에 주된 관심을 갖고 있다. 여기서 참여와 경험은 단지 지적 또는 감정적 자극을 넘어선 전인적 방식으로 이루어지는 하나님과의 만남이다. 현대예배의 갱신은 예배자들에게 하나님과의 만남이 구체적이고 직접적인 경험이 될 수 있도록 지속적으로 새롭고 다양한 시도를 하고 있다. 이러한 갱신의 과정에서 가장 두드러지게 나타난 영역이 바로 음악이다. 오늘날 예배자들은 '말씀과 성찬'의 전통적 예배 구조[2]에서 '음악과 설교'의 구조에 더욱 자연스럽게 참여하고 반

---

[1] 이 글은 「신학과 실천」 제 79권 (2022: 89-112)에 게재된 논문을 새롭게 구성 보완한 것임.
[2] Justin Martyr, "The First Apology," In *Liturgies of the Western Church*, ed. Bard Thompson, (Minneapolis: Fortress Press,1980), 8-12.

응한다. 비록 음악을 오늘날 예배 갱신의 과정에서 전부 또는 유일한 주제로 간주하는 것은 문제가 있지만, 여전히 예배자들의 참여와 관련해서 중요한 위치와 역할을 하고 있는 것은 분명하다.

지금까지 예배 갱신과 관련해서 음악은 주로 경배와 찬양(Praise & Worship) 그리고 현대예배(Contemporary Worship)라 불리는 발전 과정을 따라 역사적으로 고찰하는데 집중해왔다. Lester Ruth와 Lim Swee Hong 교수가 James White의 구성과 제안을 따라 현대예배 역사를 정리하면서 예배 갱신과 관련한 오늘날 북미와 세계의 예배 음악의 기원, 특징, 발전을 고찰했다.[3] 그리고 Ruth는 최근에 더욱 발전된 형태로 '현대 경배와 찬양'(Contemporary Praise & Worship)의 현상과 특징에 대해서 역사적으로 기술했다. Bryan Spinks는 음악에 대한 또 다른 유사한 접근으로 오순절 전통의 '경배와 찬양'(Praise & Worship)을 예배 갱신의 한 영역으로 세분화하고 그 구성과 진행 방식을 분석하면서 예배 스타일(형태)에 미치는 영향을 고찰했다.[4] Pete Ward는 영국의 복음주의 교회들이 현대예배 음악을 어떻게 수용 발전해오고 있는지를 역사적으로 고찰했다.[5] 음악과 예배의 상관관계 그리고 상호 영향에 대한 고찰은 한국의 예전학자들에게도 주요 주제로 주어졌다.[6] 그런데 이러한 역사적 고찰과 분석은 음악이 어떻게 예배자들에게 하나님과의 만남을 이끌고 또 하나님의 임재에 참여하게 하는지에 대한 신학적 고찰을 심도있게 다루지는 않는다. 곧 "오늘날 예배 갱신에서 음악은 예배자

---

[3] Lester Ruth and Swee Hong Lim, *Lovin' On Jesus* (Nashville: Abingdon, 2017), 10-2.
[4] Bryan Spinks, *The Worship Mall* (New York: Church Publishing, 2011), 91-124.
[5] Pete Ward, *Selling Worship: How What We Sing Has Changed the Church* (Waynesboro: Paternoster, 2005), 61-74.
[6] 조기연, "예전과 음악의 관계성에서 관한 한 연구,"「신학과 실천」26(2011), 59-82, 김성배, 장민호, "현대예배음악에 사용된 대중 음악적 표현 양식에 대한 음악 미학, 사회학적 해석, 적용에 관한 연구,"「신학과 실천」67 (2019), 67-93, 김세광, "문화변혁에 따른 예배 변화에 관한 신학적 연구-20세기 중엽 이후 한국 개신교 안의 예배융합(Blended Worship)과 예배전쟁(Worship War) 현상을 중심으로,"「신학과 실천」32 (2012), 143-169, 김병석, "예배의 문화 수용에 관한 초월성 연구,"「신학과 실천」48 (2016), 35-61.

들이 하나님과의 만남과 관련해서 어떤 위치와 역할을 하고 있는가?"라는 질문을 제기한다. 오늘날 예배에서 음악이 말씀과 성찬과 함께 하나님의 임재를 제시하고 참여하게 하는 방편으로 수용될 수 있다는 점은 복음주의 전통에서 거의 모두 동의한다. 이 장은 음악이 예배자들과 하나님과의 만남과 관련해서 오늘날 예배 갱신 과정에서 어떤 패러다임들을 제시하고 있는지 규명하고자 한다. 아울러 예배에서 음악의 위치와 역할에 대한 현대예배 갱신의 패러다임들이 지니는 특징들을 살펴보고 그와 관련한 예배 음악의 실천 방향에 대해 제시하고자 한다.

2. 예배 갱신에 나타난 음악의 유형들

오늘날 예배 갱신은 어느 하나의 독립되고 구분된 유형이 일정한 인과 관계로 발전하지 않는다. 오히려 서로 다른 갱신의 유형들이 각각의 공동체에 복잡하게 통합되는 방식으로 주어진다. 이러한 통합(confluence) 방식은 음악과 관련해서도 선명하게 나타난다. 그럼에도 불구하고 오늘날 나타나는 예배 갱신의 유형들은 몇 가지로 구분할 수 있다. 첫째는 전도를 위한 예배 유형(worship as mission)이다. 둘째는 직접적인 만남을 위한 예배 유형(worship as encounter)이다. 셋째는 삶의 형성을 위한 예배 유형(worship as formation)이다. 이 세 가지 유형은 각각 예배자들이 하나님과의 만남과 관련해서 예배 음악의 위치와 역할에 대한 패러다임을 제시한다. 곧 음악이 각각 '예배자들의 수용과 환대를 위한 유형', '예배자들의 성례적 경험과 참여를 위한 유형,' 그리고 '예배자들의 삶의 형성과 변화를 위한 유형'으로 나타난다.

1) 예배자들의 수용과 환대를 위한 음악 유형

현대예배 갱신의 초기부터 지금까지 주어지고 있는 대표적인 유형은 음악을 예배자들과 그들의 문화 수용과 환대를 위해서 실용적으로 사용하는 것이다. 예배 갱신이 본격적으로 시작된 1960년대 교회의 과제는 문화에 반하는 정서(countercultural ethos)에 갇힌 교회에 등진 예배자들을 다시 교회로 되돌아오게 하는 것이었다. 1960년대 후반 '지저스 피플 운동'(Jesus People Movement)은 기독교 신앙의 본질에 대한 관심을 회복하기 위한 노력으로서 교회의 반문화적 흐름에 새로운 대안을 제시했다. 특히 교회로 하여금 정체된 제도의 경계를 넘어서서 사회를 향해 새로운 접근과 수용을 촉발시켰다. 이 때 교회가 히피들을 수용했고, 이 과정에서 음악은 예배를 통해서 교회와 문화를 연결하기 위한 가교로서 실제적이고 실용적인 전략(pragmatic-a bridge-building strategy) 수단이 되었다.[7] 구체적으로 대중음악의 장르를 예배 안에서 사용했고, 이러한 수용은 교회 밖에 있는 자들을 다시 교회 안으로 이끄는데 중요한 역할을 했다. 대표적인 예가 Church Smith 목사의 갈보리 채플이다. 이 교회는 주일 오전 예배에는 찬송을 사용했지만, 주일 저녁 예배에 대중음악의 음률에 입힌 성경 주제의 곡들을 회중들이 사용하게 했다.[8] 이러한 방식은 당시 일반적으로 사람들에게 가장 잘 알려진 대중음악을 기독교적으로 수용해서 적용하는 접근을 보편화시켰고, 그에 따른 현대 예배 음악(Contemporary Worship Music)과 현대 기독교 복음송(Contemporary Christian Music)을 발전시키는데 기여했다.[9]

예배 음악이 교회 밖 사람들을 교회로 다시 데려오게 하는 문화 접촉점(cultural contact point)의 역할을 하는 것은 이후 1980년대 현대예배의 발전에서 더욱 구체적이고 심화된 형태로 주어진다. 1980년대 북미에 나타난 교회

---

7   David Lemley, *Becoming What We Sing: Formation through Contemporary Worship Music* (Grand Rapids: Eerdmans, 2021), 134.

8   Lim and Ruth, *Lovin' On Jesus*, 60-7. 이와 관련해서, 대중음악 설교적 수용에 대한 논의는 이미 활발하게 논의되고 있다. 이충범, "대중음악의 설교 활용에 관한 시안,"「신학과 실천」30(2012), 321-46.

9   Jay Howard and John Streck, *Apostles of Rock: The Splintered World of Contemporary Christian Music* (Lexington: University of Kentucky Press, 1999), 8.

의 관심사 가운데 하나는 성장 지체 현상이다. 교회들은 지속적으로 성장하던 교회의 정체에 대한 대안을 모색하려 했고, 예배는 교회 성장을 위해 예배자들을 다시 교회로 데려오게 하기 위한 방안을 찾는데 주력했다. 이를 위해서 예배가 동시대 사람들의 문화에 부합한 실천이 되기 위해 노력했고, 특정한 그룹을 전략적으로 접근하기 시작했다. 이런 맥락에서 주어진 현상이 '새로운 대상을 향한 새로운 스타일의 예배'이다. Glenn Stallsmith는 새로운 방식의 예배가 교회 성장 지체에 대한 교회들의 새로운 시도였고, 대형교회와 은사주의 리더십의 영향에 의해서 더욱 활성화된 방식이라고 논증한다.[10] 그의 분석에 따르면 현대예배는 교회 성장의 지체와 둔화를 극복하기 위해서 예배자들의 문화에 관심을 갖고 그들의 문화를 적극 수용하고 반영하는 '새로운 스타일의 예배'를 제시하는 것이다.[11] 이를 위해서 예배자들을 동질 그룹으로 구분해서 세분화시키고 각각에 부합한 예배 방식을 제시하기 위해 노력한다.[12] 현대예배는 음악을 사용해서 특정 문화에 속한 예배자들을 위한 구분된 방식 또는 스타일의 예배를 제공하는데 주력한다. 이때 음악은 교회 건축과 기술을 포함해서 각 문화를 대변하고 표현하는 중요한 방식으로 사용되었다. 음악은 동시대 예배자들을 드러내는 또 다른 표현이었고, 가장 최신의 음악으로 업데이트하는 것은 교회 예배의 중심 과제가 되었다. 비록 현대 예배자들을 위한 새로운 스타일의 예배가 새로운 음악 보급과 사용을 주된 과제로 의도하지는 않았을지라도 음악이 예배자들

---

10 Glenn Stallsmith, "The Path to a Second Service: Mainline Decline, Church Growth, and Apostolic Leadership," in *Essays on the History of Contemporary Praise and Worship*, ed. Lester Ruth, (Eugene: Pickwick Publications, 2020), 55-73.

11 Ibid., 58.

12 Willow Creek Community Church가 이른바 구도자 집회(Seeker Service)를 시도하고 이후 대형교회들을 중심으로 다양한 방식의 새로운 스타일의 예배가 발전한 것은 이미 잘 알려진 현상이다. 이러한 현상은 1960년대 문화 수용의 원리를 예배자들의 기호에 맞추어서 더욱 세분화시킨 엔터테인먼트 전도(entertainment evangelism)로 불리운다. 이와 관련해서는 Walt Kallestad, *Entertainment Evangelism: Taking the Church Public* (Nashville: Abingdon, 1986) 참고할 수 있다.

을 반영하고 예배의 스타일을 결정하는 중요한 위치와 역할을 한 것은 분명하다. 특히 현대인들에게 친숙한 대중음악의 악기를 예배에서 사용하고, 그들에게 친숙한 리듬을 반영한 곡들을 부르고, 음악을 사용하는 시간을 확대했다. 아울러, 구도자들을 포함해서 현대 예배자들을 최대한 교회로 초청하기 위해서 불편을 느끼거나 어색한 음악을 사용하지 않고, 심지어 심도 있는 신학적 의미를 반영하는 곡들을 사용하려 하지도 않는다.[13] 희생과 속죄, 삼위일체와 같은 신학적 의미를 담아내고 표현하는 곡들의 사용을 가급적 지양한다.

이처럼 오늘날 예배 갱신에서 음악은 예배자들에게 다가가고 그들을 교회 안으로 수용하고 환대하기 위한 중요한 위치와 역할을 차지한다. 예배는 음악을 통해서 예배자들의 문화에 다가가고 또 수용하기까지 한다. 음악을 중심으로 각각 서로 다른 문화를 갖고 있는 예배자들을 위해 그에 부합한 예배 스타일을 추구한다. 이것은 예배와 문화 사이의 간격을 줄이는데 기여했고 예배가 문화화를 시도하는 방식의 예를 제시하는 기여도 했다. 또한 음악을 사용해서 문화에 적합한 방식(culturally-appropriate way)으로 예배자들을 수용하고 그들을 위한 예배를 구성하고 실천하는 예도 선명하게 제시한다. 예배의 방식이 예배자들에 따라서 새로운 환경을 수용하고 변화해야 하는 것은 문제가 되지 않는다. 하지만 예배자들에게 부합한 방식을 추구하기 위해서 교회와 역사적 전통 밖에서 자료와 자원을 찾고 그것을 기준으로 제시하는 것은 신중히 고려해야 한다. 음악을 중심으로 오늘날 예배자들을 교회로 수용하고 환대하기 위해 전개한 새로운 스타일의 예배는 그 방향성을 상실하고 있기 때문이다. 새로운 스타일의 예배 참여를 통해서 교회의 전통적 예배 안으로 수용하려는 의도와는 달리 그 자체로 하나의 예배 공동체를 형성하고 전통적 의미의 예배 공동체와 갈등을 경험하고 있다. 음악을 중심으로 한 예배 공동체 안에서의 갈등과 긴장은 이른바 '예배 전쟁'(worship

---

13 Stallsmith, "The Path to a Second Service," 63.

wars)을 초래했다. 이로써 음악은 예배에서 문화 수용을 위한 역할에서 갈등과 긴장을 초래하는 요인이 되었다.[14]

2) 예배자들의 성례적 경험과 참여를 위한 음악 유형

음악이 단지 예배자들을 초청하고 수용하기 위한 실용적 역할을 넘어선 것은 예배 음악을 하나님의 임재 경험과 직접 연결시키려는 노력에서 주어진다. 이 예배자들의 성례적 경험과 참여를 위한 음악 유형은 예배 안에서 음악이 차지하는 위치와 역할을 강화하는데 주력한다. 이 유형의 선구적 역할은 John Wimber가 주도한 한 빈야드 운동(Vineyard Movement)에서 찾아볼 수 있다.[15] 그는 예배자들의 문화를 수용하는 방식으로 음악의 현대성과 전문성을 유지하면서 예배자들이 직접 음악을 통해서 하나님과의 만남을 친밀하게 경험하는데 주력했다. 이후 음악은 예배에서 하나님을 경험하고 하나님과의 친밀한 만남에 참여하는 핵심 구성 요소로 자리를 잡게 되었다. 이렇게 음악의 가장 중요한 역할은 예배자들이 하나님과의 친밀함을 직접 경험하고 참여하게 하는 것이다.[16] Wimber는 하나님을 향한 친밀함의 경험으로서 예배 음악을 일정한 흐름에 따라 구성한다. 그가 구성한 예배 음악의 진행은 '예배로의 초청'(call to worship)-'참여'(engagement)-'표현'(expression)-'하나님의 다가오심'(visitation from God)-'내어드림'(giving of substance)이다.[17] 이 방식은 구체적인 표현에서 조금씩 다르지만 예배 안에서 음악의 위치와 역할을 하나님의 임재와 연결시키는 일종의 기준을 제

14　Thomas Long, *Beyond the Worship Wars* (Durham: Alban Institute, 2001), 1-14 그리고 Sally Morgenthaler, *Worship Evangelism:Inviting Unbelievers into the Presence of God* (Grand Rapids: Zondervan, 1995), 44-5.

15　Andy Park, *Lester Ruth, and Cindy Rethmeier, Worshiping with the Anaheim Vineyard: The Emergence of Contemporary Worship* (Grand Rapids: Eerdmans, 2016) 참조.

16　Andy Park, *To Know You More: Cultivating the Heart of the Worship Leader* (Dowers Grove: IVP, 2002), 90.

17　John Wimber, *Thoughts on Worship* (Anaheim: Vineyard Music Group, 1996), 4-6.

시한다. 곧 음악은 일정한 단계의 여정을 통해서 하나님의 임재를 경험하고 하나님과의 친밀한 만남을 가능하게 하는 예배 구성 요소로서 역할을 한다. 이것은 성막 또는 성전의 구조를 예배 음악에 연결한 것인데, 성소를 거쳐 지성소로 들어가는 여정을 음악 구성과 실천에 반영하는 것이다. Eddie Espinosa에 따르면 시편 95편과 100편이 이러한 모델을 이끌어내고 지성소를 향해 진행하는 예배 음악의 과정을 제시해 준다.[18] 이 모델에 따르면 예배 음악은 즐거움의 노래로 성전을 향해 들어감-감사-찬양-친밀감을 표현하는 경배의 방식으로 구성된다.[19] 하나님과의 친밀한 만남을 향해 진행하는 음악의 경험과 참여는 '하나님에 대한 노래'(song about God)보다는 감사, 찬양, 경배를 담고 있는 하나님을 향한 직접적인 고백을 표현하는 노래(song to God)에 집중한다. 결론적으로 구체적인 곡의 선택은 다르지만 하나님의 임재를 향한 음악적 여정에로의 참여는 모두 동일한 실천 원리가 된다.

현대 예배 갱신에서 음악의 성례적 의미와 역할에 대한 논의는 Sarah Koenig가 구체적으로 발전시켰다. Koenig에 따르면 오늘날 복음주의 예배 실천에서 음악은 은혜의 방편(a means of grace)의 역할을 한다.[20] 예배에서 음악은 단지 성찬이 빠진 자리에서 그 자리를 임시적으로 채워주는 역할을 하는 것이 아니라, 하나님의 자비와 사랑에 직접적으로 대면하는 은혜의 방편이다. 곧 음악은 예배의 주요 구성 요소인 성찬의 자리를 차지할 뿐만 아니라, 나아가 하나님의 임재 경험에 참여하도록 예배자들을 위한 성례적 기능을 직접 감당한다(functions eucharistically for its participants).[21] 음악의 성례적 경험은 단지 문화적으로 음악을 수용해서 친숙한 노래와 음률을 듣게 하는 것을 넘어서서 하나님과의 만남에 전인적으로 참여하는 방편으로까지 그 위

---

18 Eddie Espinosa, *Worship Leaders Training Manual* (Anaheim: Worship Resource Center, 1987), 81-2.

19 Ibid., 81-2.

20 Sarah Koenig, "This is My Daily Bread: Toward a Sacramental Theology of Evangelical Praise and Worship," *Worship* 82, no. 2 (2008), 142-3.

21 Ibid., 147.

치와 역할을 확대하는 것이다. 음악은 다른 예배 구성 요소들보다 훨씬 더 직접적이고 분명하게 하나님을 보고, 듣고, 느끼는 언어 표현을 통해서 성례적 경험을 구체화한다. Koenig는 더 나아가 음악은 공동체의 교통을 강화하고, 성령의 임재에 대한 직접적인 요청을 고백하는 조명 기도의 역할까지 감당한다고 언급한다.[22] 음악이 성례적 기능과 함께 공동체가 함께 연합하고 성령의 임재를 요청하는 확대된 기능을 감당하는 것에 대해서 Ruth와 Lim 교수는 음악이 현대예배를 이끌고 가는 운전자의 역할(music is in the driver seat)을 한다고까지 평가한다.[23]

음악이 단지 예배자들의 문화를 수용하고 환대하는 실용적 기능을 넘어서서 하나님과의 더욱 깊은 친밀함에 참여하고 하나님의 임재를 경험하는 성례적 기능을 하는 것으로 간주하는 것은 예배 구성과 진행에 큰 영향을 미친다. 예배에서 음악이 말씀과 성찬과 함께 하나님의 임재를 경험하도록 이끄는 구성 요소이자 은혜의 방편으로 수용되는 것은 이제 복음주의 예배 실천에서 자연스러운 경험이다. 특히 하나님과의 친밀함에 이르는 여정의 과정을 음악 구성과 실천의 기본 구조와 진행 방식으로 발전시킨 것은 복음주의 예배의 기여로 간주될 수 있다. 음악이 예배자들에게 성령을 통해서 주어지는 직접적인 친밀함을 갈망하고 경험하게 하는 것을 의도적으로 지향한다. 하지만 음악 자체가 기계적으로 하나님의 임재를 보증하거나 자동적으로 이끌어내는 방편으로 수용되는 것은 아니다. 이와 관련해서 John Witvliet은 예배 음악이 영적 조절 방식(liturgical music as spiritual manipulation)으로 사용되는 것을 특별히 주의해야 한다고 강조한다.[24] 아울러 음악의 특성에 따라 하나님의 임재와 친밀함의 경험을 감정적 측면의 강화된 그러나 제한된 경험으로 간주해버리는 위험에 이를 수 있다. 예배의 경험은 단지

---

22 Ibid., 150.
23 Lim and Ruth, *Lovin' On Jesus*, 59.
24 John Witvliet, *Worship Seeking Understanding* (Grand Rapids: Baker Academic, 2003), 234, 239.

지성적 또는 감정적 측면에서의 제한된 참여가 아니라 역동적이고 전인적으로 하나님의 임재와 친밀함에 참여하는 것이다.

3) 예배자들의 삶의 형성과 변화를 위한 음악 유형

오늘날 예배 갱신에서 음악은 예배자들의 삶의 형성과 변화를 위한 유형도 제시한다. 곧 음악은 예배자들의 문화를 수용하고 성례적 경험에 참여하게 하는 것과 함께 예배자들의 삶을 형성하고 변화시키는 역할을 담당한다. 기독교 예배는 신앙과 삶의 형성에서 중요한 실천이다. 예배가 신앙과 삶의 형성에 어떻게 영향을 미치는지에 대한 논의는 이미 오래된 예배 신학의 주제이다. 최근에는 예배와 삶의 형성에 대한 논의와 아울러 특별히 예배와 예술의 관계 속에서 예배자들의 신앙형성 과정을 고찰하고 있다.[25] 음악은 예배에서 수용하는 예술의 대표적 장르이다. 이러한 음악이 예배자들의 삶을 형성하고 변화에 주도적 역할을 한다는 입장은 가장 최근 David Lemley가 심도 있게 고찰했다. Lemley는 그의 책 *Becoming What We Sing*(2021)에서 현대 예배 음악을 통해서 예배자들이 어떻게 형성되는지에 대한 예배학적 논의를 제시한다. 그에 따르면, 음악은 변화를 주도하는 하나님의 임재 참여를 통해서 하나님과의 관계를 형성하고 세상과의 관계를 형성하는 현대예배의 중심 구성 요소이다.[26] 기독교 예배 실천이 하나님의 은혜에 대한 반응으로 구성되듯이, 현대예배에서 음악은 예배자들에게 하나님의 소명을 구체화 시켜주고 그들의 정체성(identity)과 관계(relationship)를 형성하

---

25 James Smith, *Desiring the Kingdom* (Grand Rapids: Baker Academic, 1009), *Imagining the Kingdom* (Grand Rapids: Baker Academic, 2013), *You are What You Love* (Grand Rapids: Brazos, 2016)는 예배와 삶의 형성을 다루는 대표적인 저술들이다. 예배와 예술 그리고 삶의 형성에 대해서는 Bruce Benson, *Liturgy as a Way of Life* (Grand Rapids: Baker, 2013) 그리고 특히 음악과 신앙형성에 대한 이론적 신학적 접근은 Jeremy Begbie, *Resounding Truth: Christian Wisdom in the World of Music* (Grand Rapids: Baker Academic, 2007), *Redeeming Transcendence in the Art* (Grand Rapids: Eerdmans, 2018)을 참고할 수 있다.

26 Lemley, *Becoming What We Sing*, 21-83.

는 역할을 한다.[27] 음악은 단지 감정 표현을 넘어서서 가사와 음률의 고백을 통해 예배자들의 믿음을 구체화하고 하나님과의 더욱 깊은 연합에 참여하는 정체성을 형성(spiritual formation)시킨다.[28] 아울러 개인의 영적 성장만이 아니라 세상에서 하나님의 임재를 더욱 선명히 확대 제시하는 삶(missional formation)을 살아가게 이끈다. 이같이 예배 음악은 하나님의 임재에 전인적으로 참여하는 것과 세상에서 하나님의 일하심에 삶의 방식으로 참여하는 예배자들의 형성에서 중심 역할을 한다. 이러한 예배 음악의 실천을 위해서 Lemley는 포괄적이고 의식적이며 적극적인 목회적 분별력과 돌봄(full, conscious, active pastoral discernment and care)이 요구된다고 피력한다.[29]

삶의 형성을 위한 예배 음악의 역할에 대한 또 다른 논의는 W. David Taylor에 의해서 이루어지고 있다. 예배 음악을 포괄적 측면의 현대 문화로 간주한 Lemley와는 달리, Taylor는 음악을 예술의 범주에서 간주하고 예배자들의 삶의 형성에 미치는 과정과 방식을 구체적으로 소개한다. 그의 책 *Glimpses of the New Creation: Worship and the Formative Power of the Arts*에서, Taylor는 음악이 예배의 예술적 수용에서 핵심이고 예배자들의 삶을 형성하는 강력한 힘을 구현한다고 주장한다.[30] 그에 따르면 음악은 예배자들의 구체적인 행동을 수반하는 참여 방식이다.[31] 이러한 참여 방식에

---

[27] Ibid., 221.

[28] 이러한 예배 음악의 역할에 대한 신학적 고찰은 Don Saliers가 명료하게 정리했다. 그는 음악은 예배자들의 삶의 형성에 중요한 역할을 하는 신앙고백의 표현과 선포 그리고 참여의 방식이라고 주장한다. Don Saliers, "Liturgical Musical Formation," In *Liturgy and Music: Lifetime Learning*, ed. Robin Leaver and Joyce Zimmerman, (Collegeville: Liturgical Press, 1998), 387.

[29] 예배 갱신의 핵심 원리인 '포괄적이고 의식적이며 적극적인 참여'(full, conscious, active participation)를 음악의 목회적 리더십에 적용한 표현이다. Lemley, *Becoming What We Sing*, 219.

[30] David Taylor, *Glimpses of the New Creation: Worship and the Formative Power of the Arts* (Grand Rapids: Eerdmans, 2019), 75-96.

[31] Taylor는 Jeremy Begbie의 예배 음악에 대한 정의에 기초를 두고 자신의 이해를 발전시킨다. 특히 예배 안에서 음악은 구체적인 행위로 참여하는 예술(music primarily as an art fo actions)로 이해한다. Taylor, *Glimpses of the New Creation*, 82에서 밝힌대로 Begbie,

서 예배자들의 상황은 중요한 역할을 한다. 예배자들은 몸과 마음의 상태를 포함해서 삶의 구체적인 모습 전체를 음악의 경험과 연결시킨다.[32] Taylor는 예배자들이 예배 안에서 백지상태(tabula rasa)에서 음악을 수용하는 것이 아니라 자신의 구체적인 상황 곧 심리, 생각, 삶의 형편을 수반해서 참여하는 것을 강조한다.[33] 이것은 같은 음악도 상황에 따라서 다르게 수용될 수 있다는 것을 뜻한다. Taylor는 상황의 구체성이 예배자들의 예배 참여 방식에 미치는 영향을 확신하면서 현대 예배 음악이 예배자들을 어떻게 형성하는지 설명한다. 삶의 형성을 위한 예배 음악은 예배자들의 문화 존중과 수용 방식에서 나타난 것처럼 대중음악의 수용과 가벼운 참여와는 다른 접근을 시도한다. 음악의 참여 대상을 지역교회에서 전 세계의 예배자들로 확대하고, 전자 악기의 의존도를 줄이며 직접적인 소리와 부르는 방식에 집중하게 하고, 노래 가사의 추상적 이해와 수용을 의도적으로 거부하고 곡의 내러티브에 직접 참여하도록 상상력을 형성시킨다.[34] 구체적인 곡과 부르는 방식 그리고 구체적인 예배자들의 참여가 중요하다. 여기서 음악은 단지 곡의 내용을 전달하거나 친숙한 음률을 따라 함께 부르면서 참여하는 것이 아니다. 음악이 제시하는 내러티브의 세계에 참여하고 그 안에서 자신의 생각과 마음 그리고 삶의 방향을 새롭게 형성하는 것이다. Taylor는 현대 예배에서 잘 알려진 곡 'Oceans'(Where Feet May Fail)[35]을 사용해서 음악을 부르는 방식과 참여하는 방식을 통해서 예배자들이 어떻게 형성되는지 구체적으로 설명한다. 이러한 삶의 형성과 관련해서 Taylor는 예배 음악이 예배자들의 생각과 상상력을 새롭게 형성시키고 삶의 변화를 주도하는 공간을 창

Resounding Truth, 38를 동시에 참고.

32 Begbie, *Resounding Truth*, 54-6.
33 Taylor, *Glimpses of the New Creation*, 83-4.
34 Ibid., 88-91.
35 2013년 힐송 유나이티드에 의해서 소개된 곡으로 한국에서는 '주 날 물위로 부르셨네'로 번역되어 사용되고 있다.

조하는 것이라고 언급한다.³⁶ 이것은 예배 음악을 인도하는 자들이 설교와 성찬을 통해 하나님의 임재를 경험하고 반응하게 하는 신학적 역할도 감당한다는 것을 의미한다.

예배 음악이 예배자들의 신앙과 삶을 형성하는 중요한 위치와 역할을 한다는 것은 오늘날 예배 갱신의 기여로 볼 수 있다. 예배자들은 음악을 통해서 자신의 구분된 정체성과 세상과의 관계 방식도 구체화하는 삶의 형성을 경험한다. 예배 음악을 통해서 음악의 리듬에 참여하는 것뿐만 아니라 곡의 내러티브가 제시하는 세계에 전인적으로 참여하며 삶을 형성시킨다. 기독교 신앙에서 변화는 하나님으로 인해 주어지는 구분된 정체성을 형성하고 세상을 향한 비전을 새롭게 구현하는 과정이다. 이러한 변화의 과정은 성경의 가르침을 따라 자신과 세상을 향한 이해와 참여의 방식을 전환하는 과정이다.³⁷ 이것은 Andy Crouch가 강조한 것처럼 단지 문화로서의 음악과 교회와의 관계를 규정하는 것을 넘어서서 세상을 향한 새로운 대안으로 문화를 만들어내는 것을 요구한다.³⁸ 현대 예배 음악은 이러한 문화적 위치와 역할을 수용하고 예배자들의 신앙과 삶을 형성(spiritual and missional formation)하고 성경 내러티브에 기반을 둔 상상력(imagination)을 제시하는 역할을 주도하고 있다. 이렇게 음악을 통한 변화의 경험을 하는 과정에서 주의할 것은 삶의 형성을 기능주의적으로 수용하지 않도록 주의하는 것이다. 예배가 삶의 변화에 주도적 역할을 하는 과정에서 마음의 갈망을 조절하고 하나님 나라를 상상하게 하는 방식을 소개하는 James Smith의 '문화 예배'(cultural liturgy)가 지닌 비평의 요소를 인지하는 것이 필요하다. 음악은 하나님의 임재를 경험하는 방편으로서 역할을 하지만, 하나님의 임재를 기계적으로 제

---

36 Taylor, *Glimpses of the New Creation*, 91.
37 Walter Brueggemann, *The Word That Redescribes the World* (Minneapolis: Fortress Press, 2011), 3-19.
38 Andy Crouch, *Culture Making: Recovering Our Creative Calling* (Downers Grove: IVP, 2008), 139.

시하는 주체는 아니다.³⁹ 이것은 예배 음악의 성례적 역할에 대한 비평적 고찰에서도 언급한 것처럼 음악 자체가 변화를 자동적으로 이끌어낸다는 접근을 주의하는 것이다. 예배에서 변화의 주체가 음악 자체가 아니라 삼위일체 하나님이고, 성령의 주도적 역할에 의해서 그리스도의 임재를 경험할 때 변화가 주어진다는 신학적 고찰을 반영하는 것이 요구된다.⁴⁰

3. 현대 예배 음악의 유형들을 고려한 예배 실천의 과제

현대예배 실천에서 음악은 중심의 위치를 차지한다. '설교와 성찬'의 기본 구조를 인정하지만 예배의 현상은 '음악과 설교'의 방식을 드러내고 있다. 위에서 정리한 현대 예배 음악의 세 가지 유형은 각각 구분되고 독립된 방식으로 예배 실천에서 나타나는 것은 아니다. 예배 인도자들과 참여자들의 세부적인 관심과 강조점은 다를 수 있지만, 오늘날 예배는 위 세 가지 유형들이 하나의 강물로 통합되는 현상을 나타내고 있다. Lester Ruth는 현대예배의 현상과 역사를 규명하면서 '경배와 찬양 운동'(Praise & Worship Movement)이 '현대예배'(Contemporary Worship)로 발전한 후 이제 두 현상이 복잡하게 통합되어 '현대 경배와 찬양'(Contemporary Praise & Worship)으로 통합된 모습으로 나타난다고 분석한다.⁴¹ 이러한 통합 현상은 예배 음악의 위치와 역할도 각각 구분할 수 있지만 서로 분리된 모습으로 주어지는 것이

---

39 Clayton Schmit, "Worship as a Locus for Transformation," In *Worship That Changes Lives*, ed. Alexis Abernethy, (Grand Rapids: Baker Academic, 2008), 39.

40 John Witvliet, "The Cumulative Power of Transformation in Public Worship: Cultivating Gratitude and Expectancy for the Holy Spirit's Work," *Worship That Changes Lives*, 41-60.

41 그가 편집한 *Essays on the History of Contemporary Praise and Worship*은 이러한 통합 현상의 역사적 발전을 다양하게 고찰하고 분석한다. 그가 Lim Swee Hong 교수와 함께 이전에 쓴 *Lovin' On Jesus*보다 음악을 중심으로 더욱 세분화해서 고찰했다.

아니라는 것을 시사한다. 예배자들의 문화를 수용하고, 하나님의 임재 경험에 참여하게 하고 정체성과 삶의 관계를 새로운 상상력 안에서 형성해 가는 음악의 역할도 복잡한 방식으로 서로 통합되어 나타난다. 따라서 이 세 가지 예배 음악 유형 가운데 어느 하나를 선택하는 것보다는 공동체 예배 안에서 이 세 가지의 유형이 제시하는 특징들을 지혜롭게 반영하는 것이 더욱 바람직하다. 이런 점에서 오늘날 예배 음악의 실천 과정에서 고려할 수 있는 몇 가지를 신학적 관점에서 제안하고자 한다.

1) 예배 음악의 포용성 반영

첫째, 예배 음악에 포용성을 반영하는 것이다. 예배 음악을 예배자들의 문화 수용 방식으로 접근할 경우 예배자들의 문화에 따라서 음악이 결정된다. 음악을 통해서 예배 안에 동시대의 문화를 반영하고, 그 문화에 속한 자들에게 호감과 매력을 제공하는 것은 그 자체로 크게 문제가 되지 않는다. 예배는 내용과 구조의 전통적 측면과 예배자들의 문화라는 상황적 측면의 통합을 제시하기 때문이다. 특히 전통적 방식의 예배가 예배자들에게 하나님을 더욱 실제적이고 역동적으로 경험하게 하기 위해서 음악을 중심으로 한 문화 수용을 시도하는 것은 현실적으로 중요한 실천이다. 하지만 예배자들을 문화적 성향이나 기호에 따라 동질 그룹으로 대상화해서 접근하게 되면 자신과 다른 문화적 상황이나 특징을 지닌 이들과 함께 예배하는 것이 어렵게 된다. 대상에 따라서 끊임없이 변화해야 하고 적합성을 따라 변화를 시도해야 하는 실용적 측면을 강조하면서 예배의 포용적 측면을 상실하게 할 수 있다. 이것과 관련해서 Ruth는 현대 예배 음악의 강력한 두 가지 요소인 새로움과 실용성을 추구하는 것에 대해서 주의해야 한다고 언급한다.[42] 따라서 예배 음악에 포용성을 반영하는 것이 필요하다. 기독교 예배 공동체는 서로 다른 문화적 특징을 지닌 자들이 함께 경배하고 신앙을 구축하는

---

42 Ruth, "Insights for the Historiography of Praise and Worship," 185.

실천이다. 서로 다른 세대, 서로 다른 문화, 서로 다른 계층, 또는 서로 다른 조건에 속한 자들이 함께 하나님을 예배할 수 있도록 자신과 다른 이들을 향한 환대와 수용이 필요하다. 곧 예배 실천이 문화를 수용하는 상황뿐 아니라, 예배자들이 다른 예배자들을 수용하는 환대를 경험하게 하는 것이 필요하다. 예배자들 상호간 환대를 통해 포용성을 제시하는 예배는 새로운 실험이 아니라 기독교 예배의 본질을 제시하는 중요한 과제이다. 예배는 서로 다른 예배자들의 문화 수용을 위한 환대의 공간으로 발전시키는 것이 요구된다.[43]

2) 감정 중심의 참여 주의

둘째, 음악을 통해 하나님의 임재를 경험할 때 감정 중심의 참여 방식에 치우치지 않는 것이다. 예배에서 음악을 통한 감정의 경험은 중요하고 불가피하다. 음악은 감정의 표현 방식이기도 하고 새로운 감정을 이끌어내는 강력한 힘도 지닌다. 현대 예배는 음악이 하나님의 임재 경험에서 중요한 위치와 역할을 하고 있다는 것을 실제적으로 인정하고 지향한다.[44] 이 때 예배에서 음악의 감정적 경험과 하나님의 임재를 경험하는 성례적 경험은 종종 혼동되거나 심지어 동일한 것으로 수용되기도 한다. 이로 인해서 오늘날 예배자들 가운데 음악을 예배의 전부이자 가장 중요한 성례적 구성 요소로 간주하는 이들도 있다. 하지만 Ruth가 지적한 것처럼, 현대 예배에서 음악을 하나님의 임재 경험의 전부이자 핵심으로 간주하는 것은 예배 실천의 포괄적 안목과 접근을 제한시킨다.[45] 아울러 하나님의 임재에 참여하는 과정은 감정뿐 아니라 포괄적이고 인격적 연합의 경험 과정이다. 음악이 하나

---

43 Sandra Van Opstal, *The Next Worship* (Downers Grove: IVP, 2015), 43.
44 Adam Perez, "Sounding God's Enthronement in Worship," in *Essays On The History of Contemporary Praise and Worship*, ed. Lester Ruth, (Eugene: Wipf and Stock, 2020), 85.
45 Lester Ruth, "Methodological Insights for the Historiography of Praise & Worship," in *Essays On The History of Contemporary Praise and Worship*, 182.

님의 임재에 참여하게 하는 측면을 강화시킨 것은 긍정적인 측면이지만 감정적 경험과 주관적 느낌으로 그것을 판단하게 하는 것은 주의하는 것이 필요하다. 이를 위해서 삼위일체의 능동적 임재와 일하심에 대한 강조를 음악 경험과 참여에 반영하는 것이 도움이 될 수 있다. 예배에서 삼위 하나님과의 만남과 경험을 주로 인간의 관점으로(in anthropological frame) 해석한다. 곧 영적 예배(spiritual worship)는 물질에 반하는 측면을 강조하는 것으로 이해한다.[46] 또한 '영과 진리'(in spirit and truth)로 예배하는 것을 인간의 몸을 기준으로 감정과 이성의 참여로 받아들이곤 한다. 하지만 예배와 관련한 인간의 몸은 성령의 전(고린도전서 3:16, 6:19)으로서, 성령의 도우심을 받아 아버지 하나님의 영광을 위해 선물로 주어진 그리스도와 연합을 경험한다. 곧 인간의 몸은 인간 스스로 가진 무엇인가가 아니라, 삼위일체 하나님의 주도적 임재와 일하심을 위한 공간의 의미를 지닌다.[47] 이것은 '영과 진리'로 예배하는 것이 인간의 내면, 심리 또는 감정과 지성의 조화로운 참여를 의미하기보다는 하나님의 영과 진리이신 그리스도의 일하심에 대한 참여를 강조한다.[48] 하나님의 임재에 참여하는 예배에서의 성례적 경험은 인간의 내면과 심리에서 이루어지는 감정적 영역에 축소 또는 제한되지 않고 성령과 그리스도의 직접적인 임재와 인도하심에 참여하는 것이다. 음악은 예배자들의 감정을 조절해서 그 자체로 하나님의 임재를 주도하거나 경험하게 하는 것이 아니다. 예배 음악은 언제나 아버지 하나님께서 은혜로 허락해주시는 성령의 도우심을 받아 그리스도와의 연합에 이르는 과정에서 그 의미와 역할이 결정되어야 한다.

---

[46] David Taylor, *The Theater of God's Glory: Calvin, Creation, and the Liturgical Arts* (Grand Rapids: Eerdmans, 2017), 122.

[47] Ibid., 133.

[48] Ibid., 164-5.

3) 신앙과 삶의 형성 강화

셋째, 성경의 내러티브를 통해 예배자들의 신앙과 삶을 형성하는 방식을 더욱 구체적으로 강화하는 것이다. 현대 예배 음악이 예배자들의 정체성과 관계를 구체적으로 표현하고 상상력을 제공하는 방식으로 형성적 기능을 감당하는 것을 제시한 것은 도움이 된다. 예배 참여 또는 음악의 사용 자체가 기계적으로 예배자들의 변화를 이끌어낼 수 있다는 막연한 기대에 의존하지 않고 구체적인 변화의 방식을 제시해주기 때문이다. 현대 예배는 예배자들의 정체성이 하나님과의 관계성을 통해서 이루어지고 음악이 그러한 형성의 과정에서 핵심을 차지한다는 것을 인정한다. 아울러 음악이 예배자들에게 새로운 상상력을 제시하고 그것에 참여하는 방식으로 삶을 형성시킨다는 것도 인정한다. 여기서 Lemley와 Taylor가 동시에 강조하듯이 예배 음악이 예술의 가치인 창조성을 통해 예배자들의 삶을 직접 형성하는데 기여한다.[49] 예배 음악이 예배자들의 삶을 형성하는데 동의한다면 방향성이 중요하다. 곧 예배자들의 형성 자체가 과제가 아니고 '어떤 모습으로' 예배자들의 신앙과 삶을 형성시키는지가 중요하다. 예배 실천의 과제는 예배자들의 변화 자체가 아니라 하나님의 형상 곧 그리스도의 형상으로 변화하도록 돕는 것이다. 그리스도의 형상으로 변화의 구체적인 방향성과 과정을 이끌어내기 위해 성경의 내러티브를 음악에 반영하고 강화하는 것이 도움이 될 수 있다. 좀더 구체적으로 음악을 통한 예배자들의 형성과 관련해서 창조-타락-구속의 회복을 제시하는 성경의 세계관적 구조를 사용하면 도움이 될 수 있다. 창조의 하나님, 구속의 그리스도, 회복의 성령님은 성경 전체 내러티브의 중요한 주제이다. 예배 음악은 성소와 지성소를 향해 가는 하나님과의 친밀한 경험에 이르는 것을 넘어서서 창조와 회복으로서의 구속을 주관하시는 삼위 하나님께 참여하는 과정이다. 창조와 그 완성을 이루어가시는 삼위 하나님의 모습은 그리스도를 통해서 구체화된다. 예배자들은

---

[49] Lemley, *Becoming What We Sing*, 227-31. Taylor, *Glimpses of the New Creation*, 70-3.

삼위 하나님의 창조와 회복의 역사에 참여하는 선교적 방식으로 삶을 형성한다. 이러한 성경의 내러티브를 담아내기 위해서 음악은 창조 세계를 노래하고 '하나님의 영광을 선포하는 극장'(a theater for God's glory)[50]으로 제시할 수 있다. 예배 음악은 하나님의 위대한 창조를 직접 선포하고 표현하는 방식으로 수용하면서 예배자들의 세계를 하나님의 창조 공간으로 제시한다. 타락으로 인해 주어진 인간의 아픔과 상처를 함께 고백하고 그것을 위한 새로운 소망과 회복을 음악에 담아내는 것도 그리스도에 참여하고 연합하는 과정에서 중요하다. Walter Brueggemann은 인간의 아픔과 상처를 새로운 소망으로 전환하는데 시편을 기도와 음악으로 사용해서 예배자들이 그리스도의 모습을 따라 더욱 직접 형성될 수 있는 신학적 방향성을 제시한다.[51] 이처럼 창조와 새로운 회복을 주제로 제시하는 음악 사용은 성경에서 제시하는 하나님의 형상을 포괄적으로 이해하고 수용하고 또 직접 구현하는 과정에 도움을 줄 수 있다.

4. 나오는 글

이 장은 현대예배에서 음악의 위치와 역할에 대한 유형을 정리하고 분석하는데 집중했다. 우리 시대의 예배에서 음악은 크게 세 가지 유형으로 주어진다. 첫 번째는 예배자들의 문화를 수용하는 유형이다. 이 유형은 동시대 예배자들의 문화와 연결하는 것을 중요한 과제로 받아들인다. 특정한 대상에 적합한 특정한 방식의 예배를 선호하고 지체된 교회를 성장시키기 위

---

50 John Calvin, *Institutes of the Christian Religion*, ed. John McNeil, trans. Ford Lewis Battles, (Philadelphia: Westminster, 1960), 1, 11.5.

51 Walter Brueggemann, *Spirituality of the Psalms* (Minneapolis: Fortress, 2001), 46-57. 하나님과 인간의 관계방식을 삶의 원래 주어진 창조적 질서(orientation)가 타락으로 인해 뒤틀린 상황(disorientation)에 있으나 하나님에 의해서 새로운 소망의 회복(reorientation)으로 전환되는 과정으로 이해한다.

한 방식으로 음악을 사용하며 새롭고 실험적인 예배도 주저하지 않는다. 예배자들의 역동적이고 활력있는 참여를 이끌어내는데 기여하지만 서로 다른 문화 성향을 지닌 자들과의 대립과 긴장을 유발하는 위험도 있다. 두 번째는 예배 음악을 통한 성례적 경험을 강화하는 유형이다. 이 유형은 예배에서 그리스도와의 직접적이고 친밀한 만남을 강조하고 이를 위해 음악의 위치와 역할을 강화한다. 음악은 말씀과 성찬과 아울러 하나님의 임재를 직접 경험하고 참여하게 하는데 중요한 구성 요소로 자리를 잡고 수용된다. 하나님의 임재를 예배 실천의 핵심으로 받아들이게 하는데 기여하지만 감정 중심의 경험으로 제한시킬 수 있는 위험도 있다. 세 번째 유형은 음악을 통해 삶의 변화를 이끌어내는 유형이다. 이 유형은 예배 음악이 예배자들에게 정체성을 제시하고 관계를 규정하며, 상상력을 제공하는 방식으로 삶을 형성하는 것을 강조한다. 예배 음악은 예배 경험의 추상적이고 피상적인 접근을 지양하고 구체적인 상황에 예배자들이 하나님과의 관계성 안에서 누구이며 세상을 향해 어떻게 살아가야 하는지에 대한 답변을 제시한다. 예배 음악이 예배자들의 삶을 변화시키는 중요한 방식을 수용하고 그 기여를 인정하지만 변화가 기계적으로 주어지지 않는다는 점과 변화의 방향성을 구체화 시켜야 하는 과제를 동시에 갖고 있다.

오늘날 예배 음악의 세 가지 유형은 서로 분리된 방식으로 나타나지 않고 각 공동체의 예배 실천에 복잡한 방식으로 상호 영향을 미치며 통합된 모습으로 주어진다. 따라서 세 가지 유형 가운데 어느 하나를 선택하기보다는 목회적 분별력과 지혜를 가지고 예배자들의 전인적 참여와 변화를 위한 실천을 이끄는 것이 필요하다. 이를 위해서 예배 음악 수용의 포용성을 확대하고, 하나님의 임재를 삼위일체적 구조로 이해하고 참여하게 하며, 창조와 완성을 지향하는 성경적 세계관의 내러티브를 제시하는 것이 도움이 될 수 있다. 이 장은 현대 예배에서 음악이 사용되는 위치와 역할에 대한 유형을 분석하고 실천을 위한 신학적 방향성을 제시하는데 집중했다. 하지만 각각의 특징을 반영하는 예배 음악의 구체적인 예들과 실천 방식에 대한 사례 또는 매뉴얼을 제시하지는 못했다. 이러한 실천적 사례와 제안에 대해서는 이후 계속되는 연구에서 지속하고자 한다. 이러한 제한에도 불구하고 예배 음악이 현대 예배자들의 신앙과 삶의 형성에 직접적인 영향을 미치고 있다는 것을 수용하는 것은 의미를 지닌다.

참고문헌

김병석. "예배의 문화 수용에 관한 초월성 연구."「신학과 실천」 48 (2016), 35-61.
김성배, 장민호. "현대예배음악에 사용된 대중 음악적 표현 양식에 대한 음악 미학, 사회학적 해석, 적용에 관한 연구."「신학과 실천」 67 (2019), 67-93.
김세광. "문화변혁에 따른 예배 변화에 관한 신학적 연구-20세기 중엽 이후 한국 개신교 안의 예배융합 (Blended Worship)과 예배전쟁 (Worship War) 현상을 중심으로."「신학과 실천」 32 (2012), 143-169.
이충범. "대중음악의 설교 활용에 관한 시안."「신학과 실천」 30 (2012), 321-46.
조기연. "예전과 음악의 관계성에서 관한 한 연구."「신학과 실천」 26 (2011), 59-82.
Begbie, Jeremy. *Redeeming Transcendence in the Art*. Grand Rapids: Eerdmans, 2018.
_____. *Resounding Truth: Christian Wisdom in the World of Music*. Grand Rapids: Baker Academic, 2007.
Benson, Bruce. *Liturgy as a Way of Life*. Grand Rapids: Baker, 2013.
Brueggemann, Walter. *The Word That Redescribes the World*. Minneapolis: Fortress Press, 2011.
Calvin, John. *Institutes of the Christian Religion*, ed. John McNeil, trans.

Ford Lewis Battles. Philadelphia: Westminster, 1960.

Crouch, Andy. *Culture Making: Recovering Our Creative Calling*. Downers Grove: IVP, 2008.

Espinosa, Eddie. *Worship Leaders Training Manual*. Anaheim: Worship Resource Center, 1987.

Howard, Jay and John Streck. *Apostles of Rock: The Splintered World of Contemporary Christian Music*. Lexington: University of Kentucky Press, 1999.

Justin Martyr. "The First Apology." In *Liturgies of the Western Church*, ed. Bard Thompson, 3-12. Minneapolis: Fortress Press, 1980.

Kallestad, Walt. *Entertainment Evangelism: Taking the Church Public*. Nashville: Abingdon, 1986.

Koenig, Sarah. "This is My Daily Bread: Toward a Sacramental Theology of Evangelical Praise and Worship." *Worship* 82, no. 2 (2008), 141-60.

Lemley, David. *Becoming What We Sing: Formation through Contemporary Worship Music*. Grand Rapids: Eerdmans, 2021.

Long, Thomas. *Beyond the Worship Wars*. Durham: Alban Institute, 2001.

Morgenthaler, Sally. *Worship Evangelism:Inviting Unbelievers into the Presence of God*. Grand Rapids: Zondervan, 1995.

Packiam, Glen. *Worship and the World to Come: Exploring Christian Hope in Contemporary Worship*. Downers Grove: IVP, 2020.

Park, Andy, Lester Ruth, and Cindy Rethmeier. *Worshiping with the Anaheim Vineyard: The Emergence of Contemporary Worship*. Grand Rapids: Eerdmans, 2016.

Park, Andy. *To Know You More: Cultivating the Heart of the Worship Leader*. Dowers Grove: IVP, 2002.

Perez, Adam. "Sounding God's Enthronment in Worship." In *Essays On The History of Contemporary Praise and Worship*, ed. Lester Ruth, 74-

94. Eugene: Wipf and Stock, 2020.

Redmann, Robb. *The Great Worship Awakening*. San Francisco: Jossey-Bass, 2002.

Ruth, Lester and Swee Hong Lim. *Lovin' On Jesus*. Nashville: Abingdon, 2017.

Ruth, Lester. "Methodological Insights for the Historiography of Praise & Worship." In *Essays On The History of Contemporary Praise and Worship*, ed. Lester Ruth, 143-92. Eugene: Wipf and Stock, 2020.

Saliers, Don. "Liturgical Musical Formation." In *Liturgy and Music: Lifetime Learning*, ed. Robin Leaver and Joyce Zimmerman, 384-94. Collegeville: Liturgical Press, 1998.

Schmit, Clayton. "Worship as a Locus for Transformation." In *Worship That Changes Lives*, ed. Alexis Abernethy, 25-40. Grand Rapids: Baker Academic, 2008.

Smith, James. *Desiring the Kingdom*. Grand Rapids: Baker Academic, 2009.

_____. *Imagining the Kingdom*. Grand Rapids: Baker Academic, 2013.

_____. *You are What You Love*. Grand Rapids: Brazos, 2016.

Spinks, Bryan. *The Worship Mall*. New York: Church Publishing, 2011.

Stallsmith, Glenn. "The Path to a Second Service: Mainline Decline, Church Growth, and Apostolic Leadership." In *Essays on The History of Contemporary Praise and Worship*, ed. Lester Ruth, 55-73. Eugene: Pickwick Publications, 2020.

Taylor, David. *Glimpses of the New Creation*. Grand Rapids: Eerdmans, 2020.

_____. *The Theater of God's Glory: Calvin, Creation, and the Liturgical Arts*. Grand Rapids: Eerdmans, 2017.

Van Opstal, Sandra. *The Next Worship*. Downers Grove: IVP, 2015.

Ward, Pete. *Selling Worship: How What We Sing Has Changed the Church*. Waynesboro: Paternoster, 2005.

Webber, Robert. *Planning Blended Worship*. Nashville: Abingdon, 1998.

_____. *Worship Old and New*. Grand Rapids: Zondervan, 1982.

Wimber, John. *Thoughts on Worship*. Anaheim: Vineyard Music Group, 1996.

Witvliet, John. "The Cumulative Power of Transformation in Public Worship: Cultivating Gratitude and Expectancy for the Holy Spirit's Work." In *Worship That Changes Lives*, ed. Alexis Abernethy, 41-60. Grand Rapids: Baker Academic, 2008.

_____. *Worship Seeking Understanding*. Grand Rapids: Baker Academic, 2003.

Wright, Timothy. *A Community of Joy: How to Create Contemporary Worship*. Nashville: Abingdon, 1994.

chapter 7

예배의 공동체성과 공공성 회복
예배 위기에 대한 개혁주의적 대안[1]

1. 들어가는 글

기독교 역사에서 위기라 불리지 않는 시기는 찾아보기 어렵다. 동시에 모든 위기는 적절한 대응과 반응을 통해서 변화를 초래한다.[2] 오늘날 팬데믹은 예배의 이해와 실천에도 위기를 직면하게 했고, 그 반응과 대응 과정에서 새로운 변화를 초래했다. 공동체의 모임 제한이라는 위기에 직면했지만, 디지털 기술 활용을 통한 온라인 또는 온텍트 방식의 예배 수용과 확대라는 변화를 촉발했다. 미디어 기술을 활용한 온라인 예배가 그 자체로 모임 제한으로 인해 발생한 새로운 실천은 아니지만,[3] 공예배의 본질과 구성

---

[1] 이 장은 2022년 3월 29일 총신대학교 신학대학원에서 열린 심포지움에서 '예배의 위기와 대안'이란 제목으로 발표했고, 「복음과 실천신학」 제 66 권 (2023: 107-136)에 "예배의 공동체성과 공공성 회복: 예배 위기에 대한 개혁주의적 대안"이란 제목으로 게재된 것을 수정 보완한 것임.

[2] Trisha Taylor, Jim Herrington, Robert Creech, *The Leader's Journey: Accepting the Call to Personal and Congregational Transformation* (Grand Rapids: Baker, 2020), 96-101.

[3] 팬데믹 또는 모임 제한 상황 이전부터 온라인 예배, 온라인 공동체 등은 이미 나타났고, 그러한 실천을 확대하기 위한 노력도 주어졌다. Tim Hutchings, *Creating Church Online* (New York: Routledge, 2017)은 팬데믹 이전 2000년 이후 주어진 온라인 공동체와 예배 시도를 위한 사례 분석과 연구를 담아내고 있다. 팬데믹 이전부터 온라인 예배 활성화를 위해 노력한 공동체의 대표적인 예는 North Point Churh가 있다.

을 더욱 분명하게 이해하고 수용하도록 예배 분석과 연구의 주제를 심화시켰다. 예배에서 모임의 중요성, 디지털 기술 사용의 구체적인 원리와 방법, 예배자들의 적극적인 참여 독려, 성찬과 음악 그리고 기도와 같은 예배 구성요소들의 변화된 수용과 실천 등에 대해서 더욱 심도 있는 연구를 시도하고 있다.[4] 예배 위기에서 주어진 현상에 대한 이러한 접근과 노력은 단지 디지털 방식의 예배 수용 여부에 대한 정당성 또는 임시적 불가피성에 따른 선택을 넘어서서 예배 실천의 신학적 목회적 고찰을 요구한다. 이를 위해서 이전의 연구에 기초해서 예배의 위기에 대한 명확한 이해와 분석 그리고 신학적 원리에 따른 대안 제시를 시도해야 한다.

그런데 예배의 위기를 진단하고 대안을 제시하는 것은 어느 하나의 고정된 예배 스타일 또는 방식을 제시하는 것이 아니다. 어느 하나의 고정된 예배 방식을 모든 예배 공동체를 위한 모델로 제시하려는 시도는 현실적으로 예배의 낭만주의적 이상에 갇히는 것이다.[5] 이른바 미디어를 통해 등장한 '셀러브리티 예배'(celebrity worship) 원리에 따라 무조건 많은 공동체가 참여하거나 지향하는 방식을 선도하는 것은 단지 대형교회 운동의 원리에 예배 실천의 방향을 종속시키는 것이다.[6] 엄격히 말하면 고정된 하나의 예배 실천(the Christian liturgy)은 없고, 서로 다른 상황에서 주어지는 예배 실천들

---

[4] 오현철, "뉴노멀시대 설교의 변화," 「복음과 실천신학」 제57권(2020):117-144, (https://doi.org/10.25309/kept.2020.11.15.117). 안덕원, "디지털 미디어 시대의 기독교 예배-전통적인 경계선 밖에서 드리는 예배를 위한 제언," 「복음과 실천신학」 제56권 (2020): 45-82, (http://doi.org/ 10.25309/kept.2020.8.15.045). 주종훈, "새로운 일상에서의 예배 실천을 위한 신학적 목회적 고찰," 「복음과 실천신학」 제62권 (2022): 11-46, 김순환, "비상 상황 하의 온라인 예배 매뉴얼의 이론과 실제 모색," 「복음과 실천신학」 (2021) 제58권 (2021): 261-287, (https://doi.org/10.25309/kept.2021.2.15.261). 주종훈, "디지털 예배의 목회적 신학적 고찰과 실천 방향," 「복음과 실천신학」 제60권(2021): 45-81 (https://doi.org/10.25309/kept.2021.8.15.045) 등을 참고할 수 있다.

[5] Hughes Old, *Worship Reformed According to Scripture* (Louisville: Westminster John Knox Press, 2002), 165.

[6] Pete Ward, *Celebrity Worship* (New York: Routledge, 2020), 147-53.

(Christian liturgies)이 있을 뿐이다.[7] 개혁교회 예배 전통에서도 거의 동시대 실천인 Calvin과 Knox의 예배가 다르고, 17세기 웨스트민스터 '디렉토리'에 따른 예배 실천도 이후 서로 다른 해석을 따라 강조점을 달리하면서 유기적으로 수용하고 발전해 왔다.[8] 하지만 이것은 예배의 불가지론을 의미하지 않고 다양한 형태와 서로 다른 방식으로 구현된 예배 실천들의 공유된 원리와 특징을 분석하고 그에 부합한 새로운 사역의 과제를 제시하게 한다.[9]

예배 갱신의 과제는 서로 다른 예배 공동체들 사이에서 주어지는 위기의 특징을 살피고 신학적 원리에 따라 실천의 과제를 대안으로 제시하는 것을 포함한다. 곧 위기로 주어지는 기독교 예배 실천의 새롭고 변화된 상황에서 지속해서 예배의 본질과 효력을 지니도록 원리에 근거한 방향과 과제를 제시하는 것이다.[10] 이러한 갱신의 논리에 따라 예배 위기를 진단하고 적절한 대안을 제시하기 위해서는 예배 이해와 실천에 대한 신학적 원리를 반영해야 한다. 예배의 신학적 원리는 실천에서 나타나는 정체성 제시를 위한 중요한 토대가 된다. 이 장은 오늘날 예배의 현실에 대한 개혁주의적 입장에서의 분석과 진단을 통해 좀 더 엄밀한 의미의 개혁주의 예배 실천을 위한 방향과 과제를 대안으로 제시하는 데 주력한다. 이를 위해서 우선 첫째로 오늘날 공예배의 현상에 나타나는 위기의 모습을 살펴보고 그러한 현상을 지배하는 원리를 분석한다. 둘째로 이러한 현상과 위기에 대한 대응을 위해 본 연구자의 신학적 입장에 따른 개혁주의 예배의 원리와 특징을 제시한다. 그리고 마지막 셋째로 개혁주의 예배 정체성을 지속해서 구현하기 위한 예배 실천의 구체적인 방향과 과제를 제안한다.

---

[7] Nicholas Wolterstorff, *The God We Worship: An Exploration of Liturgical Theology* (Grand Rapids: Eerdmans, 2015), 3.

[8] Bryan Spinks, *Scottish Presbyterian Worship* (Edinburgh: Saint Andrew Press, 2020). 이 책은 장로교 예배의 다양한 발전 과정을 유기적 변화로 규정하면서 역사적으로 고찰한다.

[9] William Abraham, *The Logic of Renewal* (Grand Rapids: Eerdmans, 2003), 155.

[10] 이렇게 변화된 상황에서 새로운 것을 만들어내는 것이 아니라, 원리에 부합한 의미를 효력 있게 제시하는 노력을 가리켜 갱신(renewal)이라고 한다. Abraham, *The Logic of Renewal*, 2.

2. 우리 시대 예배의 현상과 특징에서 주어진 위기

사회적 거리두기와 온라인 활동의 증가를 강화시킨 뉴노멀 시대는 예배의 새로운 현상을 초래했다. 뉴노멀 시대의 예배 경험과 실천은 두 가지 두드러진 현상적 특징을 지닌다. 우선 첫째로, 예배 참여와 관련한 중심성 약화이다. 오랫동안 공예배는 정해진 시간에 구체적인 장소에 함께 모여 실천해왔다. 성막, 성전, 회당, 가정교회, 교회 예배당은 예배 실천을 위한 구심점이었고, 예배자들은 일정한 리듬에 따라서 예배 장소와 삶의 순환적 반복을 통해 신앙을 형성했다.[11] 하지만 정해진 장소에서의 모임과 함께 스크린을 통한 가상공간의 예배 참여는 예배 실천의 중심성을 약화시켰다. 개인의 생활 공간과 가정 그리고 예배 장소 사이의 경계가 모호해졌고, 그로 인해서 장소 중심의 모임과 흩어짐에 의한 순환적 리듬에 따른 신앙 경험과 실천보다 개인적인 예배 참여와 경건이라는 신앙 형성 방식을 강조한다.

이와 아울러 또 하나의 두드러진 특징은 공예배의 대화 구조와 방식의 약화이다. 기독교 예배는 하나님과 예배자들 사이의 인격적 관계 형성을 위한 대화 구조를 제시한다. 예배의 구성요소들은 하나님을 향한 예배자들의 경배, 기도, 찬양 그리고 하나님이 예배자들을 향한 말씀, 위임, 축복 등으로 나타나는 상호 대화 구조로 진행된다.[12] 하지만 오늘날 예배는 하나님과 예배자들 사이의 인격적 대화 구조보다는 메시지 전달과 수용 중심에 집중시킨다. 그로 인해서 하나님과의 전인적 대화(communal dialogue)보다는 신앙을 위한 지식 수용과 깨달음을 위한 교화(edification)를 강화한다.[13] 이러한 현상은 의도치 않게 예배의 전인적 참여(embodied participation)보다는 메시지 선

---

11 Robbie Castleman, *Story Shaped Worship* (Dowers Grove: IVP, 2013), 62-70.
12 William Dyrness, *A Primer on Christian Worship* (Grand Rapids: Eerdmans, 2009), 1-2.
13 Nicholas Wolterstorff, "Thinking About Church Music," *Music in Christian Worship*, ed., Charlotte Kroeker (Collegeville: Order of Saint Benedict, 2005), 15.

택을 위한 예배의 소비주의자들을 초래하고,[14] 지성중심의 예배[15] 또는 영적 깨달음만 강조하는 영지주의적 치우침[16]에 빠지게 할 수 있다.

1) 예배의 개인주의적 참여

이러한 예배의 중심성 약화와 대화 구조의 위축은 예배의 위기와 관련한 중요한 측면을 부각시킨다. 우선 첫째로 예배 경험과 참여에서 개인주의 측면을 위기로 선명하게 부각시킨다. 예배자들은 직접 공동체로 같은 '장소'(place)에 모이지 않아도 공예배 참여가 가능하게 되었다. 디지털 기술에 의해서 가능하게 된 연결성(connectivity)을 강조하고 개인의 자발적 참여를 예배의 중요한 조건으로 제시한다. 하나님의 임재가 물리적 공간에 제한되지 않는다는 점에서 가상공간에서의 성령의 임재와 역사에 대해서 제한할 수는 없다.[17] 하지만 현대 기술에 의해서 가능하게 된 가상공간의 연결성은 공동체성(communality)과 구분된다. 자발적 의사 결정에 의해서 언제든지 가입과 활동 그리고 탈퇴가 가능한 가상공간의 참여는 서로에 대한 섬김과 희생을 요구하는 사회적 구성체로서의 공동체와 다르다. 가상공간에서의 예배는 실제 모임에서의 예배를 단지 온라인에서 경험하는 방식으로 전환하는 것 이상의 의미를 지닌다. 가상공간은 가치중립적으로 예배를 위한 도구로 수용되지 않고 예배 참여와 경험을 위한 새로운 환경을 제공하고 그 참

---

14 이미 예배 소비주의 현상은 예배갱신운동에서 다양한 방식으로 위험하게 드러났고, 온라인 예배는 그것을 강화할 수 있는 위험에 노출된다. 예배 소비 현상의 분석과 진단을 위해서는 Bryan Spinks, *The Worship Mall: Contemporary Responses to Contemporary Culture* (New York: Church Publishing, 2010) 참고.

15 Edward Muir, *Ritual in Early Modern Europe* (New York: Cambridge University Press, 2005), 148. 몸의 움직임보다는 지적 깨달음과 수용을 강조하는 예배 방식에 대한 표현으로 'upper body worship'을 사용한다.

16 김영한, "온택트 시대의 개혁주의 목회,"「개혁주의생명신학과 온택트시대의 목회」(제24회 개혁주의생명신학회 정기학술대회 자료집), 28-9.

17 Deanna Thompson, *The Virtual Body of Christ in a Suffering World* (Nashville: Abingdon Press, 2016), 58-9.

여 방식에 의해서 예배자들의 세계관도 형성시킨다.[18] 무엇보다도 스크린을 통한 예배 참여로 인해서 전인격적 참여에 제한을 받게 된다. 이런 점에서 가상공간의 예배를 전통적 방식의 공예배를 위한 새로운 대안으로 간주하기보다는 단순한 연결성과 개인적 선택과 자발성에 의한 예배 참여만을 강조하는 것에 주의해야 한다.

이와 함께 공예배의 개인주의적 측면은 예배 참여를 위한 동기와 방식에서도 드러난다. 예배를 개인의 성취를 위한 수단 또는 개인이 선호하는 경험과 내적 만족을 위한 방식으로 수용하는 것이다. 개인주의를 반영하는 예배와 사역은 자신에게 도움이 되고 만족을 줄 때만 유익하고 좋은 것으로 간주한다.[19] 이처럼 공예배의 개인주의적 참여는 개인의 종교적 경험과 만족에만 집중하는 위기와 함께[20] 공동체에 속하지 않은 체 개인적 필요를 위한 유익과 만족을 위해서 임의로 방황하는 디지털 세계의 순례객/구도자(pilgrim or seeker)가 아닌 가상공간의 노숙자(homelessness)의 증가라는 위기를 초래한다.[21] 실제로 공동체에 고정적인 참여와 헌신을 통한 신앙 형성보다 개인의 만족과 필요 충족을 위한 신앙의 방황자들의 증가는 우리 시대 신앙 형성을 위한 공예배 실천에서 위협적인 위기로 주어진다.

---

18 미디어 기술 사용의 세 가지 입장은 도구적 사용, 환경의 제공을 통한 가치 형성, 실제 사용 방식을 통한 공동체 형성이라는 세 가지 입장으로 구분된다. David Smith, Kara Sevensma, Marjorie Terpstra, Steven McMullen, *Digital Life Together* (Grand Rapids: Eerdmans, 2020), 17-20.

19 Tod Bolsinger, *It Takes a Church to Raise a Christian: How the Community of God Transforms Lives* (Grand Rapids: Bakers, 2004) 43. 이와 함께 개인주의가 사람들의 삶의 형성에 미친 포괄적 이해와 영향에 대해서는 Robert Bellah et., *Habits of the Heart:Individualism and Commitment in American Life* (Berkeley: University of California Press, 1996)과 Quentin Schultze, *Habits of the High-Tech Heart: Living Virtually in the Information Age* (Grand Rapids: Baker, 2002)을 참고할 수 있다.

20 William Dyrness는 이미 20세기 후반에 미국의 개인주의 현상이 신앙 형성에 미치는 위험성에 대해서 강력하게 경고했다. William Dyrness, *How Does America Hears the Gospel* (Grand Rapids: Eerdmans, 1989), chapter 4.

21 Walter Brueggemann, *Materiality as Resistance* (Louisville: Westminster John Knox Press, 2020), 75-6.

2) 공동체성 및 공공성 약화

둘째로, 예배의 중심성과 대화 구조의 위축은 개인주의적 현상의 위기와 연결해서 예배 구성과 실천에서 공동체적 참여 방식과 공공성을 약화시키는 위기를 초래한다. 공예배의 참여에서 중요한 출발점은 개인의 자율적 선택이 아니라 공동체의 상호 의존성(interdependence)에 있다. 공예배는 개인 경건의 방식과는 달리 예배 구성과 진행에서 절대적으로 다른 예배자들을 필요로 한다. 예배의 공동체성은 환대에서 우선적으로 주어진다. 예배에서의 환대는 삼위 하나님의 초청에 예배자들이 사랑과 감사의 마음으로 반응하는 참여 방식이다.[22] 기독교 예배의 시작에서 요청되는 환대는 다른 예배자들 그리고 공동체 밖에 있는 자들을 위한 공간을 마련하는 것 곧 하나님의 초청을 명확히 제시하는 실천이다.[23] 하지만 자신 외에 다른 예배자들을 위한 환대 실천을 위한 책임과 노력을 요구하는 것이 어려운 과제가 되고 있다.

이와 함께 예배의 공동체성은 예배자들 상호간의 관계성을 구축하는 것이다. 기독교 예배가 하나님과의 관계에 집중하지만 동시에 예배자들 상호간의 관계를 구축하는 일도 강조한다. 전통적으로 평안의 입맞춤(kiss of peace)은 그리스도께서 선물로 허락하시는 평안을 같은 예배 공동체의 지체들에게 전달하는 것이다. 이 구성요소는 예배 공동체 안에서 서로에게 사랑과 연합을 상징적으로 제시하는 의미를 지닌다.[24] 하지만 우리 시대의 공예배는 서로를 향한 평안의 입맞춤을 진지하게 수용하거나 의도적으로 실천하기 보다는 간단한 인사 정도의 순서로 축소시키는 경향이 크다.

공동체성을 위한 또 다른 구성요소는 신앙의 고백이다. 기독교 예배 안에 있는 고백은 죄의 고백과 함께 신앙고백을 포함한다. 여기서 신앙고백은

---

22 Chrisine Pohl, *Making Room: Recovering Hospitality as a Christian Tradition* (Grand Rapids: Eerdmans, 1999), 172.
23 Pohl, *Making Room*, 183.
24 James White, *Introduction to Christian Worship* (Nashville: Abingdon Press, 2000), 236.

개인의 신앙 내용에 대한 확증과 동의로서의 선포가 아니라, 공동체가 함께 같은 신앙 안에서 연합되고 그리스도의 몸에 속해 있다는 의미의 고백이다.[25] 하지만 오늘날 공예배에서 예배자들이 함께 같은 신앙 공동체에 속해 있다는 의미의 공동체성 제시를 위한 고백이 약화되고 있다. 이것은 공예배에서 개인의 죄를 고백하는 것과 신앙의 내용을 개인이 지적으로 동의하는 고백과 그 고백하는 자신에만 집중하게 한다.[26] 이런 현상은 공동체가 함께 죄를 고백하고 동시에 그리스도의 몸으로 교회 공동체에 속해 있다는 의미를 약화시키는 위기를 의미한다.

그리고 이와 함께 마지막으로 예배의 공공성 약화 현상이 나타난다. 공공성은 이 세상을 하나님의 영광을 제시하는 창조의 무대로 간주하고 삶의 모든 영역을 하나님의 부르심에 대한 응답의 반응으로 받아들인다.[27] 기독교 예배는 공공성의 구현을 위해서 공동기도를 강조하고 그 가운데 도고기도를 구체적으로 실천해 왔다. 특히 초대교회와 칼빈의 공예배에는 공동기도 순서를 반드시 포함시켰고, 특별히 예배 공동체 밖 세상을 위한, 세상을 향한 하나님의 섭리를 인정하고 회복을 요청하는 도고의 간구를 실천했다.[28] 하지만 오늘날 개혁주의 전통의 공예배들에서 공동 기도는 상대적으로 약화 또는 축소되었다. 그리고 공동기도의 핵심 내용인 도고 기도 역시 간과되고 있다. 공예배에서 공공성 제시를 위한 신학적 예전적 실천으로서 세상을 위한 공동 기도를 간과하는 것은 예배 공동체의 건강을 약화시키는

---

25 Kyle Bennet, "Confession: Practice for Civil Public Discourse," *Reformed Public Theology: A Global Vision for Life in the World*, ed., Matthew Kaemingk (Grand Rapids: Baker Academic, 2021), 290.

26 Donald Fairbairn, *Life in the Trinity* (Downers Grove: IVP, 2009), 187-88.

27 Susan Schreiner, *Theater of His Glory: Nature and Natural Order in the Thought of John Calvin* (Grand Rapids: Baker, 1995) 그리고 특별히 Taylor, *The Theater of God's Glory*, 36 참조.

28 John Calvin, *The Form of Church Prayers* (1542). 칼빈의 도고기도를 포함한 자신의 공예배 구성이 초대교회의 실천에 따른 것(After the Use of the Ancient Church)이라고 분명히 제시한다.

위기를 초래한다.²⁹

3) 예배 구성요소의 축소

셋째로, 우리 시대의 예배에서 경험하는 위기는 예배의 중심성 약화와 대화 구조의 위축에 따른 예배 구성요소의 축소로 나타난다. 예배 구성요소는 예배 장소와 관련한다. 곧 예배 장소는 예배 구성요소들의 실천을 위한 의도적 건축과 디자인을 이끌어낸다.³⁰ 동시에 새로운 장소와 공간의 경험도 예배 구성요소의 변화를 이끌어낸다.³¹ 물리적 장소에서 어려움 없이 가능한 예배 구성요소들 가운데 음악과 성찬은 가상공간에서 새로운 변화 또는 축소를 경험하고 있다. 함께 같은 공기 안에서 서로의 소리를 직접 들으면서 찬양하는 것이 제한 또는 축소된다. 함께 같은 식탁에 나와 또는 같은 기구에 담긴 떡과 잔을 받아서 먹고 마시는 경험도 제한된다. 이러한 변화와 제한에 대해서 신학적 고찰 없이 실용주의적 선택을 하면 예배 구성요소의 축소는 보편적으로 수용하는 또 하나의 전통이 될 수 있다.

북미 대부흥운동 시기에 발전된 예배 구성의 삼중구조 방식(음악, 설교, 영적 수확을 위한 헌신과 반응)은 회심자들을 위한 실용주의적 선택에 의한 결과물이다.³² 하지만 이후 주일 공예배에서 음악, 설교, 반응이라는 삼중구조 방식은 지금까지도 예배의 핵심 구성요소로 받아들이고 있다.³³ 이러한 역사적 맥락에서 가상공간의 예배 경험은 축소된 예배 구성요소들에 대한 수용을 정당화할 수 있게 된다. 그런데, 기독교 예배는 초청, 영광의 고백, 죄와 신

---

29 John Witvliet, "Public Trauma and Public Prayer: Reformed Reflections on Intercession," *Reformed Public Theology*, 266-7.

30 Nigel Yates, *Liturgical Space: Christian Worship and Church Buildings in Western Europe 1500-2000* (New York: Routledge, 2008).

31 James White and Susan White, *Church Architecture* (Akron: OSL Publications, 2006)은 예배 구성요소들의 실천을 위한 예배 공간의 의미와 기능에 대해서 명확하게 제시한다.

32 James White, *Protestant Worship: Traditions in Transition* (Louisville: Westminster John Knox Press, 1989), 177.

33 Melanie Ross, *Evangelical Versus Liturgical?* (Grand Rapids: Eerdmans, 2014), 10-31.

앙의 고백, 간구와 도고, 성경 읽기와 선포, 성찬 참여와 기도, 권면과 파송 그리고 축복 등과 같은 세부적인 구성요소들의 의도된 배열과 실천을 포함한다. 하지만 메시지 전달과 수용 방식에 집중하는 예배 구성은 각각의 다양한 구성요소들에 대한 충분한 이해와 참여를 제한시킨다.

이러한 예배 구성요소의 축소는 개혁주의 전통에서 발전해 온 예배의 단순성에 대한 혼란과 오해를 초래하기까지 한다. 개혁주의 예배에서 강조하는 단순성(simplicity)은 모든 예배 구성요소들의 축소와 제한을 뜻하는 것이 아니라, 사람과 다양한 사물이 아닌 하나님에게 집중하는 예배를 구성하고 명확한 이해를 제시하지 않는 예배 구성요소들을 제거하는 것을 뜻한다.[34] 아울러 예배의 단순성이 예배자들의 이해와 관련하지만, 그렇다고 지적으로 이해하는 부분만 예배의 구성요소로 포함하는 것을 뜻하는 것은 아니다.[35] Calvin의 경우 명확한 이해를 위한 설명보다 주기도와 함께 사도신경과 십계명을 공예배에서 반복적으로 마음으로부터 고백하게 했고,[36] 경배와 감사 그리고 간구를 포함한 기도를 의도적으로 포함시켰다.[37] 또한 예배 구성요소의 축소와 제한은 예배의 단순성에 대한 오해와 함께 예배를 상품화 또는 소비의 대상으로 간주하는 위험적 위기도 초래한다. 예배자들이 스스로 만족할 수 있는 부분과 구성요소들에만 집중하고 그러한 구성요소들을 선별해서 소비하는 방식으로 예배 참여와 경험을 이끌어내는 위기를 지속시키게 된다.

---

[34] Rice and Huffstutler, *Reformed Worship*, 6. 이해되지 않는 예배 구성요소들 가운데 대표적인 것은 해석과 명확한 설명 없이 주술적으로 읽는 것이다.

[35] David Taylor, *The Theater of God's Glory: Calvin, Creation, and Liturgical Arts* (Grand Rapids: Eerdmans, 2017), 146-65. 칼빈의 'simplicity'는 명료한 교리, 명료한 의례, 분명한 의미를 제시하는 물질성 반영으로서 성령과 진리에 따르는 예배를 의미한다.

[36] Karin Maag, *Lifting Hearts to the Lord: Worship with John Calvin in Sixteenth-Century Geneva* (Grand Rapids: Eerdmans, 2016), 47.

[37] Maag, *Lifting Hearts to the Lord*, 21.

3. 개혁주의 예배 원리와 특징:
예배의 중심성과 관계 방식의 구조에 따른 공동체성과 공공성 제시

우리 시대 예배의 위기에 대한 실천적 대안 제시는 예배에 대한 신학적 이해와 원리에 따라 결정된다. 위에서 살펴본 것처럼 그 중심성이 약화되고 대화 구조가 위축된 오늘날 예배는 공예배 구성과 실천을 통한 신앙 형성에 위기를 초래했다. 개인주의적 참여 방식과 예배 공동체와 세상을 향한 공적 측면의 약화 그리고 예배 구성요소의 제한과 축소는 우리 시대 예배의 위기로 주어지고 있다. 이러한 공예배 구성과 실천에서 주어지는 위기는 새로운 방식의 예배 스타일을 요청하지 않는다. 예배 갱신과 개혁은 무조건 새로운 예배를 제시하는 것이 아니라, 신학과 전통의 가르침과 원리를 새로운 상황에서 반영하고 구현하기 위한 방향과 과제를 실천적으로 제시하는 것이다.[38] 개혁주의 예배 신학과 실천의 전통은 우리 시대 예배의 위기와 관련해서 공동체적 참여와 공공성 반영을 위한 예배 구조와 구성요소의 분명한 원리와 토대를 제시한다.

개혁주의 예배의 기본 원리는 Calvin이 제시한 바와 같이 '인간 스스로의 고안에 의한 것이 아니라 하나님께서 말씀을 통해서 규정하신대로 마땅히 실천'[39]하는 것이다. 이러한 예배의 규율원리(the Regulative Principle)는 성경의 가르침에 따라서 공예배의 구조와 구성요소를 결정하고 실천하는 것을 의미한다. 성경의 핵심 가르침은 하나님을 향한 사랑과 이웃과 세상을 향한 섬김으로 요약된다. 믿음은 바로 이러한 성경의 핵심 가르침을 삶과

---

[38] Abraham, *The Logic of Renewal*, 6.

[39] John Calvin, *Institutes of Christian Religion*, ed., John McNeill, Trans., Ford L. Battles (Philadelphia: Westminster Press, 1960), 4.10.23. 이 원리는 이른바 규율원리(The Regulative Principle of Worship)으로 발전했고, 성경적 예배 원리에 따른 개혁주의 예배 실천의 토대를 구축하고 있다. 규율원리 적용과 관련해서 서로 다른 이해와 해석이 주어지고 있으나, 성경적 원리에 따른 실천 구현이라는 점에서는 모두 동의한다. R. Scott Clark, *Recovering the Reformed Confession* (Phillipsburg: P&R Publishing, 2008), 227-292 (Recovery of Reforming Worship) 참고.

의례의 방식으로 표현하는 것이다.

Calvin은 하나님을 향한 믿음의 표현으로 경건(pietas)을 강조하고, 이웃과 세상을 향한 섬김의 방식으로 돌봄과 정의를 포괄하는 사랑(caritas)을 강조한다.[40] 기독교 공예배는 의례의 방식으로 하나님을 향한 경건과 이웃과 세상을 향한 사랑의 실천을 직접 반영한다. 경건으로서의 하나님을 향한 예배와 섬김으로서의 이웃을 향한 사랑을 구분하지만, 의례의 방식인 공예배에서 경건과 섬김을 통합시킨다.[41] 곧 하나님을 향한 경건과 이웃을 향한 섬김의 표현과 구현으로서 공예배에서 예배자들과 하나님과의 관계, 예배자들 상호 간의 관계 그리고 세상을 향한 관계의 방향성과 구조를 명확히 제시한다. 믿음은 그 자체로 삶에 반영되거나 구체적인 실천을 제시하기보다는 둘 사이의 간격을 지니고 있기에, 의례의 방식인 예배를 통해서 삶을 위한 믿음의 훈련(고백, 선포, 성례 등)을 요구한다.[42] 이처럼 성경의 가르침에 따른 공예배는 관계 구조를 의례의 방식으로 구체화하는 것이다.

개혁주의 전통의 공예배는 칼빈에서 비롯한 하나님을 향한 경건과 이웃과 세상을 향한 사랑의 구조를 명확히 반영한다. 전통적으로 예배의 구조를 언급할 때, 예배 구성요소들의 조합을 위한 틀 또는 형태를 뜻한다. 곧 초대교회부터 발전해 온 '말씀과 성찬의 구조'(structure) 또는 예배의 사중 구조(모임, 말씀, 성찬, 파송) 등을 의미한다. 여기서 구조는 예배 구성요소들을 예배의 의미에 부합한 방식으로 실천하기 위한 고정된 원리를 의미한다. 그런데 예배의 구조는 관계의 방식을 규정할 때도 사용한다. 예배의 '대화 구조'라는 표현은 예배자들과 하나님 사이의 관계 방식을 규정하는 표현이다.[43] 복

40　Calvin, *Institutes*, 3.3.1., 3.3.16., 2.7.12 등 참고.

41　Elsie McKee, "Context, Contours, Contents: Towards a Description of Calvin;s Understanding of Worship," in *Calvin Studies Society Papers, 1995,1997*, ed., David Foxgrover (Grand Rapids: CRC Product Services, 1998), 75.

42　Amy Pauw, "Attending to the Gaps between Beliefs and Practices," *Practicing Theology*, ed., Miroslav Volf (Grand Rapids: Eerdmans, 2002), 48.

43　Wolterstorff, "Thinking about Christian Music," 15.

음주의 전통과 아울러 개혁주의 전통도 예배의 개념을 "예배자들과 하나님과의 공동체적 만남과 대화"[44]로 정의한다.

예배자들과 하나님과의 관계 방식을 전제로 하는 대화 구조는 예배 구성요소들의 의미를 이해하고 실천을 구체화하는데 중요한 원리가 된다. 물론 대화 구조에서 예배자들과 하나님의 관계가 동등한 자격으로 이루어지는 것은 아니다. 하나님의 주도적 인도하심으로 가능한 대화 구조에서 각각의 예배 구성요소들은 독립적으로 의미를 지니기보다는 관계 방식을 구체화하는 구조 안에서 의미를 지닌다. 곧 예배의 구성요소들은 관계 방식의 구체화를 위한 적합성과 방향성을 지닌다. 예를 들어, 말씀과 축복은 하나님이 예배자들을 향해 행하시는 구성요소이고, 기도와 음악은 예배자들이 하나님을 향해 행하는 구성요소로 볼 수 있다. 이렇게 예배자들과 하나님과의 관계 방식에 기초한 예배 구조는 구성요소들의 약화와 축소가 지니는 위험을 파악할 수 있고 구조 안에 담긴 관계 방식의 구체화를 위해서 더욱 의도적으로 의미를 반영하는 실천이 될 수 있다. 예배의 모든 구성 요소들은 이렇게 하나님과 예배자들 사이의 대화 구조 안에서 적합한 의미를 지니도록 실천해야 한다.

이처럼 관계 구조를 제시하는 개혁주의 예배 원리는 오늘날 예배 위기와 관련해서 중요한 특징을 지닌다. 우선 예배의 중심성을 공예배 실천에서 찾는다. 공예배에서 예배를 위한 장소 또는 예배의 구성 요소들보다 예배자들이 함께 예배하는 것(worshiping together)을 강조한다. 개혁주의는 고정된 장소에 모이는 것 자체가 기계적으로 하나님의 임재를 보증한다는 주술적 신앙을 경계한다.[45] 공예배의 실천을 위해서 모임과 장소의 불가피성을 요구한다. 예배 실천이 중심이고 그 실천을 통해서 장소가 거룩한 의미를 지닌

---

[44] James De Jong, *Into His Presence* (Grand Rapids: Board of Publications of CRC, 1985), 13.

[45] Maag, *Lifting Hearts to the Lord*, 19.

다.⁴⁶ Elsie McKee는 칼빈의 예배 이해에 근거해서 예배 공동체가 함께 예배하는 것을 생략하고 개인이 믿음을 갖고 세상에서 섬김의 방식으로 살아가는 것은 공예배 실천의 중요성을 간과하는 것이라고 비평적으로 언급한다.⁴⁷ Nicholas Wolterstorff도 개혁주의를 포함한 오늘날 기독교의 위험 가운데 하나는 개인의 믿음의 확신과 세상에서의 삶을 강조하면서 동시에 공예배 실천의 의미와 중요성을 간과한 것이라고 지적한다.⁴⁸ 공예배 실천의 중심성은 장소와 특정한 예배 구성요소들에 집중하기보다는 예배와 삶의 반복적 순환이라는 리듬을 부여하고 공동체의 예배와 세상에서의 삶의 불가피한 관계를 명확히 가르쳐준다.⁴⁹ 이렇게 예배 실천 자체에 중심성을 두는 것은 고정된 장소나 전통적 예배 구성과 방식의 경험에서 벗어날 때 주어지는 중심성 약화 현상에 대한 중요한 대안적 원리가 될 수 있다.

이와 아울러 개혁주의 예배는 관계 구조 방식에 따라 공동체성을 강조한다. 예배 참여의 개인주의적 접근을 경계한다. 공동체성을 강조하는 개혁주의 예배 신학과 원리의 중요한 근거는 '만인제사장설'(the priesthood of all believers)에 기초한다. 그런데 역사적으로 '만인'(all believers)은 '개인'(every believer)으로 수용되어서 공예배에서 한 개인의 제사장적 참여 원리로 왜곡되었다. Howard Hagemann은 이런 왜곡된 이해를 따라 "공예배의 불필요성을 암묵적으로 수용하고 공동체적 참여와 경험 없이 개인 스스로 하나님에게 이를 수 있다는 생각을 갖게 하는 위험을 초래했다"⁵⁰고 비판한다. 공

---

46 Nicholas Wolterstorff, "The Theological Significance of Going to Church and Leaving and the Architectural Expression of That Significance," in *Hearing the Call*, 228-40.

47 McKee, "Context, Contours, Contents," 74,5.

48 Nicholas Wolterstorff, "The Tragedy of Liturgy in Protestantism," *Hearing the Call: Liturgy, Justice, Church, and World* (Grand Rapids: Eerdmans, 2011), 29-38.

49 Wolterstorff, "The Tragedy of Liturgy in Protestantism," 35. 이와 더불어 최근 예배의 중심성과 일/세상과 예배의 순환적 관계의 중요성을 제시한 연구는 Matthew Kaemingk, Cory Willson, *Work And Worship: Reconnecting Our Labor and Liturgy* (Grand Rapids: Bakers, 2020)를 참고할 수 있다.

50 Howard Hagemann, *Pulpit and Table: Some Chapters in the History of Worship in the*

예배의 참여는 단지 한 개인이 공연을 관람하는 것과 같은 것이 아니라, 예배의 구성 요소들에 직접 그리고 능동적으로 참여하는 것이다.[51] 또한 개인이 스스로 경건의 방식으로 진행하는 예배와 구분된다.[52] 다른 예배자들과 함께 하나님을 향해서 그리고 예배자들 상호 간의 관계와 세상을 향한 예배자들의 관계를 동시에 반영한다. 이런 이유로 개혁주의 전통은 개인예배가 공예배를 대체하지 않고 동시에 공예배가 개인예배를 보완하지 않는다.[53] 공예배의 공동체성은 단지 서로 다른 개인이 함께 하는 것을 넘어서서 하나님과 다른 예배자들 그리고 세상과의 관계를 구체화시키는 것을 의미한다. 서로에게 평안을 전하는 것, 함께 기도하는 것, 성경을 함께 읽고 하나님의 말씀을 함께 듣는 것, 함께 봉헌하고, 함께 떡과 잔을 마시며, 함께 교회에 입문하는 자들을 환영하고 받아들이는 모든 실천은 하나님과 다른 예배자들 그리고 세상과의 관계를 형성하는 의례적 실천이다.

이와 함께 대화 구조로 구성되는 공예배는 예배자들 사이의 관계뿐 아니라 세상과의 관계 방식도 구체화하는 공적 측면을 반영한다. 삶에서뿐 아니라 의례에서 공공성의 가치를 반영하는 것은 개혁주의 전통에서 강조해 왔다.[54] 개혁주의 전통은 흩어진 교회를 의미하는 예배자들의 삶을 간과하거나 무시하면서 단지 모임만을 강조하는 제도적/기관적 예배(institutional worship)를 경계한다. 또한 예배자들이 공예배를 세상과의 단절 또는 세상의 여러 이슈들로부터의 도피로 간주하는 좁은 의미의 영적화된 예배(spiritualized worship)도 경계한다. 이런 이유로 공예배를 단지 개인적으로 살

Reformed Churches (Eugene: Wipf and Stock, 1962), 120.

51 예배의 적극적 참여와 공동체적 경험은 예배 개혁과 갱신에서 이미 오래된 중요한 원리로 발전해오고 있다. 칼빈은 예배갱신운동 이전부터 이미 음악과 기도에서 예배자들의 공동체적이고 적극적인 참여를 위해 시편 활용안을 제시하고 실천했다.

52 F. Gerrit Immink, *The Touch of the Sacred: the Practice, Theology, and Tradition of Christian Worship* (Grand Rapids: Eerdmans, 2014), 1-3.

53 De Jong, *Into His Presence*, 14.

54 Matthew Kaemingk, "Introduction," in *Reformed Public Theology*, 13-8.

아가는 삶을 위한 격려, 힘, 감정적 열정을 새롭게 부여받는 충전적 예배(fueling worship)도 경계한다.[55]

오히려 개혁주의 전통은 공예배를 창조 세계에서 일하시는 하나님의 섭리를 확신하고 예배와 삶의 통합을 위한 의례적 실천으로 수용한다. 곧 공예배를 신학과 신앙의 공공성을 제시하는 핵심 실천으로 받아들인다. 공동체의 신앙고백은 신앙 내용을 개인적으로 기억하고 암송해서 확증하는 것을 넘어서서 하나님과 세상 앞에서 공적으로 신앙을 구현하고 제시하는 예배의 실천이다. 이런 점에서 신앙의 고백은 항상 공적 고백이고 삶을 통해서 제시되는 공적 증거를 수반한다.[56] 또한 공동기도는 단지 예배자들을 위한 간구뿐 아니라 세상을 향한, 세상을 위한 간구와 중보를 포함하는 공공성 제시를 위한 예전에서의 핵심 실천이다.[57] 이처럼 개혁주의 예배의 공공성은 세상을 예배 구성요소에 반영하고 고백과 기도를 통해서 하나님과 연결시킨다. 곧 공예배의 구성에 세상을 포함시키고 세상을 지향하는 것은 단지 세상을 위한 관점을 새롭게 하는 것뿐 아니라 세상을 위한 기도와 간구를 포함하는 것이다. 동시에 세상에서 살아가는 삶의 이슈들을 공예배 안으로 가져오고 다시 세상에서 살아가는 윤리와 가치를 익히게 하는 역할을 수행한다.[58]

---

55 공공성을 상실한 기울어진 여러 예배 유형들에 대해서는 Kaemingk and Willson, *Work and Worship*, 28-33 참고.
56 신앙고백의 공적 측면과 삶을 통한 공적 제시에 대한 강조는 Abraham Kuyper, *The Implications of Public Confession*, translated by Henry Zylstra (Grand Rapids: Zondervan, N.D), 72참고.
57 John Witvliet, "Public Trauma and Public Prayer: Reformed Reflections on Intercession," in *Reformed Public Theology*, 265-275.
58 Wolterstorff, "Justice as a Condition of Authentic Liturgy," in *Hearing the Call*, 43.

4. 예배 위기에 대한 대안:
개혁주의적 예배 구현을 위한 방향과 과제

개혁주의 예배는 성경의 가르침과 규율에 따른 믿음의 표현과 구현 방식을 강조한다. 이미 위에서 고찰한 바와 같이 성경의 핵심 가르침은 하나님을 향한 사랑과 이웃과 세상을 향한 섬김으로 요약된다. 곧 하나님과 이웃 그리고 세상과의 관계 방식을 경건과 사랑의 원리에 따라 구체화하는 것이다. 개혁주의 전통은 공예배를 하나님을 향한 사랑과 이웃과 세상을 위한 섬김을 구현하고 지향하는 실천으로 강조한다. 이러한 공예배의 이해와 구성은 예배 실천의 중심성을 강조하고, 예배자들과 하나님 사이의 대화 구조 안에서 관계 방식을 구체화하는 구성요소들의 실천을 강화시킨다. 우리 시대 공예배의 위기로 주어진 개인주의적 참여, 공동체성 약화, 예배 구성요소의 축소 현상은 개혁주의 예배 원리에 따라 새롭게 접근할 수 있다.

1) 예배의 중심성 회복

첫째, 예배의 중심성을 '공예배의 실천'에 두는 것이다. 팬데믹 이후 모임 제한과 전통적 방식의 예배 참여 제한과 새로운 변화는 예배의 중심성을 약화시켰다. 예배자들의 예배 참여와 경험에서 장소(place)를 중심으로 이루어진 공예배는 이제 공간(space)을 중심으로 진행된다. 물리적으로 고정된 장소로 이동하고 함께 직접 모이는 것보다 정해진 시간 또는 스스로 원하는 시간에 자신이 원하는 자리에서 가능한 공간(물리적 공간과 가상공간)에서 공예배를 참여하고 경험한다. 예배자들은 예배를 위한 장소와 삶의 장소 사이에 주어진 경계의 붕괴(collapse of boundary)를 경험하고 있다. 이렇게 예배 경험과 참여에서 경계의 붕괴를 통한 중심성 약화는 예배의 중심성을 장소에 집중해왔기 때문이다. 하지만 장소의 거룩성과 중심성은 그 자체로 주어지지 않고 공예배 실천을 위해 불가피하게 필요로 하는 조건이다. 따라서 예배와 관련한 중심성은 예배 실천(practice)에 있다. 이 예배 실천은 물리적 장소를 확보하는 것보다 삼위 하나님께서 예배자들이 참여하도록 초청하는 공간을 마련하는 것을 의미한다.[59] 현상적으로 모임으로서의 예배와 임시적 방편으로서의 가상공간의 예배에 대한 가능성과 정당성을 논하기보다 삼위 하나님과의 관계 안에서 참여하는 공예배 실천 자체를 중심성으로 간주하는 것이 요구된다.

2) 개인주의적 참여 경계

둘째, 공예배 실천에서 개인주의적 참여와 경험 방식을 의도적으로 경계하는 것이다. 개인주의에 영향을 받은 공예배는 예배를 자신의 만족과 무엇인가를 이루기 위한 수단으로 받아들인다. 또는 심판과 처벌에 대한 불안을 해소하기 위한 율법주의적 의무 준수로 받아들인다. 공예배에 참여하지만 '예수님과 나'와의 관계에 집중해서 자신을 제외한 다른 이들과의 연대성 그리고 다른 이들과 함께 하나님과의 관계를 형성하고 있다는 '언약'을 간과하게 한다. 또한 언제든지 개인적인 만족을 위해서 쉽게 예배 공동체를 떠나고 새로운 예배 공동체에 속하기도 한다. 가상공간의 예배 참여와 경험은 이러한 개인주의적 예배 참여 방식을 더욱 용이하게 하고 있다. 공예배 참여를 위해서 장소를 이동하는 대신 쉽게 스크린을 통해서 예배 공동체에 참여할 수 있다. 이러한 개인주의적 참여는 예배를 하나의 상품을 소비하는 방식으로 간주하고 수용하는 것이다. 소비주의에 영향을 받은 예배자들은 예배 공동체에서 유익을 얻을 때까지 참여하고, 더 이상 기대하는 유익이 없을 때 바로 그 공동체를 떠난다.[60] 이러한 위기에 대응하기 위해서 공예배가 은혜의 방편이라는 점을 의도적으로 강조하는 것이 요구된다. 전통적으로 은혜의 방편은 말씀, 성례, 기도이다. 그런데 말씀, 성례, 기도는 공예

---

59 Taylor, *The Theater of God's Glory*, 166-183: The Trinitarian Space of Worship.
60 Richard Gaillardetz, "North American Culture and the Liturgical Life of the Church: The Separation of the Quests for Transcendence and Community," *Worship* 68 (1994), 407-8.

배의 핵심 구성요소이기도 하다. 곧 공예배는 개인의 만족과 기대하는 것에 대한 성취 수단이 아니라, 하나님의 은혜를 경험하고 참여하는 방편이다. 예배의 새로운 방식과 스타일에 대한 관심보다 더 중요한 것은 은혜의 방편인 말씀, 기도, 성례를 공동체적으로 경험하게 하는 것이다.

3) 공동체성 강화를 위한 구성요소의 실천

셋째, 공동체성 강화를 위한 예배 구성요소들을 의도적으로 실천하는 것이다. 공예배는 말 그대로 공동체가 함께 실천하는 예배이다. 이것은 동시에 공동체를 지향하고 공동체를 의도적으로 반영하는 예배를 뜻한다. 공예배의 구성요소들은 예배자 개인이 독립적으로 할 수 없는 것들이 포함된다. 공예배에서 다른 예배자들을 요구하거나 반영하는 중요한 실천들을 간과하지 않아야 한다. 이 가운데 환대는 예배의 공동체적 경험에서 중요한 실천이다. 하나님의 환대는 각 개인의 응답으로 반응하고 참여하는 것이지만 예배자들 모두를 향한 환대이다. 낯선 자들과 사회적, 경제적, 지역적 차이로 구분된 자들에 대한 차별이 공예배의 배타성을 이끌어내지 않도록 주의하는 것이 요구된다. 이를 위해서 공예배의 모든 방식(온라인 또는 현장 예배 방식)에서 환대를 위한 새로운 표현들을 고안하기 위한 목회적 노력을 시도해야 한다.[61] 현대 미디어 장비 사용에 익숙하지 않은 자들과 가난 또는 지역의 특수성에 따라 온라인 예배에 소외되는 자들을 돌볼 수 있어야 한다. 이와 함께 전통적으로 공동체성을 강조하기 위한 예전적 실천으로서 평안의 나눔(passing of peace)을 회복하는 것이 도움이 될 수 있다. 평안의 나눔은 단지 예배자들 사이에서 인사를 주고 받는 것이 아니라, 예배 공동체 안에서 서로 그리스도의 평안을 나누고 화해의 관계를 지속하고 공동체의 연합을 도모하는 의도된 실천이다.[62] 오늘날 변화된 예배 환경과 방식에서 간과하기

---

61 Christine Pohl, *Living into Community: Cultivating Practices That Sustain Us* (Grand Rapids: Eerdmans, 2012), 164.
62 White, *Introduction to Christian Worship*, 85.

쉬운 평안과 화해를 위한 공동체 상호간의 직접적인 표현과 참여 방식에 대한 목회적 적용이 요구된다.

4) 공공성 강화를 위한 고백 실천

넷째, 예배의 공공성 강화를 위해서 고백을 좀더 의도적인 예배 구성요소로 실천하는 것이다. 공예배에서 고백은 두 가지 형태로 수용되어 왔다. 하나는 개인과 공동체의 죄의 고백이고,[63] 다른 하나는 정통 기독교 공동체에 속해 있다는 신앙 고백이다.[64] 공동체의 죄 고백과 신앙 고백은 예배자들의 죄에 대한 인정과 잘못에 대한 고백을 넘어서서 예배자들 상호 관계 그리고 하나님과 창조 세계를 포함한 이웃과의 바른 관계를 구축하는데 목적을 둔다.[65] 곧 고백을 통해서 하나님뿐 아니라 이웃과 질서 있고 정의로운 관계 안에서 살아가기 위한 공공성을 제시한다. 개혁주의 전통은 고백의 공공성을 강조해 왔다. 우선 고백을 하나님 앞에서 뿐 아니라, 삶의 방식을 통해서 그 고백의 내용이 사람들 앞에서 이루어지는 것을 강조한다.[66] 이러한 죄와 신앙의 고백은 믿음의 공동체를 형성하고 사회와의 관계를 구축하는 공공성을 반영하는 실천이다. 고백은 "세상의 본래 가치를 명명하고 인간 사회가 어떤 모습으로 형성되어야 하는지를 선언"[67]하고 현재 그러한 기대에서 얼마나 멀어져 있는지를 정직하게 공적으로 제시하는 역할을 한다. 고백에 담긴 창조, 그리스도의 다스림, 용서와 같은 내용은 단순히 신앙의 내용을 넘어서서 삶의 자리에서 관계 방식을 지속적으로 형성하는 기억

---

63 Dietrich Bonhoeffer, *Life Together*, trans. Daniel Bloesch and James Burtness (Minneapolis: Fortress Press, 1987), 109-11.
64 특별히 이단과 잘못된 가르침에 대한 정통 기독교의 신앙고백(사도신경 또는 니케아 신앙고백 등)과 특정 기독교 교단과 가르침의 신앙을 제시하는 고백(벨기에 신앙고백, 하이델베르그 신앙고백, 웨스트민스터 신앙고백 등)으로 구분된다.
65 Bennett, "Confession," 292.
66 Kuyper, The Implications of Public Confession, 55.
67 Bennett, "Confession," 294.

(remembering)과 기대(anticipating)의 실천이다.[68] 이처럼 공동체가 함께 실천하는 고백은 공동체에 속한 모두가 같은 고백으로 연결되어 있다는 것과 함께 삶을 통해서 그 고백이 증거된다는 것을 공적으로 선포하고 증거하는 것이다. 이렇게 고백의 공적 측면을 지속적으로 강조하는 것은 예배의 공공성 회복을 위한 중요한 실천 과제가 된다.

5) 공공성 강화를 위한 공동 기도 회복

다섯째, 예배의 공공성 강화를 위해서 도고의 내용을 강조하는 공동 기도 회복에 주력해야 한다. 공예배 안에서 목회기도는 성도들 개인과 교회를 위한 간구와 함께 세상을 향한 도고의 내용을 포함하는 공공성을 강화한다. 개혁주의 전통은 목회 기도의 도고적 측면을 강조해왔다. 칼빈이 설교 이후 약 10분 이상의 분량으로 실천한 목회 기도는 세상을 향한 공동체의 도고 기도의 전형이 될 수 있다.[69] 청교도 시대를 거치면서 도고 기도의 성격을 지닌 목회 기도가 설교 이전으로 옮겨졌고, 이후 다양하게 약화 또는 간과되곤 했지만, 장로교 전통은 오랫동안 도고를 목회 기도의 핵심 내용으로 구성해서 실천해 왔다. 개혁주의 전통은 세상을 향한, 세상을 위한 도고 기도의 실천을 예배와 세상을 연결하는 방식으로 수용한다. 곧 도고기도는 세상을 반영하는 공적 신학(public theology)의 예전적 표현(liturgical embodiment)이 된다.[70] 따라서 공예배에서 목회기도의 도고적 측면을 의도적으로 반영하는 기도 내용과 구성을 구체화하는 것이 요구된다. 주기도에 나타난 하나님 나라의 다스림이 창조 세계에 직접 구현될 수 있도록 기도하는 것은 도고 기도의 핵심 구조로 발전시킬 수 있다. 하나님의 섭리가 세상에서 구현될 수 있도록 사회에 속한 모든 시민들과 정치적 책임을 감당하는 자들을

---

[68] Kuyper, *The Implications of Public Confession*, 50.
[69] Elsie McKee, *The Pastoral Ministry and Worship in Calvin's Geneva* (Geneva: Droz, 2016), 310-48.
[70] Witvliet, "Public Trauma and Public Prayer," 271.

위한 기도 그리고 다양한 상황에서 갈등을 경험하며 고통받는 자들을 위한 기도와 함께 세상의 평화를 위한 기도는 개혁교회 예배에서 발전시킬 수 있는 초대교회부터 전해진 도고기도의 핵심 내용이다.

5. 나가는 글

이 장은 한국교회 예배의 위기를 간략히 진단하고 그에 따른 대안으로서 성경적 원리에 부합한 개혁주의 예배 실천의 방향과 과제를 제시하는데 주력했다. 뉴노멀 시대는 새로운 상황과 환경의 변화를 통해서 예배 실천의 새로운 현상을 촉발시켰다. 새로운 예배 경험은 위기에 대한 즉각적인 대응일 수 있지만 그 자체로 적절한 대안일 수는 없다. 무엇보다도 신앙 형성에서 예배의 중심성이 약화되고, 하나님과 예배자들 사이의 대화 구조가 위축되는 현상은 예배 실천과 참여에서 심각한 위기를 초래한다. 우선 공예배에 개인주의적 참여로 인해서 단순한 연결성과 자발적 참여를 공동체성과 혼동하게 한다. 이러한 개인주의적 참여는 예배의 공동체성과 공공성도 약화시킨다. 나아가 제한된 방식의 예배에 익숙해지면서 예배 구성요소들도 축소하거나 생략해 버리기도 한다. 하지만 개혁주의 신학은 성경의 원리에 따른 예배 실천의 방향을 명확히 제시한다. 믿음과 삶의 연결을 위한 예배 실천의 중심성을 강화하고, 하나님과 이웃을 향한 관계 방식과 구체화를 위한 공예배의 공동체성과 공공성을 강조한다. 이러한 개혁주의 예배 구현의 방향과 과제는 공예배 실천의 중심성, 개인주의적 참여의 경계, 예배 구성요소들의 공동체성 제시와 의도적 실천, 공동체의 고백을 통한 공공성 강화, 도고 중심의 공동기도를 통한 공공신학의 예전적 실천을 강화하는 것이다.

이 장은 예배의 위기에 대한 대안이 새로운 방식의 예배 스타일을 제시하거나 예배자들의 만족을 위한 새로운 접근을 시도하는 것에서 찾지 않았다. 새로운 상황에서 새로운 예배 실천은 요구된다. 하지만 예배의 새로운 실천은 공예배의 방식을 상품화된 형태로 제시하는 것도 아니고, 모든 공동체가 획일적으로 따를 수 있는 이상적인 모델을 제시하는 것도 아니다. 오히려 각 예배 공동체로 하여금 변화되는 상황에서도 흔들림 없이 공예배의 중심성과 하나님과의 관계 구축을 위한 예배 실천을 구현하게 하는 것이다. 이런 점에서 위기에 대한 대안은 특정 공동체의 과제 또는 물적 인적 자원이 확보된 예배 공동체만을 위한 과제가 아니라, 모든 예배 공동체의 대안적 책임이 될 수 있다. 우리 시대 예배의 위기에 대한 대안은 미디어 기술과 새로운 장비 등을 사용해서 새로운 방식의 예배 스타일을 모델로 제시하는 것이 아니라, 지금까지 전해진 은혜의 방편을 더욱 전인적이고 공동체적으로 참여하고 공공성을 지향할 수 있도록 구성하는 것에서 주어질 수 있다.

참고문헌

김순환. "비상 상황 하의 온라인 예배 매뉴얼의 이론과 실제 모색." 「복음과 실천신학」 (2021) 제58권 (2021): 261-287. https://doi.org/10.25309/kept.2021.2.15.261.

김영한. "온택트 시대의 개혁주의 목회." 「개혁주의생명신학과 온택트시대의 목회」 (제24회 개혁주의생명신학회 정기학술대회 자료집): 21-41.

안덕원. "디지털 미디어 시대의 기독교 예배-전통적인 경계선 밖에서 드리는 예배를 위한 제언." 「복음과 실천신학」 제56권 (2020): 45-82. http://doi.org/10.25309/kept.2020.8.15.045.

오현철. "뉴노멀시대 설교의 변화." 「복음과 실천신학」 제57권(2020):117-144.: https://doi.org/10.25309/kept.2020.11.15.117.

주종훈. "디지털 예배의 목회적 신학적 고찰과 실천 방향." 「복음과 실천신학」 제60권(2021): 45-81. https://doi.org/10.25309/kept.2021.8.15.045.

주종훈. "새로운 일상에서의 예배 실천을 위한 신학적 목회적 고찰." 「복음과

Abraham, William. *The Logic of Renewal*. Grand Rapids: Eerdmans, 2003.

Bellah Robert. *Habits of the Heart:Individualism and Commitment in American Life*. Berkeley: University of California Press, 1996.

Bennet, Kyle. "Confession: Practice for Civil Public Discourse." *Reformed Public Theology: A Global Vision for Life in the World*. Edited by Matthew Kaemingk. Grand Rapids: Baker Academic, 2021: 288-298.

Bolsinger, Tod. *It Takes a Church to Raise a Christian: How the Community of God Transforms Lives*. Grand Rapids: Bakers, 2004.

Bonhoeffer, Dietrich. *Life Together*, trans. Daniel Bloesch and James Burtness. Minneapolis: Fortress Press, 1987.

Brueggemann, Walter. *Materiality as Resistance*. Louisville: Westminster John Knox Press, 2020.

Calvin, John. *Institutes of Christian Religion*, Edited by John McNeill, Translated by Ford L. Battles. Philadelphia: Westminster Press, 1960.

Castleman, Robbie. *Story Shaped Worship*. Dowers Grove: IVP, 2013.

De Jong, James. *Into His Presence*. Grand Rapids: Board of Publications of CRC, 1985.

Dyrness, William. *A Primer on Christian Worship*. Grand Rapids: Eerdmans, 2009.

_____. *How Does America Hears the Gospel*. Grand Rapids: Eerdmans, 1989.

Fairbairn, Donald. *Life in the Trinity*. Downers Grove: IVP, 2009.

Gaillardetz, Richard. "North American Culture and the Liturgical Life of the Church: The Separation of the Quests for Transcendence and Community." *Worship* 68 (1994): 403-416.

Hagemann, Howard. *Pulpit and Table: Some Chapters in the History of Worship in the Reformed Churches*. Eugene: Wipf and Stock, 1962.

Hutchings, Tim. *Creating Church Online*. New York: Routledge, 2017.

Immink, F. Gerrit. *The Touch of the Sacred: the Practice, Theology, and Tradition of Christian Worship*. Grand Rapids: Eerdmans, 2014.

Kaemingk, Matthew and Willson, Cory. *Work And Worship: Reconnecting Our Labor and Liturgy*. Grand Rapids: Bakers, 2020.

Kuyper, Abraham. *The Implications of Public Confession*. Translated by Henry Zylstra. Grand Rapids: Zondervan, N.D.

Maag, Karin. *Lifting Hearts to the Lord: Worship with John Calvin in Sixteenth-Century Geneva*. Grand Rapids: Eerdmans, 2016.

McKee, Elsie. "Context, Contours, Contents: Towards a Description of Calvin;s Understanding of Worship." in *Calvin Studies Society Papers, 1995,1997*. Edited by David Foxgrover. Grand Rapids: CRC Product Services, 1998: 66-92.

_____. *The Pastoral Ministry and Worship in Calvin's Geneva*. Geneva: Droz, 2016.

Muir, Edward. *Ritual in Early Modern Europe*. New York: Cambridge University Press, 2005

Old, Hughes. *Worship Reformed According to Scripture*. Louisville: Westminster John Knox Press, 2002).

Pauw, Amy. "Attending to the Gaps between Beliefs and Practices." *Practicing Theology*. Edited by Miroslav Volf. Grand Rapids: Eerdmans, 2002: 33-50.

Pohl, Chrisine. *Making Room: Recovering Hospitality as a Christian Tradition*. Grand Rapids: Eerdmans, 1999.

_____. *Living into Community: Cultivating Practices That Sustain Us*. Grand Rapids: Eerdmans, 2012.

Ross, Melanie. *Evangelical Versus Liturgical?*. Grand Rapids: Eerdmans, 2014.

Schreiner, Susan. *Theater of His Glory: Nature and Natural Order in the Thought of John Calvin*. Grand Rapids: Baker, 1995.

Schultze, Quentin. *Habits of the High-Tech Heart: Living Virtually in the Information Age*. Grand Rapids: Baker, 2002.

Scott. Clark, R. *Recovering the Reformed Confession*. Phillipsburg: P&R Publishing, 2008.

Smith, David, Sevensma, Kara, Terpstra, Marjorie, McMullen, Steven. *Digital Life Together*. Grand Rapids: Eerdmans, 2020.

Spinks, Bryan. *Scottish Presbyterian Worship*. Edinburgh: Saint Andrew Press, 2020.

_____. *The Worship Mall: Contemporary Responses to Contemporary Culture*. New York: Church Publishing, 2010.

Taylor, David. *The Theater of God's Glory: Calvin, Creation, and Liturgical Arts*. Grand Rapids: Eerdmans, 2017.

Taylor, Trisha, Herrington, Jim, and Robert, Creech, *The Leader's Journey: Accepting the Call to Personal and Congregational Transformation*. Grand Rapids: Baker, 2020.

Thompson, Deanna. *The Virtual Body of Christ in a Suffering World*. Nashville: Abingdon Press, 2016.

Ward, Pete *Celebrity Worship*. New York: Routledge, 2020.

White, James and White, Susan. *Church Architecture* (Akron: OSL Publications, 2006).

White, James. *Introduction to Christian Worship*. Nashville: Abingdon Press, 2000.

_____. *Protestant Worship: Traditions in Transition*. Louisville: Westminster John Knox Press, 1989.

Witvliet, John. "Public Trauma and Public Prayer: Reformed Reflections on Intercession." *Reformed Public Theology*. Edited by Matthew

Kaemingk. Grand Rapids: Bakers, 2021: 265-275.

Witvliet, John. "Public Trauma and Public Prayer: Reformed Reflections on Intercession." *Reformed Public Theology: A Global Vision for Life in the World*. Edited by Matthew Kaemingk. Grand Rapids: Baker Academic, 2021: 265-275.

Wolterstorff, Nicholas. "Justice as a Condition of Authentic Liturgy." Hearing the Call, *Hearing the Call: Liturgy, Justice, Church, and World*. Edited by Mark Gornik and Gregory Thompson. Grand Rapids: Eerdmans, 2011: 39-58.

_____. "The Theological Significance of Going to Church and Leaving and the Architectural Expression of That Significance." *Hearing the Call*. Edited by Mark Gornik and Gregory Thompson. Grand Rapids: Eerdmans, 2011: 228-240.

_____. "The Tragedy of Liturgy in Protestantism." *Hearing the Call: Liturgy, Justice, Church, and World*. Edited by Mark Gornik and Gregory Thompson. Grand Rapids: Eerdmans, 2011: 29-38.

_____. "Thinking About Church Music." *Music in Christian Worship*. Edited by Charlotte Kroeker. Collegeville: Order of Saint Benedict, 2005: 3-16.

_____. *The God We Worship: An Exploration of Liturgical Theology*. Grand Rapids: Eerdmans, 2015.

Yates, Nigel. *Liturgical Space: Christian Worship and Church Buildings in Western Europe 1500-2000*. New York: Routledge, 2008.

chapter 8

예배 갱신을 위한 지속적인 과제와 방향
예배, 문화, 그리고 신학의 통합적 접근을 통한 예배 신학 구축[1]

1. 들어가는 글

예배 신학의 중요한 과제 가운데 하나는 고백으로서의 신앙(Lex Credendi)과 실천으로서의 예배(Lex Orandi) 사이의 관계를 규정하는 것이다.[2] 신앙(고백)과 예배(실천) 사이의 관계를 규정하는 예배 신학은 최근 예배가 문화에 의해서 많은 영향을 받고 있다는 사실에 의해서 더욱 복잡해졌다. 이로 인해서 기독교 예배의 신학적 이해를 추구하는 예배 신학은 문화가 예배에 미치는 영향 또는 예배에 대한 문화적 이해를 연구의 주제로 포함시키고 있다.[3] 그런데 실제로 예배의 신학적 이해에서 문화의 위치와 역할 및 관계를 구체적으로 논의한 경우는 그 중요성에 비해서 상대적으로 그리 많지 않다.[4]

---

1 이 장은 「복음과 실천신학」 제 27 권 (2013: 44-72)에 게재된 논문을 새롭게 구성 보완한 것임.
2 이것은 4세기 말 5세기 초 Augustine의 제자였던 Prosper Aquitaine이 주장한 "Lex Orandi/Lex Credendi" 또는 "Lex Credendi/Lex Orandi"라는 표현에서 비롯되었다.
3 예배학의 전문 학술 연구 단체 가운데 하나인 북미예배학회(North American Academy of Liturgy)의 경우, 최근 예배신학(Liturgical Theology)과 별도로 예배와 문화를 독립된 분과로 운영할 정도로 예배와 문화(Liturgy and Culture)의 상관 관계에 대한 연구가 매우 활성화되고 있다.
4 신학과 문화에 대한 연구는 매우 활성화되어 있다. 반면, 예배와 문화에 대한 '예배 신학적' 관

이러한 예배 신학의 현실에서 간혹 문화를 논제로 삼아 다룰 경우 Richard Niebuhr의 『기독교와 문화』[5]를 근거로, 예배와 문화 사이의 관계를 규정한 후, 현대 문화적 요소를 어떻게 기독교 예배에 수용할 것인가를 주된 논제로 삼는다. 이러한 접근은 실제적으로 기독교와 대비되는 또는 구분된 문화의 어떤 부분과 요소를 예배 안에 어떻게 통합시킬 것인가라는 질문에 답변을 제시하지만, 예배 전체를 하나의 신학적 의미를 담고 있는 문화로 보는 시각을 가져다주지는 못한다.

이런 상황 속에서 예배와 신학 그리고 문화를 통합적으로 이해하는 방법론적 고찰은 예배 신학의 새로운 발전을 위해서 매우 의미 있고 필요한 연구 과제이다. 이 장은 이러한 예배 신학의 필요성을 전제로 받아들이면서 기독교 예배와 신학의 관계를 문화 신학적 관점에서 정립하기 위한 것이다. 즉, 신학의 반영과 실천으로서의 예배를 문화적 입장에서 고찰하면서, 새로운 예배 신학의 방법론을 제시하는 것을 목표로 한다. 이를 위해서 첫째로, 예배신학의 개략적인 역사적 고찰을 통해서 문화가 어떤 점에서 중요한 논의 주제가 되었는지 제시할 것이다. 둘째로, 문화를 중요한 논제로 삼는 예배신학의 입장들을 소개하고 비평적으로 평가할 것이다. 마지막으로, 현대 복음주의 예배 실천에 적절하고 적실성있는 예배와 신학 그리고 문화를 통합시키는 한 방법으로서 Paul Ricoeur의 문화 신학을 이용해서 예배를 이해하고 해석하고 실천하는 원리를 제시할 것이다.

점에서의 학술적인 접근은 상대적으로 활성화되지 않았다. 그럼에도 불구하고 최근 복음주의 안에서 문화의 중요성과 다양성을 인정하면서 실천신학적 이해와 적용을 시도한 글들이 제시되고 있는 것은 매우 적실성 있는 현상이다. 이승진, "다문화 상황 속에서 복음의 소통에 관한 실천신학적 고찰," 한국복음주의 실천신학회, 「복음과 실천신학」 제23권 (2011, 봄): 71-96 그리고 심민수, "현대 문화시대에 회복해야 할 목회와 전도 패러다임," 한국복음주의 실천신학회, 「복음과 실천신학」 제20권 (2009, 가을): 58-88 참고할 것.

[5] Richard Niebuhr, *Christ and Culture*, 홍병룡 역, 『그리스도와 문화』(서울: IVP, 2007).

2. 예배 신학의 논의에 담긴 문화 이해의 중요성과 요청

기독교 예배에 대한 신학적 논의는 신학의 역사만큼이나 오래되었지만, 1960년부터 북미에서 독립된 분과로 예배학이 발전하면서 그 논의가 본격화되었다.[6] 곧 기독교 신앙과 실천으로서의 예배를 성경신학, 역사신학 그리고 교리신학의 관점에서 고찰해오던 것을 독립된 예배학 자체의 방법론을 통해서 논의하기 시작한 것이다. 독립된 예배학은 자체의 신학적, 역사적, 그리고 의식적(ritual) 방법론을 사용해서 기독교 신앙과 신앙의 실천으로서의 예배 사이의 관계를 정립하는데 주력해 오고 있다. 비록 1960년 이전부터 예배에 대한 다양한 신학적 고찰들이 있어왔지만,[7] 예배학자들은 동방교회 예배학자인 Alexander Schmemann이 본격적으로 예배의 신학적 논의를 시작했다는 것에 동의한다. Schmemann은 자신의 책, Introduction to Liturgical Theology[8]에서 예배에 나타난 구성 요소들에 대한 구조적인 접근 방식을 통해서, 예배 의식과 실천 안에 담긴 그리고 그것으로부터 주어

---

[6] 예배학이 독립된 학문으로 분류되기 전에는 대부분 성경신학, 조직신학, 그리고 교회사를 중심으로 연구하던 학자들이 예배를 세부 연구 주제로 택해서 다양하고 많은 연구물들을 제시했다. 물론, 유럽의 경우 예배학의 연구는 오랜 역사를 지니지만, 북미의 경우, 로마 가톨릭과 동방교회를 제외한 다른 교단에서의 예배학 연구는 1960년대 초반 미국 예일 대학교에서 예배학을 세분화된 박사과정 프로그램으로 운영하면서 본격화되었다. 이후 1970년대에 노틀담 대학교에서 예배학 전공의 박사과정을 개설했고, 이후 감리교를 중심으로 예배학 전공의 박사과정 프로그램들(보스톤 대학교, 남감리교 대학교, 드루 대학교, 게렛 신학교 등)이 운영되면서, 북미에서 예배학이 본격적으로 독립된 학문으로 발전되었다.

[7] 개혁주의 신학의 경우, 예배에 대한 신학적 고찰은 이미 1960년대 초반부터 예배학의 학문적 발전과 상관없이 활발히 진행되었다. 예들 들어, Howard Hageman, *Pulpit and Table* (Richmond: John Knox Press,1962); William Maxwell, *Concerning Worship* (New York: Oxford University Press,1948); Scott Brenner, *The Way of Worship* (New York: The Macmillan Company, 1944); Raymond Abba, *Principles of Christian Worship* (New York: Oxford University Press, 1957); William Nicholas, *Jacob's Ladder* (Richmond: John Knox Press, 1958). 이 책들은 모두 기독교 예배의 역사적 기술에 관한 것들이 아니라, 신학적 관점에서 예배의 의미를 고찰한 것들이다.

[8] Alexander Schmemann, *Introduction to Liturgical Theology* (Crestwood, New York: St. Vladimir's Seminary Press, 1966).

지는 신학적 의미와 기능을 고찰했다. 곧 예배에 대한 이해나 개념에서 예배학을 시작한 것이 아니라, 예배의 실천 자체를 예배 연구의 텍스트로 삼았다. 그에 따르면, 예배 신학의 과제는 "교회의 모든 예전적 전통과 예배를 설명하기 위한 신학적 기초를 제공하는 것이다."[9] 그가 마련한 기초는 교회의 기도(실천으로서의 예배) 규범이 곧 신앙의 규범을 결정한다는 원리('rule of prayer determines rule of faith')를 체계화한 것이다. 기도의 방식/규범과 신앙의 방식/규범 사이의 관계를 통합시킨 Schmemann에 이어 가톨릭 신학자 Aidan Kavanagh도 이 둘 사이의 관계를 예배 신학의 주요 논제로 이어받아 발전시켰다. Kavanagh는 신학을 이른 바 'primary theology'(theologia prima)와 'secondary theology'(theologia secunda)로 구분해서 예배 신학의 새로운 패러다임을 제시했다. 즉, 실천으로서의 예배는 'primary theology'이고, 그것에 대한 신학적 고찰은 'secondary theology'이다. 기도의 규범과 실천으로서의 예배인 'primary theology'가 그것에 대한 신학적 고찰인 'secondary theology'를 결정한다. 비록 서로 다른 방식으로 예배 신학을 논했지만, Kavanagh는 Schmemann과 같이 기도의 규범(rule of prayer)이 신앙의 규범(rule of faith)을 결정한다는 입장에서는 동일하다. 이 후 예배 신학은 이들이 설정한 논의의 대상인 기도의 규범과 신앙의 규범 사이의 관계 즉 예배의 실제와 신학적 고찰 사이의 관계를 규정하는 것으로 집중되어 발전했다.[10]

---

9 Schmemann, *Introduction to Liturgical Theology*, 17.

10 Geoffrey Wainright과 Edward Kilmartin이 대표적으로 이러한 예배신학의 논제를 발전시킨 학자들이다. 대부분 개신교 전통에 서 있는 자들은 신학적 고찰이 예배의 구체적인 실천을 결정한다고 주장한다. 반면, 가톨릭이나 동방교회의 예배 신학자들은 이미 고정된 예배 형식과 실천을 우선하고 그것이 더 중요한 의미를 지닌다고 주장한다. 최근에는 Edward Kilmartin이 이 둘 사이의 관계를 어느 한 쪽의 입장이 아니라 상호 동일한 입장에서 서로 영향을 미친다고 주장한다. 이와 관련해서는 다음을 참고하라. Geoffrey Wainright, *Doxology: The Praise of God in Worship, Doctrine, and Life* (New York: Oxford, 1980), 218-286; Edward Kilmartin, *Christian Liturgy: Theology and Practice* (Kansas: Sheed and Ward,1988). 본 연구자는 이러한 예배 신학의 논제에 대해서 이미 다른 글에서 언급한 바 있다. 주종훈, "개혁주의 교회들을 위한 예배 갱신의 방향,"「개혁논총」제23권(2012), 104, 각주 24번 참고.

이러한 예배 신학의 주요 논제와 방법론은 예배학의 학문적 논의와 발전에 큰 기여를 했다. 그러나 이 두 예배 학자들은 동방교회의 예배(Schmemann의 경우)와 로마 가톨릭의 예배(Kavanagh의 경우)를 대상으로 그들의 신학과 실천에 부합한 예배 신학을 발전시킨 것이다. 따라서 이들의 예배 신학이 그들과 다른 신학과 예배 전통에 대한 신학적 방법론으로 사용할 수는 있지만, 그 자체로 모든 교단과 상황에 적합한 해석의 틀로 받아들이는 것에 대해서는 주의해야 한다. 더 나아가, 가톨릭과 동방교회의 예배는 예배 규범을 따라 진행되며, 문화적 차이에 따른 상황화에도 불구하고 많은 부분이 서로 동일한 예배 방식을 실천한다. 반면, 영국 성공회를 제외한 대부분의 개신교 회들은 같은 교단에 속하고 같은 교리적 신앙 고백을 하더라도, 자유 교회 전통(the Free Church tradition)의 영향에 따라서 예배의 실재와 관련해서는 많은 부분 개교회 중심의 특징을 지니며 보다 더 자율적이다.

이러한 예배학의 복잡한 논의 주제와 흐름을 고려하면서 Michael Aune는 예배 신학과 관련해서 새로운 방법론을 제시했다. 예배 신학과 관련한 그의 글, "Liturgy and Theology: Rethinking the Relationship"[11]에서, Aune는 이전의 예배 신학은 예배를 논할 때, 수평적 관계에 집중하고, 수직적 관계에 대해서 간과했다는 것을 지적했다. Aune에 따르면, 예배는 단지 '기도의 규범'(lex orandi, rule of prayer)과 '신앙의 규범'(lex credendi, rule of faith) 사이의 관계뿐만 아니라, '사람들의 일의 규범'(lex agendi, the rule of people's work)과 '하나님의 주권적인 일'(Opus Dei, God's initiative work) 사이의 관계도 다루어야 한다. Aune의 새로운 강조에 따라서, 예배는 단지 사람들의 일이라기보다는 사람들을 위한 하나님이 주도하시는 일에 사람들이 참여하는 것으로 이해한다. 결국 예배 신학은 실천으로서의 예배와 그것의 고찰로서의 신학 사이의 관계를 규정하는 것과 함께, 이제는 서로 다른 문화와 상황 속에서 인간이 하나님에게 반응하는 방식을 세부적으로 규명하는 것까지

---

11 *Worship* 81.1(2007):46-68; *Worship* 81.2(2007):141-169.

포함시키게 되었다.

　이와 같이 예배 신학의 논의 주제는 우선 예배의 실천과 신앙 사이의 관계를 신학적으로 고찰하는 것이다. 이것은 예배에 대한 이해를 시도하고, 그 이해에 기초해서 새로운 실천을 제시하는 방법[12]과는 다르다. 왜냐하면, 예배 신학은 예배의 실천 자체를 이미 의미를 담고 있는 신학적 고찰의 대상으로 간주하기 때문이다.[13] 또한 신앙과 신학적 의미를 담지하고 있는 예배는 그 자체로 독립된 문화의 표현이기도 하다. 예배는 하나님의 주도적인 일하심에 사람들이 독특한 방식으로 반응하고 참여하는 것으로서, 공동체의 삶의 정황과 방식 곧 일종의 문화를 통해서 형성되기 때문이다. 결국, 예배 신학은 예배와 신학의 관계를 정립하는 논의 주제를 유지하면서, 동시에, 예배의 실재에 중요한 영향을 미치는 예배 공동체의 문화를 논의 주제로 포함시킨다. 실제로 같은 교단 전통에 속해서 동일한 신앙고백과 교리를 받아들이더라도 각각의 예배 공동체마다 획일적이지 않고 서로 다른 예배의 실천을 드러내는 것은 그 예배 공동체의 독특한 삶의 모습과 특징으로서의 문화에서 비롯된다. 최근에 예배 신학의 과제와 방법에 대해서 고찰한 Margaret Kelleher도 예배를 신학적으로 고찰할 때, 예배 자체의 문화적 측면 곧 의식의 실천으로서 예배의 사회적, 상징적, 과정적 실재로서의 예배의 문화적 측면을 중요한 연구 대상으로 포함해야 한다고 주장했다.[14] 이와 같이 예배 신학을 논의하기 위해서는 이제 예배와 신학의 관계 뿐만 아니라 예배의 실천에 영향을 미치는 문화의 위치와 의미 그리고 역할을 추가해야 한다.

12　실천신학에서 말하는 이론(theory)과 실천(practice)의 방법론을 말한다.
13　이러한 이해를 시도하는 실천신학의 방법론은 'praxis-theory-praxis'이다. 'praxis'는 그 자체로 의미를 부여하는 신학적 고찰의 대상이고, 'practice'는 이론(theory)의 적용이라는 의미를 지닌다. cf. Ray Anderson, *The Shape of Practical Theology* (Downers Grove: IVP, 2001), Mark Branson and Juan Martinez, *Church, Culture, and Leadership* (Downers Grove: IVP, 2011).
14　Margaret Kelleher, "Liturgical Theology: A Task and Method," Paul Bradshaw and John Mello Ed., *Foundations in Ritual Studies: A Reader for Students of Christian Worship* (Grand Rapids: Bakers, 2007), 210-215.

3. 예배의 신학적 고찰에 나타난 문화에 대한 이해들

기독교 예배 신학에서 문화를 중요한 논의 주제로 포함시킨 것은 예배학계에서 선명히 드러난다. 이미 이 장의 각주 2)에서 언급했듯이, 영어권 예배학자들의 대표적인 학술 토론 모임인 북미예배학회(North American Academy of Liturgy)에서는 '예배 신학'(Liturgical Theology)과 별도로 '예배와 문화'(Liturgy and Culture)를 독립된 분과로 운영하고 있다. 이 분과는 단지 현대 문화의 요소들을 새로운 예배 형식에 어떻게 포함시킬 것인가를 논하는 분과인 '현대의 새로운 예배 연구'(Contemporary and Emerging Worship) 모임과는 달리, 예배와 문화에 대한 신학적 고찰을 통해 다양한 문화 이론들을 예배에 통합시키고, 그 이론들에 근거해서 예배 신학의 새로운 방향성을 제시하는데 주력하고 있다.[15]

1) 나이로비 선언문

문화를 예배 신학의 중요한 논제로 받아들이는 학자들의 노력들 가운데 가장 첫 번째는 이미 서론에서 간략하게 지적했듯이, Niebuhr 『그리스도와 문화』에서 제시하는 관계 패러다임을 발전시키는 것이다. 이미 잘 알려진 기독교 신앙과 문화와의 다섯 가지 관계를 예배와 문화의 관계로 변형해서 이해를 시도하는 것이다. 원래 윤리적 관점에서 기독교적 답변을 제시한 Niebuhr의 패러다임은 윤리학을 넘어서서 문화신학과 기독교 철학 그리고 인류학과 선교학에 이르기까지 폭넓은 분야에서 다양한 방식으로 해석 및 적용되고 있다. Niebuhr의 패러다임을 예배와 문화에 가장 대표적으로 심도 있게 연결시킨 신학적 노력은 '예배와 문화에 관한 나이로비 선언문'(Nairobi Statement on Worship and Culture)이다. 이 선언문에 따르면, 기독교

---

[15] 이 '예배와 문화' 분과에서는 실제로 예배의 문화화(inculturation)뿐만 아니라, 사회학, 문화 연구, 문화 인류학 등에서 제기되는 이론들을 예배 이해와 해석 그리고 실천적으로 적용하기 위해 노력한다.

예배는 문화와 관련해서 네 가지 관계 즉, 초문화적 관계, 상황적 관계, 반문화적 관계, 그리고 교차 문화적 관계[16]를 형성한다. 이 선언문은 비록 루터교의 관점에서 제시되었지만, 예배와 문화의 관계를 신학적으로 고찰하고, 교단을 넘어서서 많은 교회들의 예배에서 문화적 요소들을 체계적으로 이해하고 실천하게 하는데 중요한 발판을 마련했다. 특히 예배와 문화 사이의 관계를 예배 신학에서 고찰할 수 있는 방법론적 패러다임을 제시했다는 점에서 큰 기여를 했다. 아울러, 이 선언문에 나타난 예배와 문화와의 네 가지 관계들 가운데 어느 하나를 선택하는 것이 아니라, 하나의 예배 안에서 네 가지 관계 모두를 균형 있게 유지해고 드러내야 한다는 점을 분명히 밝혀주었다. 즉 예배는 문화와의 관계에서 어느 한 측면만 드러내는 것이 아니라, 초문화적, 상황적, 반문화적 그리고 교차 문화적 측면을 적절하게 드러내며 실천해야 한다는 점을 강조했다. 마지막으로 각각의 예배 공동체가 속한 교단적 전통을 벗어나지 않으면서도, 예배가 지닌 초문화 특징을 유지하고 동시에 서로 다른 문화들을 예배 안에서 적극적으로 수용해서 실천하는 상호 교차 문화적 측면을 활용할 것을 제안했다. 이것은 선교지 또는 다문화 사회에서의 예배를 위한 실제적인 제안이다.[17]

나이로비 선언문에서 제시하는 방법론에 담겨진 과제는 구체적인 실천과 관련한다. 예배의 어떤 구성 요소들을 문화와의 관계 설정 대상으로 삼아야 하는가이다. 또한 예배의 문화적 측면을 신학적으로 고려할 때, 무엇이 초문화적으로 또는 상호 문화적으로 이해되어야할 구체적인 요소들인지를 분별력 있게 구분하고 다루어야 한다. 특별히 나이로비 선언문은 개발 국가들의 기독교와 선교적 관점에서 문화 자체에 대한 포용적 수용을 기본적인

---

16 'Worship as Transcultural,' 'Worship as Contextual,' 'Worship as Counter-cultural,' and 'Worship as Cross-cultural.'

17 "We call on all member churches to give serious attention to the transcultural nature of worsihp and the possibilities for cross-cultural sharing." Nairobi Statement on Worship and Culture, Section 6.1.

전제로 하기 때문에, 비록 예배의 반문화적 요소에 대해서 원론적으로 다루지만, 문화 자체에 대한 비평적 태도에 대해서는 선명하게 제시하지 않는다.

2) 예배의 문화화(inculturation of liturgy)

두 번째 예배와 문화의 예배 신학적 통합은 예배의 문화화(inculturation of liturgy)이다. 1963년 제 2차 바티칸 공의회 이후 로마 가톨릭뿐만 아니라 모든 기독교 교단들에서 예배 갱신을 적극 노력하며 실천해오고 있다. 이러한 갱신 운동의 일환으로 로마 가톨릭은 라틴어가 아니라 예배 회중들의 모국어로 예배를 실천하도록 허용했고 예배 모범을 예배 회중들이 사용하는 언어로 번역해서 사용하기 시작했다. 동시에, 예배 회중들이 소극적이거나 수동적인 태도에서 벗어나 더욱 풍성한 의식을 갖고 능동적으로 예배에 참여할 수 있도록 각각의 예배 공동체가 속한 문화를 적극 인정하고 포용하기 시작했다. 이러한 예배 갱신의 의도 속에서 Anscar Chupungco는 단지 예배와 문화의 관계를 논의하는 것을 넘어서서, 예배 자체를 문화의 반영과 표현 방식으로 받아들이고, 예배를 문화화(inculturation of liturgy)하는 원리와 방법을 제시했다.[18] 예배를 문화화하는 방식과 관련해서 Chupungco는 자신의 글에서 명백히 밝히지는 않지만, 실제로 문화인류학의 방법을 예배에 적용시켰다. 즉 문화 인류학의 상황화(contextualization)를 로마 가톨릭 예배에 새롭게 적용해서 구체화시켰다. Chupungco의 예배의 문화화는 문화인류학자 나이지리에서 선교활동을 하고 오랫동안 풀러 신학교 선교 대학원에서 가르쳐 온 Charles Kraft의 문화의 상황화 방법과 일치하기 때문이

---

[18] 예배의 문화화(liturgical inculturation)와 관련해서 Chupungco는 로마가톨릭 교회뿐 아니라, 다른 교단에서도 많이 알려진 대표적인 예배 신학자이다. 예배의 문화화와 관련한 그의 저술들 가운데 다음과 같은 것들이 대표적이다. *Cultural Adaptation of the Liturgy* (New York: Paulist Press, 1982); *Liturgies of the Future: The Process and Methods of Inculturation* (Mahwah, N.J.: Paulist Press, 1989); *Liturgical Inculturation: Sacramentals, Religiosity, and Catechesis* (Collegeville: The Liturgical Press, 1992); *Shaping the Easter Feast* (Washington, D.C.: The Pastoral Press, 1992); *Worship: Beyond Inculturation* (Washington, D.C.: Pastoral Press, 1994).

다.[19]

 Chupungco는 문화와 관련한 예배 신학을 새롭게 발전시켰다. 무엇보다도 단지 관계 패러다임으로 간주해오던 예배와 문화의 신학적 접근 방법론을 인정하면서 동시에 예배 의식과 실천 자체를 문화의 실재(entity)로도 이해하기 시작했다. 즉, '예배와 문화'가 아니라 '문화로서의 예배'라는 이해를 갖고 예배 신학의 논제를 발전시켰을 뿐만 아니라, 신학과 문화를 예배 안에서 통합시키는 방법론을 제시했다. 문화의 실체로서의 예배에 대한 이해를 갖고 노력한 Chupungco의 방법론은 예배에서 문화의 의미와 역할이 얼마나 중요한지를 부각시켰다. 곧 예배는 예배자들이 살아가는 삶의 방식인 문화를 반영하고 드러내는 가장 중요한 실천의 영역이다. 삶의 방식과 결과로 주어진 문화를 기독교적 의미로 전환해서 표현할 때 가장 적합한 예배가 실천될 수 있다는 점을 선명히 강조했다. 예를 들어 성찬을 실행할 때, 초대교회의 떡과 잔이 당시의 일상 음식이었다면, 각 예배 공동체는 자신의 문화 속에서 경험하는 일상의 음식을 사용할 수 있다는 확신과 그에 따른 실천은 대표적인 예배의 문화화 노력의 한 예가 된다. 아울러 Chupungco의 예배의 문화화는 예배와 문화의 통합적 이해에서 예배 중심의 문화 수용뿐만 아니라, 문화에서의 예배적 측면을 역으로 강조하는 결과도 초래했다. 특별히 로마 가톨릭 신학자 David Power[20]는 예배가 문화를 반영할 뿐 아니라, 다시 문화에 영향을 미치는 중요한 위치를 차지한다는 것을 학문적으로 확신하고 실천적으로 발전시켰다. 그는 특별히 성찬은 공동체에서 정의를 가르치는 아주 중요한 예배 의식이라 확신하고 그 경험이 다시 사회와 문화에서 정의를 드러내는 결정적인 역할을 한다고 보았다.[21] Power는 예

---

19 실제로 예배의 의식에 적용된 Chupungco의 문화화(inculturation)의 방법론은 Charles Kraft는 문화화(inculturation)와 관련한 방법론(dynamic equivalence, creative assimilation, 그리고 organic procession)과 일치한다. Charles Kraft, *Christianity in Culture* (Maryknoll: Orbis Books, 1979), 261-327 참고.

20 David Power, *Worship: Culture and Theology* (Washington,D.C.: Pastoral Press, 1991).

21 David Power and Michael Downey, *Living the Justice of the Triune God* (Collegeville:

배의 문화화를 통해서 문화로서의 예배뿐만 아니라, 더 나아가 예배로서의 문화를 강조하고 실천적으로 확대 적용했다.

그런데 예배의 문화화(inculturation)가 지니는 예배 신학의 기여에도 불구하고 이 이론의 주장을 모든 예배 공동체에서 비평적 고찰 없이 받아들이기에는 고려할 사항이 있다. Chupungco는 로마 가톨릭 예배를 텍스트이자 모범으로 삼아서 그것을 다양하고 서로 다른 문화 속에서 새롭게 재현하고자 노력한 것이다. 하나의 고정된 형태와 방식으로서의 예배 모범을 따르지 않는 다른 기독교 전통들에서는 문화의 상황화(contextualization of culture)를 예배에 적용하기 이전에 무엇이 예배의 텍스트이고, 무엇이 상황화의 대상인지를 먼저 규정해야 한다. 실제로 많은 복음주의 기독교 예배 공동체들은 소속된 교단에서 주어진 예배 모범이 있지만, 실제로 그것을 엄밀하게 따라 실천하는 경우가 많지 않다. 이와 같이 가톨릭과 복음주의 교단 사이에 놓인 예배 공동체의 근본적 간격을 이해해야 한다. 또한 문화와 관련해서 상황화는 대부분 기독교의 선교와 관련해서 피선교지에서 적용되는 방법으로 사용되어져 왔다. 비록 Chupungco는 문화의 열등과 우월에 대해서 논하지는 않지만, 이후 발전된 기독교 역사에는 문화의 상황화가 대부분 서구 사회의 기독교를 비서구 사회 기독교에 이식하는 방식으로 적용되어져 왔다. 따라서 이러한 상황화 신학의 적용에 나타난 문화 이해의 복잡한 현실과 논리를 분명히 고려해야 한다. 이런 점에서 Chunpungco의 문화화는 예배를 문화의 실재로 보게 하는 기여를 하지만, 구체적인 방법론에서는 로마 가톨릭 교회 밖의 예배들에서는 적실성이 상대적으로 결여된다.

3) 다문화주의(multiculturalism)

세 번째 예배 신학에서 문화를 다루는 방법은 다문화주의(multiculturalism) 입장이다. '다문화주의와 예배'(multiculturalism and worship)

Liturgical Press, 2012), Chapter 4 and 5.

또는 '예배 안에서의 다문화주의'(muliticulturalism in worship)라는 표현을 통해서 알 수 있듯이, 이 입장에 따르면, 예배는 다양한 문화를 수용하고 적극 활성화하는 역할을 한다. 이것은 나이로비 선언문에서 상호 문화적 특징을 예배에서 구체화시키는 것에 대한 발전된 이론과 실천 방식이다. 이러한 입장은 신학적 관점에서 예배 안에 문화를 통합시키는 노력보다는 완성된 다양한 문화들을 하나의 예배 안에 가능한 한 포용적으로 수용하고 실천하는 구체적인 제안에 집중한다.

다문화주의가 예배 신학의 한 주제로 부각된 것은 예배 신학자들보다는 신학, 음악, 그리고 선교 분야의 전문가들에 의해서 가능해졌다. 특히 장애인이면서 신학자인 Kathy Black,[22] 예배에서 타문화 음악의 포용적 수용에 관심을 갖고 있는 Michael Hawn,[23] 그리고 서로 다른 지역에서의 다양한 예배를 통해서 기독교의 포괄성을 추구한 선교학자인 Charles Farhadian[24] 등은 최근 북미에서 예배와 다문화주의 주제와 관련해서 매우 중요한 위치에서 주장을 펼치고 활동하는 학자들이다. 이들은 문화의 개념을 포괄적으로 이해하고, 서로 다른 인종과 삶의 방식의 차이에서 주어지는 문화의 모습들을 단지 음악뿐 아니라, 각 문화의 상징과 독특한 표현 방식들을 모두 예배 안에서 수용하려는 노력을 시도한다. 따라서 기도, 음악, 춤, 설교 등 예배의 중요한 요소들이 실천되는 서로 다른 문화적 특징들을 인정하고 포용하는 원리와 방안을 제시한다. 나아가 이들의 관심은 단지 서로 다른 문화적 표현들을 각각의 예배 공동체에서 포용적으로 인정하고 받아들이는 것뿐만 아니라, 각기 다른 문화적 표현들이 하나의 예배 공동체 안에

---

22 Kathy Black, *Culturally-Conscious Worship* (Saint Louis: Chalice Press, 2000); *Worship Across Cultures: A Handbook* (Nashville: Abingdon Press, 1998).

23 Michael Hawn, *Gather Into One: Praying and Singing Globally* (Grand Rapids: Eerdmans, 2003); *One Bread, One Body: Exploring Cultural Diversity in Worship* (Herndon, Va: Alban Institute, 2003).

24 Charles Farhadian, *Christian Worship Worldwide: Expanding Horizons, Deepening Practices* (Grand Rapids: Eeerdmans, 2007).

서 연합을 드러내는 방식으로 표현되고 실천되는 것을 적극 장려한다. 특히, Hawn의 경우 예배 안에서 "단지 하나의 문화적 방식대로 찬양하기보다는 서로 다른 세계에서 온 기독교인들의 다양한 노래를 같이 고백하므로써, 그리스도 안에서 하나됨을 비유적으로 창조해낸다"[25]고 주장한다.

이러한 다문화적 입장은 예배 신학에서 어느 하나의 문화를 우월한 문화로 전제하거나, 배타적인 태도로 단일 문화를 자연스럽게 받아들이고 추구하는 예배에 대해서 비판적으로 경계한다. 특별히 서로 다른 문화를 지닌 구성원들이 함께 하나의 공동체로 예배하는 경우 다문화주의적 입장은 그리스도 안에서 하나의 몸이라는 신학적 비유를 직접 예배를 통해서 실현하고 구현할 수 있게 해준다. 이런 점에서 다문화로 구성된 북미에서 다문화주의가 적실성을 갖고 활발하게 제기되는 것은 자연스러운 것이라 할 수 있다. 오랜 기간 동안 단일민족과 공통된 문화적 특징을 지니고 추구해온 우리 나라의 경우, 다문화주의에 대한 이해는 비교적 최근에 제기되었다. 다문화주의를 단지 선교적 관점에서 이해할 뿐만 아니라, 예배 신학의 관점에서 이해하고 수용하면, 실제로 서로 다른 문화를 수용하고 통합하는 구체적인 방식을 직접 경험하고 배우게 된다. 이런 점에서 다문화 사회로 접어드는 우리나라의 예배가 지닌 책임이 커지고 있다.

그런데 다문화주의는 각각의 문화 자체가 지니는 특징과 문화적 표현에 담긴 가치에 대한 평가는 상대적으로 심도 있게 다루지 않는다. 문화 존중의 원칙에 따라서 비평적인 평가 없이 수용하고 포용할 것을 주장한다. 문화를 중립적이거나 삶을 통해 형성되는 자연스러운 모습으로 보기 때문에 더욱 그렇다. 그러나 신학적 고찰과 비평적 수용을 하지 않고 자문화 또는 타문화를 하나의 융합된 형태로 받아들일 경우, 단지 문화가 지니는 가치와 의미 그리고 삶에 미치는 영향을 이해하지 못하고, 외적인 특징만 피상적으

---

[25] Michael Hawn, "Reverse Missions: Global Singings for Local Congregations," Charlotte Kroeker, ed., *Music in Christian Worship* (Collegeville: Liturgical Press, 2005), 108.

로 경험할 수 있다는 것을 경계해야 한다.

4. 예배와 문화의 통합을 위한 새로운 접근의 필요성

지금까지 살펴본 바와 같이 문화는 이제 예배 신학의 논의에서 제외시킬 수 없는 중요한 위치를 차지한다. 예배와 신학의 관계에 집중해오던 예배 신학은 '신앙고백과 그 표현으로서의 예배(lex credendi, lex orandi)' 또는 '예배의 실천을 통한 신앙의 형성(lex orandi, lex credendi)' 가운데 어떤 입장을 취하든, 이제 문화와 예배 사이의 관계를 포함시켜 신학적으로 논의해야 하는 과제를 안고 있다. 특별히 예배를 하나님의 주도적 행위(Opus Dei)에 반응하고 참여하는 인간의 일(lex agendi)로 이해하는 새로운 예배 신학의 방법론은 '인간의 참여'에 담긴 문화적 함의들을 적극 부각시켰다. 또한 위에서 논의한 세 가지 문화와 예배 또는 예배와 문화 사이의 관계에 관한 고찰들(나이로비 선언문, 예배의 문화화, 그리고 다문화주의와 예배)은 결론적으로 예배의 신학적 고찰에 문화가 어떤 식으로 논의되어 왔는지 그리고 어떻게 논의되어야 하는지를 분명히 제시해 주었다.

이러한 논의들을 통해서 얻을 수 있는 가장 확실한 발견은 예배와 문화에 대한 신학적 논의와 관련해서 단지 Niebuhr의 패러다임에 근거해서 관계적으로 고찰하는 방법론을 넘어설 수 있는 가능성을 확신하게 된 것이다. 이미 언급한 바와 같이 Niebuhr의 의도는 윤리적 관점에서 기독교인들의 태도와 반응의 방식을 다섯 가지 패러다임으로 제시한 것이었다. 예배 신학은 이러한 관계 방식을 넘어서서 예배와 문화를 통합하는 새로운 방법론적인 시도들을 해왔다. 이러한 방법론적인 시도들을 통해서 문화가 예배에 미치는 의미와 역할을 더욱 구체적으로 확인했다. 그런데 문화는 삶의 방식을 결정하지만, 동시에 새로운 삶의 방식을 창조하는 역할을 하기도 한다.[26] 그렇다면, 로마 가톨릭과 동방교회의 고정된 예배 의식과는 다른 전통에 있는 기독교 교단들의 예배는 더욱더 문화적 관점에서 새롭게 접근할 수 있는 가능성을 갖게 된다. 복음주의 교단에 속한 교회 공동체들의 예배는 비록 예배 규범을 무시하거나 외면하지는 않지만, 실제로 중요한 예배 이해의 대상은 규범서나 매뉴얼보다는 실천 자체에 있다. 이들의 예배를 이해하고자 할 때 단지 예배 모범을 확인하는 것으로는 충분하지 않다. 각 예배 공동체의 실제 예배의 모습은 예배 모범과 상이할 수 있기 때문이다. 이것은 예배와 관련한 신학이나 교단의 교리에 문제가 있다기보다는 예배를 결정하는 데 예배 공동체 자체의 문화적 특징이 매우 중요한 역할을 하고 있다는 것을 의미한다. 이와 같이 복음주의 예배 이해와 실천에서 예배 공동체의 문화적 특징과 의미를 고려하는 것은 매우 중요하다. 따라서 예배에 문화를 어떻게 수용할 것인가라는 예배와 문화 사이의 관계 고찰도 유익하고 필요하지만, 더욱 근본적으로 예배를 하나의 문화로 인식하고 신학적 관점에서 문화로서의 예배를 논의하는 방법론적 고찰이 요구된다.

예배를 문화로 이해하는 것은 예배 실재를 문화인류학이나 사회학적인 관점에서 독립된 개체로 구별하는 것을 넘어선다. 곧 예배의 실천에 담긴 신학적 의미를 해석하고 다시 신학적 반성을 통해서 새로운 실천을 구현해내는 것까지 요구한다. 간단히 말하면 예배에 대한 문화적 접근은 신학적 이해를 포함시켜야 한다. 이를 위해서 문화신학의 방법론을 예배에 통합시키는 것이 하나의 방법론적 대안이 될 수 있다.

---

26 문화와 관련한 창조의 개념은 기독교 세계관에서 중요한 출발점이기도 하다. 동시에 개혁주의 교단의 가장 큰 기여가 그리스도 중심의 기독론과 구원론의 신앙과 삶의 방식에서 간과되어 온, 창조 영역의 신학적 문화적 역할을 강조한 것이다. Brian Walsh and J. Richard Middleton, *The Transforming Vision: Shaping of Christian Worldview* (Downers Grove: IVP, 1984), 40-60 참고.

5. 예배와 문화 그리고 신학의 통합을 위한 문화 신학적 접근

예배와 문화 그리고 신학을 통합하는 새로운 방법론적 접근으로서 문화 신학의 이론은 매우 중요한 의미를 지닌다. 이러한 문화 신학적 이론 가운데 이른 바 '포에틱 방법론'(poetic approach)은 예배, 문화 그리고 신학을 통합하는 적절한 틀을 제시해준다. 이 방법론은 문화의 신학적 의미를 정확히 규정하고, 문화 자체를 고정된 하나의 대상이라기보다는 창의적 진행으로서의 과정적 측면을 중요시 여기는 입장이다.[27] 이 방법론은 문화의 정의를 신학적으로 규정한다. 곧 문화를 하나님의 창조와 관련해서 정의하고 해석한다. 문화 신학자인 William Dyrness는 문화를 "창조와 관련해서 인간이 만들어 가는 것"(what we make of creation)[28]으로 규정한다. 문화에 대한 이러한 신학적 정의는 문화와 하나님과의 연결을 강조한다. 즉, 문화는 하나님과의 일정한 관계 방식(patterned relationship)을 형성하는 것이다. 이러한 정의를 예배에 연결할 수 있다. 예배 역시 하나의 문화 구성의 실체(entity)일 뿐만 아니라, 예배의 구성 요소들을 통해서 하나님과 일정한 관계를 형성해가는 문화적 기능을 발견하기 때문이다. 특별히 복음주의 예배는 고정된 예배 모범에 의해서 매주 같은 방식에 따라 예배하는 로마 가톨릭이나 동방 교회의 예배와는 성격이 좀 다르다. 복음주의 예배의 경우 말씀의 원리나 특정한 의미 부여를 위한 필요를 위해서 예배 구성 요소들을 매주 새롭게 그리

---

27 기독교 신앙과 삶 그리고 예배에 대한 이러한 접근은 비교적 최근에 주목받기 시작했다. Regina Schwartz의 경우 예배의 성찬 의식과 관련해서 유대교적 관점에서 포에틱 측면을 강조한다. *Sacramental Poetics at the Dawn of Secularism: When God Left the World* (Stanford: Stanford University Press, 2008). James Smith의 경우 문화와 철학적 관점에서 기독교 예배가 지니는 문화적 측면을 매우 명쾌하게 주장한다. *Desiring the Kingdom: Worship, Worldview, and Cultural Formation* (Grand Rapids: Bakers, 2009). William Dyrness는 기독교 신앙과 삶의 미학적 측면에서 문화신학을 논의한다. *Poetic Theology: God and the Poetics of Everyday Life* (Grand Rapids: Eerdmans, 2010). 이와 함께 문화를 고정된 대상이라기보다는 진행으로서의 과정을 강조한 것은 철학자 반 퍼슨에게서 이미 발견된다. Cornelis van Peursen, 『급변하는 흐름속의 문화』, 강영안 역 (서울: 서광사, 1994).

28 William Dyrness, *The Earth is God's* (Eugene: Wipf and Stock Publishers, 1997), 58.

고 창조적으로 활용해서 실천할 수 있다. 이와 같이 문화가 결과로 주어지는 산물 일 뿐만 아니라, 특정한 목적과 의도를 향해서 진행하는 과정으로서의 의미를 지니듯이, 복음주의 예배 또한 예배 구성 요소들을 통해서 창의적으로 구현해 가는 과정으로 이해할 수 있다.

한편 이러한 문화 신학적 관점에서 예배의 창조적 진행을 강조하는 것은 예배를 단지 창조적 과정으로만 제시하는데 머무르지 않는다. 예배 실천이 매주 공동 모임을 통해서 창조적 노력에 의해서 진행되지만, 문화에서와 마찬가지로 그 창조적 과정의 방향(direction)과 방식(manner) 또한 중요하다. 어느 하나의 고정된 형태를 따르지 않는 기독교 예배를 창조적 과정으로 이해한 후, 그것을 구체적으로 실천하는 단계에서 필요한 것이 바로, 그 창조 과정의 방향과 방식에 관한 것이다. 문화적 의미에서 예배는 창의적 실천의 대상일 뿐만 아니라 지속적인 창조 과정이기도 하다. 이러한 예배 실천을 위한 창조의 방향과 방식에 대해서는 해석학에 근거한 Paul Ricoeur의 문화신학이 중요한 의미를 지닌다. 문화와 관련한 Ricoeur의 해석학의 구조는 그의 책 Time and Narrative[29]에 잘 나타난다. 그는 Aristotle의 '미메시스'(mimesis, 모방)와 '뮤토스'(muthos, 플롯)의 이론과 Augustine의 시간 개념을 활용해서 인간 문화에 대한 해석의 틀을 제공했다. 즉 간단히 말해서 인간의 문화를 특정한 목적을 향해서(Augustine) 진행하는 이야기들/내러티브들로 구성된 것(Aristotle)으로 해석한다. 인간의 개별적인 이야기들이 하나님 안에서 연결된 구조로 의미를 지니기 위해서는 하나님의 이야기 안에 창의적으로 그리고 적절한 방식으로 통합되어야 한다. 이런 점에서 예배를 하나님의 이야기/내러티브 안에 인간의 이야기/내러티브를 연결하고 그 의미를 발견하도록 도와주는 문화의 방식으로 이해할 수 있다. 찬양, 기도, 고백, 설교, 성찬 등 예배의 구성 요소들을 통해서 인간은 자신의 이야기들/내러

---

[29] Paul Ricoeur, *Time and Narrative: Vol. 1-3*. trans. Kathleen McLaughlin and David Pellauer (Chicago: University of Chicago, 1990).

티브들의 의미를 하나님 안에서 새롭게 발견하고 더욱 의미 있는 것들로 구성하는 실천을 하게 된다. 이런 점에서 예배는 단지 반복되는 형식 속에서 전통적으로 전해진 예배의 구성 요소들을 조합해서 실천하는 것과 동시에 그 구성 요소들이 하나님이 허락하시는 정확한 방향을 향해서 진행하는 이야기/내러티브를 만들어 내도록 창의적으로 노력하는 문화적 역할을 지닌다.[30]

그런데 이러한 이야기/내러티브 구성은 단순히 모방(mimesis/imitation)에 의해서 이루어지지 않는다. 뮤토스 즉 플롯 구성을 통해서 이야기/내러티브가 형성된다. 이 단계는 세 단계를 거쳐 진행된다. Dan Stiver는 그의 책, Theology After Ricoeur에서 문화 이해와 해석과 관련한 Ricoeur의 세 단계 해석의 과정을 신학적으로 분석했다.[31] 이 세 단계 가운데 마지막 단계가 '포에틱'(poetic) 과정에서 매우 중요하다. 이 내용을 간략히 설명하면 다음과 같다. 인간은 누구나 자신의 삶과 관련해서 전이해(pre-supposition)를 지닌다.[32] 이미 삶의 상황에서 주어진 세계관이나 가치를 지닌다. 이러한 자신의 전이해(pre-supposition)를 가지고 새로운 단계를 향한다. 곧 자신의 전이해를 새롭게 보고 해석할 수 있는 또 다른 기준 이자 원리를 새로운 텍스트 곧 하나님의 말씀에 비추어 보게 된다.[33] 그리고 나면, 이전에 없었던 혹은 가능해보이지 않았던 새로운 세계를 발견하고 그것을 실제 삶에서 창조해 나갈

---

30 예배를 내러티브로 이해하는 것은 전혀 새로운 주장이 아니다. 예배 연구에서 이미 강조되고 있는 부분이다. Alan Kreider and Eleanor Kreider, *Worship and Mission After Christendom* (Scottdale: Herald Press, 2011).

31 Dan Stiver, *Theology After Ricoeur: New Directions in Hermeneutical Theology* (Philadelphia: Westminster John Knox Press, 2001). 미메시스 1: (전이해 과정). 모든 사람들은 자신의 문화와 세상에 대해서 스스로의 전이해를 이미 가지고 있다. 미메시스 2: (구성 과정). 플롯 구성을 통해서 글 또는 삶의 실재를 구성하는 단계를 말한다. 상상과 해석의 과정을 통해서 내러티브를 구성하고 해석하는 것을 말한다. 미메시스 3 (재구성 과정). 이 과정은 텍스트의 해석과 삶을 연결하는 과정이다. 자신의 전이해를 텍스트 이해를 통해서 새롭게 전환하고 구성하는 적용의 단계이다.

32 이것이 1단계 pre-figuration 이다.

33 이것이 2단계 con-figuration이다.

수 있는 원리와 방향을 터득하게 된다.³⁴ 이러한 세 단계를 예배 이해와 해석에도 적용할 수 있다. 기독교 예배는 예배의 구성 요소들을 통해서 문화 형성의 기본 규범인 성경의 이야기/내러티브를 소개하고 예배 참여자들로 하여금 자신의 전 이해(pre-understanding)에 갇힌 이야기/내러티브를 성경의 관점에서 새롭게 바라보고 해석할 수 있는 기회를 제공한다. 이러한 해석의 과정을 통해서 이전에 알지 못했던 또는 가능해보이지 않았던 자신의 이야기/내러티브를 하나님의 이야기/내러티브를 통해서 발견하고 새롭게 창조해낼 수 있도록 기회를 만든다. 기독교 예배는 바로 이러한 새로운 세계와 문화의 구현을 위한 결정적인 역할을 한다.

그런데, 여기서 중요한 것은 예배를 인간의 노력과 창조적 해석의 과정을 통해서 이루어지는 문화의 산물로서만이 아니라, 하나님의 주권적인 개입과 역사가 동시에 진행되는 과정이라는 것을 인정하는 것이다. 곧 예배를 문화의 시각으로 볼 수 있지만, 단순한 문화가 아니라, 하나님 안에서 지니는 그 의미와 역할을 이해해야 한다. 이미 언급했듯이 기독교 예배는 하나님의 주도적인 일하심에 인간이 참여하는 의식적 행위(Opus Dei/Lex Agendi)이기 때문이다. 이런 이유로 예배는 단지 기술이나 재능에 의해서 진행되는 것이 아니고, 성령의 주도적인 도우심과 인도하심에 대한 참여이다.³⁵ 결국, 문화적 측면에서 예배는 창조적 과정의 산물일 뿐만 아니라 동시에 하나님과의 더욱 깊은 그리고 분명한 연결과 관계를 발전시켜 가기 위해서 예배의 구성 요소들을 실천하는 의식이다. 더 나아가 예배는 자신의 이야기/내러티브를 하나님의 말씀에서 제시하는 교정된 방향과 새로운 가능성을 향해서

---

34 이것이 3단계 re-figuration이다.
35 예배에서 성령의 위치와 역할은 매우 중요하다. 현대의 일부 예배음악 인도자들이 가장 빠지기 쉬운 실수 가운데 하나가 성령의 임재와 일하심을 음악을 통해서 조절하고 이끌어 낼 수 있다는 생각을 갖는 것이다. 이것을 가리켜 예배학에서는 성령의 조절자(spiritual manipulator) 내지는 기술자(spiritual engineer)가 되려는 위험으로 경고한다. 예배의 실재에서 고려해야 할 성령의 위치와 역할에 대해서는, John Witvliet, *Worship Seeking Understanding* (Grand Rapids: Bakers, 2003), 279-284 참조할 것.

전환하고 창조하는 새로운 이야기/내러티브를 만들어가는 연속적인 과정으로도 이해할 수 있다.

6. 나가는 글

기독교 예배의 실재는 예배 공동체가 지닌 신앙과 밀접한 관련을 맺는다. 예배를 통해 고백하는 기도와 찬양 그리고 말씀의 선포 및 성찬의 실천은 예배 공동체의 신앙을 표현하는 중요한 역할을 하기 때문이다. 예배 신학은 예배의 실재를 통해서 나타나는 신앙고백과 신앙 형성을 살펴볼 뿐 아니라, 그 둘 사이의 관계를 심도 있게 다룬다. 신앙고백이 예배의 실재에 더 큰 영향을 미친다고 주장하든지, 예배의 실재가 신앙고백 형성에 더 중요한 위치를 차지한다고 주장하든지, 분명한 것은 둘 사이의 관계를 규정하는 것이 예배 신학의 중요한 과제라는 점이다. 예배 신학은 이 둘 사이의 관계를 정립하면서, 예배를 형성하는 것이 단지 신앙고백과 교리뿐 아니라, 예배 공동체의 삶의 방식 즉 문화가 결정적인 역할을 한다는 것을 인정한다. 위에서 살펴본 바와 같이 문화는 예배를 형성하고 결정하는데 중요한 역할을 한다. 이 장은 예배와 문화 사이의 관계를 어떻게 설정할 것인지에 대한 접근 방법이 지닌 기여와 한계를 살펴보고, 더 나아가 문화로서의 예배 이해와 해석을 위한 문화 신학적 원리를 방법론적으로 제시했다. 예배는 단지 새롭게 구성하는 창조로서의 문화적 산물일 뿐만 아니라 하나님을 향해서 예배자의 삶을 새롭게 전환해 가도록 이끌어주는 창조적 과정이기도 하다.

이 장은 지금까지의 고찰을 통해서 예배가 신학적 측면에서 하나님과 하나님의 백성들 사이의 관계를 강화시키는 방식이라는 측면과, 문화적 측면에서 하나님의 구원과 섭리 이야기/내러티브를 통해서 인간의 파편적인 이야기/내러티브가 새롭게 구성되어져 가는 기능을 한다는 점을 강조했다. 이 장은 예배 신학의 측면에서 예배와 신학의 관계를 문화적 측면에서 방법론적으로 고찰한 것이다. 이런 점에서 예배 안에 문화를 어떻게 수용할 것인 가 또는 예배에 현대 문화적 요소를 어떻게 수용하고 통합할 것인가라는 실 천적인 주제들을 직접적으로 다루지 않았다. 그럼에도 불구하고 예배가 지 닌 문화적 측면을 강조하면서, 새로운 문화를 구성하는 실체와 과정으로서 의 예배를 방법론적인 대안으로 제시했다. 예배 자체를 하나의 독립된 그리 고 독특한 문화의 과정으로 받아들이게 되면, 예배 공동체는 예배를 통해서 새로운 문화를 창조해가는 문화 구현의 주체가 될 수 있다. 이제 남은 과제 는 창조적 문화 구현의 실재로서의 예배를 복음주의 교단에 속한 각각의 예 배 공동체에서 어떻게 실천할 수 있는지에 대한 구체적인 방안을 제시하는 것이다. 이러한 필요성과 가능성을 제시한 것은 이 장의 기여가 될 수 있지 만, 그 자체로 머무른 것은 동시에 단점과 한계이기도 하다.

참고문헌

심민수. "현대 문화시대에 회복해야 할 목회와 전도 패러다임." 한국복음주의 실천신학회.「복음과 실천신학」제20권 (2009, 가을): 58-88.
이승진. "다문화 상황 속에서 복음의 소통에 관한 실천신학적 고찰." 한국복음 주의 실천신학회.「복음과 실천신학」제23권 (2011, 봄): 71-96.
주종훈. "개혁주의 교회들을 위한 예배 갱신의 방향."「개혁논총」제23권 (2012): 93-121.
Abba, Raymond. *Principles of Christian Worship*. New York: Oxford University Press, 1957.
Anderson, Ray. *The Shape of Practical Theology*. Downers Grove: IVP, 2001.
Aune, Michael. "Liturgy and Theology: Rethinking the Relationship." *Worship* 81.1(2007):46-68 and *Worship* 81.2(2007):141-169.

Black, Kathy. *Culturally-Conscious Worship*. Saint Louis: Chalice Press, 2000.

Branson, Mark and Juan Martinez. *Church, Culture, and Leadership*. Downers Grove: IVP, 2011.

Brenner, Scott. *The Way of Worship*. New York: The Macmillan Company, 1944.

Chupungco, Anscar. *Cultural Adaptation of the Liturgy*. New York: Paulist Press, 1982.

_____. *Liturgical Inculturation: Sacramentals, Religiosity, and Catechesis*. Collegeville: The Liturgical Press, 1992.

_____. *Liturgies of the Future: The Process and Methods of Inculturation*. Mahwah, N.J.: Paulist Press, 1989.

_____. *Shaping the Easter Feast*. Washington, D.C.: The Pastoral Press, 1992.

_____. *Worship: Beyond Inculturation*. Washington, D.C.: Pastoral Press, 1994.

Dyrness, William. *Poetic Theology: God and the Poetics of Everyday Life*. Grand Rapids: Eerdmans, 2010.

_____. *The Earth is God's*. Eugene: Wipf and Stock Publishers, 1997.

Farhadian, Charles. *Christian Worship Worldwide: Expanding Horizons, Deepening Practices*. Grand Rapids: Eeerdmans, 2007.

Hageman, Howard. *Pulpit and Table*. Richmond: John Knox Press, 1962.

Hawn, Michael. "Reverse Missions: Global Singings for Local Congregations." ed. Charlotte Kroeker. *Music in Christian Worship*. Collegeville: Liturgical Press, 2005.

_____. *Gather Into One: Praying and Singing Globally*. Grand Rapids: Eerdmans, 2003.

_____. *One Bread, One Body: Exploring Cultural Diversity in Worship*.

Herndon, Va: Alban Institute, 2003.

Kathy, Black. *Worship Across Cultures: A Handbook*. Nashville: Abingdon Press, 1998.

Kelleher, Margaret. "Liturgical Theology: A Task and Method," ed. Paul Bradshaw and John Mello. *Foundations in Ritual Studies: A Reader for Students of Christian Worship*. Grand Rapids: Bakers, 2007.

Kilmartin, Edward. *Christian Liturgy: Theology and Practice*. Kansas: Sheed and Ward, 1988.

Kraf, Charles. *Christianity in Culture*. Maryknoll: Orbis Books, 1979.

Kreider, Alan and Eleanor Kreider. *Worship and Mission After Christendom*. Scottdale: Herald Press, 2011.

Maxwell, William. *Concerning Worship*. New York: Oxford University Press, 1948.

Niebuhr, Richard. *Christ and Culture*. 홍병룡 역. 『그리스도와 문화』서울: IVP, 2007.

Nicholas, William. *Jacob's Ladder*. Richmond: John Knox Press, 1958.

Power, David. *Worship: Culture and Theology*. Washington. D.C.: Pastoral Press, 1991.

Power, David and Downy, Michael. *Living the Justice of the Triune God*. Collegeville: Liturgical Press, 2012.

Ricoeur, Paul. *Time and Narrative: Vol. 1-3*. trans. Kathleen McLaughlin and David Pellauer. Chicago: University of Chicago, 1990.

Schmemann, Alexander. *Introduction to Liturgical Theology*. Crestwood, New York: St. Vladimir's Seminary Press, 1966.

Schwartz, Regina. *Sacramental Poetics at the Dawn of Secularism: When God Left the World*. Stanford: Stanford University Press, 2008.

Smith, James. *Desiring the Kingdom: Worship, Worldview, and Cultural Formation*. Grand Rapids: Bakers, 2009.

Stiver, Dan. *Theology After Ricoeur: New Directions in Hermeneutical Theology*. Philadelphia: Westminster John Knox Press, 2001.

Van Peursen, Cornelis. 『급변하는 흐름속의 문화』, 강영안 역. 서울: 서광사, 1994.

Wainright, Geoffrey. *Doxology: The Praise of God in Worship, Doctrine, and Life*. New York: Oxford, 1980.

Walsh, Brian and J. Richard Middleton. *The Transforming Vision: Shaping of Christian Worldview*. Downers Grove: IVP, 1984.

Witvliet, John. *Worship Seeking Understanding*. Grand Rapids: Bakers, 2003.

chapter 9

신앙 고백과 실천의 일치를 위한 노력
개혁주의 교회들을 위한 예배 갱신의 방향[1]

1. 들어가는 글

　기독교 신앙은 역사적으로 끊임없는 변화를 지속해왔다. 변화는 단순한 전환이나 막연한 새로워짐이 아니라 정확하고 분명한 원리에 따른 방향성을 가질 때 비로소 의미를 갖게 된다. 체제와 구조를 완전히 폐지하거나 거부하지 않고, 그것의 의미와 기능을 새롭게 하는 것을 가리켜 갱신이라 부른다.[2] 기독교 예배는 이런 점에서 역사적으로 갱신의 대상이 되어 왔다. 초대 교회 이후 기독교 예배는 새로운 것으로 대체되어 온 것이 아니라, 예배의 의미와 구성요소들에 대한 조절과 실천 방식의 전환을 통해서 갱신되어 왔다. 즉, 초대교회에서 중세교회로 전환할 때, 삼위 하나님을 향한 예배가 없어진 것이 아니라, 예배에 대한 이해와 그 실천의 구체적인 방식이 변화되었다. 종교개혁자들도 예배를 제거한 것이 아니라, 예배의 의미와 방식을 성경적인 원리에 부합하도록 새롭게 전환시켰다. 국교도들의 종교적 핍박으로 자율적인 예배가 제한되었던 영국의 자유교회들(The Free Churches)

1　이 장은 「개혁논총」 제 18권 (2012: 93-119)에 "개혁주의 교회들을 위한 예배 갱신의 방향"이라는 제목으로 게재된 것을 새롭게 구성 보완한 것임.
2　William Abraham, *The Logic of Renewal* (Grand Rapids: Eerdmans, 2003).

도 예배를 버리지 않았고, 이전과는 새로운 방식으로 하나님을 예배했다. 문화의 도전과 그 영향에 따라서 새로운 방식의 예배들을 시도한 현대 교회들 역시 예배를 전혀 새로운 양식으로 전환한 것이 아니라, 구체적인 방식을 문화에 적합하게 전환한 것이다.

이처럼 예배의 갱신은 역사적으로 여러 요인들에 의해서 지속되어 왔다. 쉽게 단정하기 어렵지만, 이러한 역사적 흐름을 통해서 분명히 알 수 있는 것은 어떤 하나의 고정된 예배 방식과 형태가 시대와 환경을 초월해서 답습해야 할 이상적인 모델이 될 수 없다는 것이다. 만약 그러한 확신을 갖게 되면, 개혁주의 예배 학자인 휴즈 올드(Hughes Old)가 지적한 것과 같이, 두 가지 극단 즉, '고고학적 재구성'(archaeological reconstruction)과 '예전적 낭만주의'(liturgical romanticism)라는 두 가지 극단에 빠지게 된다.[3] 따라서, 개혁교회들은 그 핵심 원리(ecclesia semper reformanda est)가 이끄는 바와 같이 예배의 지속적인 개혁 원리(liturgeia semper reformanda est)를 실천해야 한다. 여기서, 지속적인 변화를 위해서는 변화 자체가 중요한 것이 아니라, 변화를 이끌어 내는 원리와 방향이 중요하다. 따라서 기독교 예배의 변화를 시도하는 갱신을 실천하는데 있어서 중요한 것은 단지 새로운 예배의 변화를 시도했다는 것을 넘어서서, 그것이 적합한 원리에 근거하고 현실에 적실성이 있는 변화 즉 갱신인지를 확인해야 한다. 이 장은 교회 예배의 갱신이라는 현실적인 과제를 좀 더 선명히 이해하고, 오늘날 개혁주의 신앙고백을 하는 교회들이 예배를 어떻게 갱신해야 하는지에 대한 방향성을 제시하는데 목적이 있다. 이를 위해서 먼저, 갱신과 관련한 오늘날의 현상과 노력 그리고 역사적 흐름을 간략히 고찰하고, 둘째로 다양한 예배 갱신들을 통합하고자 시도한 복음주의적 노력을 개혁주의적 입장에서 비평적으로 평가할 것이다. 이러한 역사적 고찰과 평가를 시도한 후에, 마지막으로 개혁주의 교회의 예배 갱신

---

3 Hughes Old, *Worship Reformed According to Scripture* (Louisville: Westminster John Knox Press, 2002), 165.

을 위한 구체적인 원리와 방향성에 대해서 제안하고자 한다.

2. 예배 갱신: 현대 교회의 핵심 과제

예배 갱신을 위한 노력은 이미 위에서 언급한 바와 같이 교단과 상관없이 오늘날 교회들 가운데서 매우 시급하고 중요한 과제로 부각되어 있다. 예배 갱신과 관련한 현대 교회들의 관심은 예배의 의미나 본질과 같은 이론적인 이해(understanding)나 역사적 고찰(historical research)보다는 구체적인 실천(practice)에 집중하고 있다. 예배학이 독립적인 학문으로 구분되기 시작한 1960년 초반 이전에 나온 예배 관련 자료들은 대부분 예배의 본질, 이해, 그리고 역사적 흐름에 대한 평가와 제안들이 대부분이었다. 반면 예배학의 독립 이후, 예배를 이론이 아닌, 구체적인 실천 즉 살아있는 텍스트(living text)로 파악하기 시작했다.[4] 그 실천에 담긴 신학적 의미와 영적 의미들을 본격적으로 구분해서 파악하기 시작했고, 그 실천에 대한 학문적 접근 뿐 아니라, 그 실천을 위한 다양한 자료들을 개발하고 공급하는 일에 주력하기 시작했다.

실제로 교회 현장에서 들을 수 있는 예배와 관련한 질문들은 예배의 본

---

4   이런 의미에서 예배를 가리켜 'primary theology'라 부르고, 하나님에 대한 이론적인 고찰과 연구를 다루는 조직신학과 같은 연구를 'secondary theology'라 부른다. 전자는 하나님에게 직접 고백하고 표현하는 신학적 언어들을 포함한다. 반면 후자는 하나님에 대한 객관적 서술을 간접적으로 표현하는 신학적 언어들을 포함한다. 예배학에서는 Aidan Kavanagh에 의해서 이러한 primary theology와 secondary theology가 선명히 구분되었고, 그의 제자 David Fagerberg가 이러한 구분에 대한 예배학적 고찰을 발전시켰다. Aidan Kavanagh, *On Liturgical Theology* (Collegeville: A Pueblo Book, 1992) 그리고 David Fagerberg, *What is Liturgical Theology? A Study in Methodology* (Collegeville, MN: Liturgical Press, 1992)와 Theologia Prima, What is Liturgical Theology? (Chicago: Liturgical Training Publications, 2004)를 참고할 것. 이와 아울러, 예배학의 연구 대상이 예배의 실천에 담긴 의미와 관련한 것에 대해서는 Alexander Schmemann, *Introduction to Liturgical Theology* (Crestwood, NY: St. Vladimir's Seminary Press, 1966)을 참고하면 도움이 된다.

질과 이해보다는 "어떻게 예배할 것인가?"라는 실천적 질문들이 더 많이 제기된다. 나아가 교단 내지는 신학적 전통의 차이와는 상관없이 새로운 예배 스타일과 방식에 대한 고찰과 적용이 주된 갱신의 방향으로 이미 자리 잡고 있다. 예를 들어, 많은 한국 교회의 예배의 실제가 북미의 대형교회들에서 실천하고 있는 것들에 대한 과감한 수용과 적용으로 이루어지고 있다는 점이 이를 입증한다. 경배와 찬양, 구도자 예배, 미디어의 적극적인 사용, 현대 예배 음악의 도입 등은 모두 물론 둘 사이를 쉽게 분리할 수 없지만 이론적인 이해라기보다는 실제와 관련한 것들이다.

또한 예배의 갱신을 연구하고, 그와 관련한 자료들을 공급하는 기관들은 대부분 예배의 구체적인 실천과 관련한 것들을 제공하고 있다. 물론 예배의 본질에 대한 지속적인 고찰[5]이 갱신의 원리로 제기되는 것을 무시하지 않으면서, 예배와 문화의 통합, 예배 갱신을 위한 목회자의 역할 및 회중들의 역할, 그리고 다양한 예배 실천을 위한 자료들을 제공해주기도 한다. 예를 들어, 북미의 경우, the Alban Institute (감리교단), the Brehm Center of Worship, Theology, and the Arts (복음주의), the Calvin Institute of Christian Worship (개혁주의에 바탕을 둔 복음주의) 등은 대표적인 예배 실천의 갱신을 위한 기관들[6]인데, 이들 연구 기관들이 제공하는 컨퍼런스나 예배와 관련한 문헌 및 다양한 미디어 자료들은 실제로 학문 활동을 하는 학자들에게만 제한되지 않고, 실제 예배의 실천 영역에 있는 목회자들과 예배 인도자들 및 예배 참여자들도 대상으로 하고 있다.

이와 같이, 최근 예배 갱신과 관련한 주제들과 이에 상응하는 노력들은 교회의 핵심 과제로서 예배가 얼마 중요한 위치를 차지하고 있는지를 보여

---

5 대중적으로도 잘 알려진 토저(A. W. Tozer)나 마르바 던(Marva Dawn)의 경우 예배의 본질과 의미에 대한 연구와 저술로 예배학과 실천에 영향을 미치고 있다.

6 이 기관들의 웹페이지들(www.alban.org, worship.calvin.edu, www.brehmcenter.com)을 살펴보면, 이들 기관에서 제공하는 예배갱신의 자료들이 얼마나 실천적인 것들을 다양하게 포함하고 있는지 쉽게 알 수 있다.

준다. 그런데 이러한 예배 갱신을 위한 최근의 노력들은 역사적 기반을 기초로 주어진 현상이다. 따라서 개혁주의 신앙고백을 지닌 교회들의 예배 갱신의 구체적인 방향을 논하기 전에 먼저, 오늘날 주목받고 있는 예배 갱신의 역사적 흐름을 간략히 살펴보고, 그 흐름 가운데서 개혁주의 교회들을 위한 갱신의 방향을 제시하는 것이 바람직하다.

3. 예배 갱신: 공통의 관심사 그러나 서로 다른 방법들

예배 갱신은 초대교회 이후로 즉 교회의 예배가 시작된 이후로 지속되어 왔다. 종교 개혁도 일면 성경적 예배 갱신이라 볼 수 있고, 영국 국교회의 핍박으로 인해서 형성된 자유 교회 전통(the Free Church tradition)도 예배 갱신의 측면을 지닌다. 각기 다른 신학적 전통들과 교단들도 나름의 신앙고백을 지니지만, 동시에 서로 다른 예배 모범과 그 실천을 통해서 현실에 근거한 갱신을 시도해왔다. 이러한 예배 갱신은 교회 역사에서 최근 약 50여 년 전부터 매우 체계적으로 본격화 되었다. 1963년 제 2차 바티칸 공의회에서 예배의 친문화화를 공표한 후부터 예배의 갱신은 교단을 초월해서 전 세계의 예배에서 본격적으로 시도되어 왔다. 그러나 그 갱신의 구체적인 방향은 교단과 전통에 따라 서로 다르게 진행되어 왔다. 이러한 다양한 방법들은 크게 세 가지 즉 로마 가톨릭, 주요 개신교단, 그리고 오순절 전통의 갱신이라는 방향에서 이루어져왔다.

먼저 로마 가톨릭의 경우는 라틴어로 진행되어 오던 예배 모범을 각 예배 공동체의 언어로 번역해서 사용하게 했고, 동시에 성찬 중심의 예배를 유지하면서, 설교에 대한 적극적인 관심과 개발에 주력하기 시작했다. 예를 들어, 메리 힐컷(Mary Hilkert)의 Naming the Grace: Preaching and the

Sacramental Imagination[7]은 개신교의 특징이라 할 수 있는 설교의 의미와 역할을 로마 가톨릭의 예배 안에서 새롭게 소개하고 강화한 의미 있는 저술이라고 볼 수 있다. 또한 개신교의 대표 교단들 역시 구체적인 방향과 과정에서는 차이가 있지만, 대체로 전통적 예배의 복원과 재구성을 위해서 노력해왔다. 이를 위해서 오랫동안 간과되어 왔던 예배 모범서들에 대한 복원과 활성화가 이루어졌다. 바드 탐슨(Bard Thompson)이 1960년대 초반에 서구 교회들의 예배 모범서들을 소개하고 그것에 대한 의미와 해석을 수반한 책인 Liturgies of the Western Church[8]는 바로 예배 갱신의 원리와 방향을 전통적 예배 모범에서 찾기 위한 시도를 보여준다. 이후, 계속해서 예배 모범서에 대한 연구와 재편집 및 보급이 지속적으로 진행되어 왔다.[9] 이러한 예배 모범에 대한 관심과 복원은 전통에 대한 새로운 관심을 고취시켰으며, 예배 갱신의 방향을 설정하는데 전통의 역할을 부각시켰다. 마지막으로, 오순절 운동(charismatic movement) 역시 1960년대 이후 예배 갱신에서 중요한 위치를 차지한다. 이들의 갱신은 주로 예배에서 음악을 중요한 위치로 부각시켰으며, 복음주의 전통에 속한 많은 교회들에게 음악의 역할을 마치 말씀이나 성찬만큼이나 하나님의 임재를 경험하는 주된 요소로 자리잡게 했다.[10] 랍 래드만(Robb Redman)은 그의 책, The Great Worship Awakening: Singing

---

[7] Mary Hilkert, *Naming the Grace: Preaching and the Sacramental Imagination* (New York: Continuum, 1997).

[8] Bard Thompson, *Liturgies of the Western Church* (Philadelphia: Fortress, 1961).

[9] 예를 들어, *The Book of Common Worship*은 1978년과 1983년에 수정보완해서 출판되었고, Book of Common Oder의 현대판이라 할 수 있는 *Prayers for Sunday Services*도 1980년에 새로운 보급이 이루어졌다. 이후, 2004년에는 북미의 칼빈 예배연구소에서 The Worship Source Book을 출판해서 예배 실천과 갱신의 매뉴얼로 사용하도록 보급했다.

[10] 기독교 예배에서 하나님의 임재를 경험하는 중요한 요소는 크게 세 가지 즉 말씀, 성찬, 그리고 음악이다. 이 가운데 복음주의자들은 음악을 통해서 하나님의 임재를 경험하는 것을 강조하고 의미를 부여한다. Sarah Koenig, "This is My Daily Bread: Toward a Sacramental Theology of Evangelical Praise and Worship," *Worship* 82 (2008 no 2): 141-161 그리고 Lester Ruth, "A Rose by Any Other Name," in *The Conviction of Things Not Seen, ed. Todd Johnson* (Grand Rapids: Brazos Press, 2002), 46-51을 참고할 것.

a New Song in the Postmodern Church (2002)[11]에서 현대 교회 예배에 나타난 문화적 영향과 그 대표적인 형식인 음악이 다양한 방식들로 재구성되면서 예배를 갱신하는데 어떤 역할을 해왔는지 매우 잘 기술해주었다. 물론, 구체적인 역사적 발전 과정은 다르지만, 경배와 찬양, 구도자 예배 그리고 이후 이머징 예배 등과 같은 대안적 예배 형태들은 모두 전통을 외면하지 않으면서 동시에 음악으로 대표되는 문화와 깊은 연결을 통해서 갱신을 시도한 예들이라 할 수 있다.

4. 예배 갱신의 복음주의적 통합:
로버트 웨버 (Robert Webber, 1933-2007)

1960년대 이후 본격적으로 활성화된 예배 갱신운동에 대한 위의 간략한 고찰은 오늘날 예배 갱신의 과제를 지닌 교회들에게 매우 다양한 기회들 또는 상대적인 혼란을 제공한다. 이런 상황 즉 갱신의 필요성과 과제는 동의하지만, 갱신의 방향에 있어서는 서로 다른 입장을 취한 여러 예배 공동체들을 향해서, 역사신학자 로버트 웨버는 모든 현대 교회들의 예배 갱신을 위한 통합적 대안을 제시했다. 이미 대중적으로도 잘 알려진 '전통과 현대를 통합한 예배'를 주장한 웨버는 "각각의 예배 방식이 서로 다른 방식들에게 영향을 미치고 있다(each pattern of worship is now influencing the others)"[12]는 현실을 정확히 지적했다. 그리고 이러한 영향들을 통합할 수 있는 대안으로서 이른 바 '중도적 예배'(blended worship) 또는 '통합 예배'(convergent worship)를 대안으로 제시한 것이다. 예배와 관련한 그의 통합적 노력은 예

11　Robb Redman, *The Great Worship Awakening: Singing a New Song in the Postmodern Church* (San Francisco: Jossey-Bass, 2002).

12　Robert Webber, *Blended Worship: Achieving Substance and Relevance in Worship* (Peabody: Hendrickson, 1996), 66.

전적 전통과 비예전적 전통을 실제로 경험한 그의 삶과 과거의 역사를 현재와 통합시키는 그의 역사적 학문 연구 방식의 산물로 주어진 것이다. 즉, 그는 교단의 구분을 넘어서서 오늘날 예배 공동체가 실천하는 기독교 예배의 통합을 주장했고, 전통의 유산과 현대 문화의 특성을 동시에 조합하는 예배 모델을 제시하기 위해서 다양한 제안들을 시도했다.[13]

예배 갱신과 관련해서 통합적 방식을 시도한 웨버의 노력은 복음주의 교회들 가운데 매우 큰 기여를 했다. 우선, 가장 큰 기여는 기독교 역사의 전통에 대한 가치를 현대 교회에 복원시킨 것이다. 새로운 것에 대한 적극적인 관심과 문화적 수용을 시도하는 것만이 예배를 갱신하는 것이 아니라, 역사적으로 진행되어 온 기독교 공동체의 예배와 관련한 유산들을 동시에 유지하고 복원하는 것을 통해서도 갱신이 가능하다고 본 것이다. 그가 이른바 과거와 미래 신앙의 연결(ancient-future faith)이라는 기획을 갖고 노력한 것은 오늘날 교회의 신앙과 예배가 자생적으로 주어진 것이 아니라 철저히 역사적 기원을 갖고 있으며, 그와 관련한 연결성을 유지해야 기독교 예배의 정체성을 유지할 수 있다고 보았기 때문이다. 디모데 웨버(Timothy Weber)가 정확히 지적한 바와 같이, 웨버는 "예배와 관련한 오늘날과 미래의 질문들에 대한 답변은 교회의 과거에서 찾을 수 있다"[14]는 확신을 갖고 있었다. 전통에 대한 관심과 가치를 인정한 웨버의 노력은 현대 교회들로 하여금 수많은 기회와 가능성으로 주어진 예배의 자유 시대(time of liturgical indulgence)에 일정한 방향과 원칙을 제공해주었을 뿐 아니라, 나아가 좀 더 근본적인 전통 즉 성경과 초대 교회의 예배에 대한 깊은 관심과 연구 그리고 실천에 더욱

---

13 Robert Webber, *Ancient-Future Faith* (Grand Rapids: Baker Books, 1999), *Ancient-Future Time* (Grand Rapids: Baker Books, 2004), *Ancient-Future Worship* (Grand Rapids: Baker Books, 2008)은 바로 전통과 현대의 균형잡힌 통합을 위해서 기획된 것들이다. 아울러, 전체 7권으로 구성된 시리즈 (Robert Webber, ed. *The Complete Library of Christian Worship* vol. 1-7 (Peabody: Hendrickson, 1995)은 기독교 예배의 전통과 현대의 통합을 위한 백과사전적 매뉴얼로 오늘날 대부분 생존하고 있는 많은 북미 예배학자들에 의해서 집필되어 출간된 방대한 연구물이다.

14 Timothy Webber, "Forward," in *The Conviction of Things Not Seen*, 11.

적극적으로 참여하도록 영향을 미쳤다.

이와 같은 웨버의 전통과 현대의 통합적 예배는 북미 예배 역사에 또 다른 기여를 했다. 즉, 웨버는 예배의 예전적 요소와 가치를 복원하려 했고, 실용주의적 가치가 예배를 지배하지 않도록 노력했다. 북미 복음주의 예배에 크게 기여한 것 가운데 하나는 대각성 운동(the Great Awakenings)이었다. 대각성 운동 이후, 북미의 복음주의 예배는 예전적 전통을 벗어나, 설교 중심의 예배를 발전시켰다. 이 때 시대적으로 드러난 예배 형태를 가리켜 프런티어 예배(the frontier worship)라고 한다. 프런티어 예배의 기본 형식은 준비(preliminaries)-설교(preaching)-응답(response)이라는 매우 단순하고 분명한 방식으로 진행된다.[15] 이 예배 방식은 19, 20세기의 북미 복음주의 예배와 1970년대부터 세계적인 주목을 받은 미국 사우스 배링톤(South Barrington)에 위치한 윌로우크릭 교회(Willow Creek Community Church)의 구도자 예배(Seeker Service)의 기본 형식으로 고정되었다.[16] 뿐만 아니라, 대각성 운동에 영향을 받은 선교사들에 의해서 복음을 받아 교회 예배를 경험하기 시작한 한국교회의 초기 예배도 역시 이러한 기본 구성 요소들을 중심으로 발전해왔다.[17] 웨버는 이러한 예배 방식에 대해서 직접적으로 공격하지는 않았지만, 토드 존슨(Todd Johnson)이 지적한 바대로, "성례, 신조, 기독교의 영성과 예전적 가치를 상당 부분 상실했다"[18]는 점을 잘 알고 있었다. 그는 친문화적이고 실용주의적 가치에 따라 예배를 구성하기보다는 예전적 전통이 담고 있는 기독교의 공동 유산들을 인정하고, 동시에 현대 교회가 직면한 문화를 저버

---

15 James White, *Protestant Worship: Traditions in Transition* (Louisville: Westminster John Knox, 1989), 171-191.
16 Todd Johnson, "Disconnected Rituals," *The Conviction of Things Not Seen*, 53-66.
17 김경진, 주승중, 특별히 한국교회 초기 장로교 예배는 신학적 전통과 예전적 형식으로 시작된 것이 아니라, 찬송과 성경공부 그리고 그에 대한 반응이라는 학습 중심의 형태로 발전되었음을 잘 지적했다. Seung-Joong Joo and Kyeong-Jin Kim, "The Reformed Tradition in Korea," in *The Oxford History of Christian Worship*, ed. Geoffrey Wainright and Karen Tucker (New York: Oxford University Press, 2006), 484-91 참고.
18 Johnson, "Introduction," *The Conviction of Things Not Seen*, 16.

리지 않기 위해서 적극적으로 노력했다. 그래서 웨버의 동료였던 데니스 옥홈(Dennis Okholm)은 그를 가리켜 기독교 전통의 복원과 현대문화에 대한 적극적 개입을 예배를 통해서 실현하고자 한 인물로 평가했던 것이다.[19]

예배의 자유 시대에 전통과 현대 문화의 통합이라는 기획을 가지고 복음주의 교회들에게 새로운 방향을 제시한 웨버의 노력을 오늘날 교회들은 어떻게 이해하고 수용해야 하는가? 예배 안에서 전통을 복원하고, 현대 문화적 요소들을 적극적으로 수용하는 것은 이상적이고 바람직한 원리임은 분명하다. 그럼에도 불구하고, 웨버의 통합적 예배를 현대 교회들에서 적용하기에는 몇 가지 고려할 사항들이 있다. 첫째로, 웨버가 시도한 통합적 예배에서 전통에 대한 분명한 이해가 필요하다. 현대 문화적 요소와 통합시킬 전통에 대해서 웨버는 1-4세기 초대교회 예배를 전통의 기준으로 삼았다.[20] 초대교회의 예전적 전통이 기독교 예배 역사에서 공통적으로 가장 적합한 연결의 모델이 된다는 확신을 가지고 현대문화적 요소들과 통합하려고 했던 것이다. 이점은 성경과 초대교회의 방식에 따라 예배를 갱신해서 실천하려했던 종교개혁자들의 노력과 다르지 않다.[21] 그런데 여기서 고려할 것은 초대교회의 전통 즉 예배와 예전적 요소들에 대한 것이다. 초대교회의 예전을 하나의 집약된 형태와 특징으로 제시할 수 있는지에 대한 질문이 제기된다. 그레고리 딕스(Gregory Dix)는 자신의 책, *The Shape of the Liturgy*[22]에서 성찬을 중심으로 한 초대 교회의 예배 형성과 발전은 분명한 원리에 따라 적용하고 실천한 것이라고 주장했다. 그러나 이러한 주장은 역사학자들

---

19 Dennis Okholm, "Robert Webber," *The Conviction of Things Not Seen*, 199-214.
20 Webber, *Blended Worship*, 34-50.
21 예를 들어, 칼빈의 예배 모범서의 제목에서 알 수 있듯이, 초대교회의 전통은 이후 교회 사역의 중요한 기준과 원리를 제공해준다. 은 "The Form of Church Prayers and Hymns with the Manner of Administering the Sacraments and Consecrating Marriage According to the Custom of the Ancient Church" in Bard Thompson, *Liturgies of the Western Church* (Philadelphia: Fortress Press, 1980), 197-208.
22 Gregory Dix, *The Shape of the Liturgy* (New York: Continuum, 2005).

에 의해서 의문이 제기되었다. 특별히 폴 브레드쇼(Paul Bradshaw)는 초대교회 예배가 각 지역과 예배 공동체들마다 서로 다르게 실천했다는 역사적 확신을 가졌다. 그래서 그는 오늘날 쉽게 생각하듯이, 초대교회는 모든 공동체가 똑같은 방식으로 예배를 실천했다고 단정하는 환원주의적 사고방식을 공격했다.[23] 물론, 각각의 예배 공동체마다 서로 다른 방식으로 진행했다고 해서 공통적인 특징이 없다고 보는 완전한 회의주의는 바람직하지 않지만, 브래드쇼의 주장은 역사적 엄밀성에 근거해서 전통을 이해하고 적용하는 데 매우 도움이 된다. 즉, 오늘날 현대교회가 통합의 대상으로 삼을 초대교회의 예배 요소들을 하나의 집약된 특징으로 쉽게 이끌어내기는 어렵다는 것이다. 물론, 신약 연구를 기반으로 예배학을 다루는 고든 래이스롭(Gordon Lathrop)이 지적한 것처럼, "다양성 가운데 발견할 수 있는 유사성"[24]을 부인할 수는 없지만, 다양하게 발전한 초대교회의 예배 모습들 가운데 오늘날을 위한 전통 내지는 대표가 될 수 있게 위해서는 좀 더 엄밀한 연구와 고찰이 필요한 것이다.

또 하나의 다른 고려 사항은 예배의 정체성에 관한 것이다. 기독교 예배는 비록 기독교 신앙을 고백하는 모든 공동체들에게 보편적인 공통성을 지니지만, 각기 다른 신학과 신앙고백 그리고 실천적 전통에 따라서 나름의 독특한 특징을 지니면서 발전해왔다. 이러한 서로 다른 신앙고백 전통을 지닌 교회 공동체들이 각자 지닌 신앙고백의 독특성을 인정하지 않고, 예배의 실천에서 모두 같은 하나의 방향성을 지니는 것은 이상적으로 가능하고 바람직한 모델로 보이기는 하지만, 각각의 예배 공동체의 정체성을 약화시키는 약점을 가지고 있다. 특별히 예배 신학의 핵심주제 가운데 하나는 '예배의 실천 방식'(rule of prayer; lex orandi)과 '신앙 고백 내지는 신학'(rule of faith;

---

[23] Paul Bradshaw, *Eucharistic Origins* (London: SPCK, 2004), vi-vii 그리고 *The Search for the Origins of Christian Worship* (New York: Oxford University Press, 2002), ix-x.

[24] Gordon Lathrop, *The Four Gospels on Sunday: The New Testament and the Reform of Christian Worship* (Minneapolis, MN: Augsburg Fortress, 2012), 45.

lex credendi)의 관계를 정립하는 것이다. 학자들마다 서로 다른 주장을 하지만[25], 개혁주의자들의 경우, 믿음의 법 즉 신학이 예배의 방식 곧 실천을 결정한다는데 대부분 동의한다. 이 말은 예배의 실천은 그 예배 공동체가 지닌 신앙고백과 신학의 반영으로서, 그 공동체의 정체성을 드러내는 역할을 한다는 함의를 지닌다. 따라서 전통과 현대 문화의 통합을 통해서 단일환된 새로운 예배 모델을 추구하는 것은 이상적으로 보일지라도, 현실적으로는 예배 공동체의 정체성과 관련한 의문을 제기하게 한다. 동시에 좀 더 엄밀한 의미에서 모든 예배 공동체가 따를 수 있는 하나의 이상적인 통합적 예배 모델을 찾는다는 것은 현실적으로 불가능하다. 이런 이유로 인해서 전통과 현대 문화를 통합한 단 하나의 방식의 예배를 오늘날 모든 교회들이 따라가야 할 예배 갱신의 원리와 방향으로 제시하는 것은 외형적으로는 이상적으로 보일지라도 기독교 역사와 신학의 측면에서는 제한된 주장이라고 할 수 있다.

5. 개혁주의 교회들의 예배 갱신을 위한 원리와 방향

위에서 웨버가 제시한 전통과 현대 문화의 통합이라는 이상적인 제안이 지닌 가치를 유지하면서, 좀 더 구체적으로 개혁주의 신앙고백을 따르는 교회들의 예배 갱신의 원리와 방향이 무엇인지 살펴보고자 한다. 웨버의 통합적 예배에 대한 비평적 고찰에서 알 수 있듯이, 예배의 실천은 그 예배를 실

---

25 시오프리 웨인라잇(Geoffrey Wainright)은 이 둘 사이의 관계에 대해서 예배 행위(worship service)에 대한 신학적 고찰(theological reflection)을 더욱 강조했고, 에드워드 킬마틴(Edward Kilmartin)은 예배 행위와 신앙 사이의 역동적인 상호관계를 주로 살핀다. 이와 관련해서는 다음을 참고 할 것. Geoffrey Wainright, *Doxology: The Praise of God in Worship, Doctrine, and Life* (New York: Oxford University Press, 1980), 218-86; Edward Kilmartin, *Christian Liturgy: Theology and Practice* (Kansas City, MO: Sheed & Ward, 1988).

천하는 예배 공동체의 외적 정체성을 드러내는 것이다. 각각의 예배 공동체는 그 공동체를 가능하게 하는 신앙고백을 지닌다. 신앙 고백은 단순한 선포로만 그치는 것이 아니라, 구체적인 실천을 통해서 드러나야 한다. 왜냐하면, 신앙고백 자체는 고백된 신앙의 실천을 보증하지 않기 때문이다. 이런 점에서 예배 공동체의 신앙고백은 그 고백된 신앙의 실천을 결정할 뿐 아니라(lex orandi, lex credendi), 정확히 일치하도록(the practice congruent with the confession of faith) 노력해야 한다. 다시 말하면, 교회의 실천(what they practice)은 그들의 신앙고백(what they confess)과 일치해야(congruent) 한다. 이러한 예전적 주장이 필요한 이유는 개혁주의가 종교 개혁 이후 교리에 대한 분명한 이해와 논증에 많은 노력을 했고, 역사적으로 매우 견고한 신앙고백과 신조들을 발전시켰음에도 불구하고, 교리와 고백에 따른 신앙의 실천에 대한 강조와 책임 있는 노력은 상대적으로 약했기 때문이다. 이런 특징은 중세 교회의 신앙과 신학을 성경적인 의미로 바로 잡고자 한 의도에서 비롯된 것이다. 그런데, 교리의 분명한 강조와 함께 그 교리와 고백에 따른 신앙의 실천에 대한 강조와 책임있는 노력은 상대적으로 약화되어 왔다.[26]

그렇다면 예배 공동체의 신앙고백과 실천의 일치에 따른 예배 갱신을 위해서 개혁주의 신앙고백을 하는 교회들은 어떤 원리와 방향을 따라야 하는가? 갱신을 위한 원리와 방향을 제시하기 전에 먼저 고려할 것이 있는데, 그것은 예배 갱신을 위해서 새로운 것 자체에 대한 신학적 분별과 고찰이 필요하다는 것이다. 예배를 갱신해야 한다는 것에 대한 필요성과 시급성을 목회 현장에서 받아들일 때, 가장 쉽게 선택할 수 있는 것은 예배 회중들에게 가장 주목받거나 매력을 줄 수 있는 방식이다. 쉽게 말하면, 새로운 것 자체가 새로운 대안이라는 생각을 예배 갱신에 반영하는 것이다. 이러한 원리를

---

[26] 로마 가톨릭의 경우, 신앙고백과 신조에 따른 신앙의 실천을 위해서 성도들의 삶을 위한 다양한 성례가 인생의 전 여정을 배경으로 주어졌고, 구체적인 영성 함양(spiritual formation)을 위한 다양하고 실제적인 프로그램들이 발전했다. 물론, 로마 가톨릭의 신앙체계를 답습하는 것이 바람직한 것은 아니지만, 신앙과 실천의 연결을 위한 체계적인 노력에 대해서는 개신교 신앙과 신학에서 진지하게 고려해볼 요소이다.

받아들이면, 실용주의적 관점에서 교회성장을 이끌 수 있는 예배 방식을 신학적 고려 없이 수용하게 된다.[27] 예배 갱신과 관련한 목회적 책임은 회중들이 그들의 삶과 문화에서 친숙하게 익힌 가치를 무조건 수용해서 편의를 도모하는 것이 아니다. 실천신학자 윌리암 윌리몬(William Willimon)이 정확히 지적한 것처럼, 개혁주의 목회자들 뿐 아니라, 현대 목회자들이 지닌 가장 큰 문제 가운데 하나는 소비주의 문화적 가치에 따라 사람들의 필요를 만족하는 것보다 더 중요한 것이 없다는 생각을 가지고, '회중들을 만족시키기 위한 노력' 외에 목회적 가치 기준이 없이 사역하는 것이다.[28] 따라서 예배 갱신과 관련해서 개혁주의 목회자들은 새로운 전통과 현대 문화의 통합으로 주어지는 새로운 모델에 대한 관심보다 더욱 근본적인 원리를 찾아야 한다.

1) 예배 갱신의 토대와 원리 그리고 안내서로 성경

첫째, 예배 갱신의 더욱 근본적인 원리는 성경에서 찾을 수 있다. 이것은 개혁주의 예배가 말씀 곧 설교 중심의 예배라는 특징[29]을 지니기 때문만은 아니다. 단순히 설교뿐 아니라 기도, 찬양, 성찬 등의 구성요소를 지닌 예배를 포함한 신학과 실천의 모든 근거가 성경에 있기 때문이다.[30] 예배 갱신의 원리를 성경에서 찾을 때, 가장 큰 논쟁은 규율 원리(the Regulative Principle)와 관련한다. 즉, 성경에서 분명히 인정하는 것(sanctioned by the Scriptures)만

---

27 이런 영향 때문에, 기독교 예배 역사와 전통에서 최근에 소비주의와 친문화적 관점의 예배로 불리워지는 구도자 예배(seeker-sensitive service; seeker-driven service)가 등장했고, 영향을 미치고 있다.

28 William Willimon, *Pastor: The Theology and Practice of Ordained Ministry* (Nashville: Abingdon Press, 2002), 55-74 참고.

29 Robert Kingdon, "The Genevan Revolution in Public Worship," *The Princeton Seminary Bulletin*, Vol XX (1999, Number 3): 264.

30 Janos Pasztor, "Calvin and the Renewal of the Worship of the Church," *Reformed World*, Vol 40 (June 1988): 910. 그는 개혁주의 전통의 규율은 성경이라는 점을 다음과 같이 분명히 한다. "the norm of this tradition is Scripture and not something developed in Reformed churches over the centuries."

을 따라야 하는지에 대한 서로 다른 의견들이다.³¹ 이와 관련해서 어떤 입장을 취하든 대부분 동의하고 동시에 분명한 것은 성경과 예배의 상호 관련성을 본질적으로 유지하고 있다는 점이다. 성경이 공동 예배만을 위한 예배 모범서가 아니라, 예배의 원리, 방향, 구성요소, 진행방식에 대한 분명한 기준과 방향성을 제공한다는 점에서 17세기 웨스트민스터 의회가 결정한 것이 매뉴얼의 성격을 지닌 '디렉토리'(the Westminster Directory)라는 점은 실제적으로 도움이 된다. 여기서 중요한 과제는 주어진 예배 형식을 시대와 상관없이 답습하는 것이 아니라, 성경 안에(In the Bible) 담긴 예배의 원리와 내용뿐만 아니라, 성경과 예배(Bible and Worship)의 구체적인 구성과 사용에 대해서도 구체적으로 살펴보고, 현대 시대에 분별력 있게 적용 실천하는 일이 필요하다. 예를 들어, 교회 역사에서 출애굽기의 십계명은 주님의 임재를 고백하는 의식과 연결시켰다.³² 시편은 유대공동체뿐 아니라 초대교회 전통에서 찬양의 형식을 사용한 기도의 언어와 구성 요소를 지배했다.³³ 복음서는 주일 예배에서 빠짐없이 읽혀짐으로써, 서로 다른 각도에서 예수님의 고난과 죽음 그리고 부활을 선포하면서 공동체의 예배를 성경적으로 갱신하는 데 사용되어졌다.³⁴ 이와 같이 예배를 성경적 원리에 따라 갱신하는 것은 현재 진행하는 예배 스타일과 형식이 성경적이냐? 를 규명하는 것을 넘어서서, 성경의 언어와 내용 자체를 예배에 좀 더 적극적이고 풍부하게 사용하

---

31 청교도의 전통을 따르는 자들은 대부분 엄밀한 의미에서 성경에서 언급하고 규정한 것만 예배의 원리가 될수 있다고 주장한다. 반면에, 최근의 입장은 이보다 좀 더 확대된 태도를 보인다. 즉, 가치중립적인 요소나 언약의 기준에 따라 좀더 유연성을 지녀야한다는 입장이다. 특별히, Robert Gore Jr., *Covenantal Worship: Reconsidering the Puritan Regulative Principle* (Phillipsburg: P&R Publishing, 2002) 그리고 Michael Farley, "What Is Biblical Worship? Biblical Hermeneutics and Evangelical Theologies of Worship," presented at the Evangelical Theological Society, San Diego, California, November 14, 2007.

32 Simon Chan, *Liturgical Theology: The Church as Worshiping Community* (Downers Grove: IVP, 2006), 109-114.

33 John Witvliet, *The Biblical Psalms in Christian Worship: A Brief Introduction and Guide to Resources* (Grand Rapids: Eerdmans, 2007).

34 Lathrop, *The Four Gospels on Sunday* 참고 할 것.

는데 더욱 주력하게 할 것이다.

2) 삼위 하나님 중심성 구축

둘째, 개혁주의적 관점에서 예배 갱신과 관련해서 또 다른 중요한 원리는 하나님 중심성이다. 하나님 중심성의 신학을 지닌 개혁주의 신학은 예배에서도 반영되어야 한다.[35] 예배를 포함한 교회 사역과 관련해서 개혁주의에서 언급하는 하나님 중심의 신학은 삼위일체의 신학을 의미한다. 종교개혁을 통해서 개혁주의 신학의 초석을 마련한 칼빈의 경우도 삼위일체와 예배의 연결을 제네바에서 사용한 그의 예배모범서(The Form of Church Prayers, 1542)에서 분명히 밝혔다.[36] 칼빈의 삼위 일체 신학을 하나님과 인간의 관계방식으로 이해한 필립 부틴(Philip Butin)의 경우도 참된 예배는 삼위 하나님의 주도적 이끄심에 대한 인간의 반응으로 보았다.[37] 또한 개혁주의 예배 신학과 실천의 성경적 초석을 마련한 장 작크 본 알멘(Jean Jacques von Allmen)도 기독교 예배를 삼위일체의 관점에서 "기독교 예배는 성령의 도우심으로 예수 그리스도와 그분의 백성들이 만나 아버지 하나님께 영광을 돌리는 것("Christian worship is the meeting of Jesus Christ and His Church who together, in the Holy Spirit, glorify God the Father.)"[38]이라고 명백하게 규명했다. 이러한 삼위일

---

35 D. G. Hart and John Muether, *With Reverence and Awe* (Phillipsburg: P&R Publishing, 2002), 184. 이와 함께 성경 중심과 삼위 하나님의 중심성이 개혁신학과 장로교 신학의 핵심이라는 점은 최근 장로교 신학의 맥을 심도있게 고찰한 문병호 교수의 글에서도 볼 수 있다. 문병호, "한국 장로교 신학의 맥: 칼빈, 녹스, 웨스트민스터 신앙고백서, 박형룡의 기독론적 교회론을 중심으로," 「개혁논총」제 22권 (2012): 147-150.

36 "Deign, then, O most gracious and most merciful God and Father, to bestow thy mercy upon us in the name of Jesus Christ thy Son our Lord. Effacing our faults, and washing away all our pollutions, daily increase to us the gifts of thy Holy Spirit." John Calvin, "Forms of Prayer For the Church (1542)," in *Calvin's Tracts*, vol.2, trans. Henry Beveridge (Eugene, OR: Wipf and Stock, 2002), 100; 이탤릭은 본 연구자에 의한 것임.

37 Philip Butin, "Constructive Iconoclasm: Trinitarian Concern in Reformed Worship," *Studia Liturgica* 19, no. 2 (1989): 135-39.

38 Jean Jacques von Allmen, "Theological Frame of a Liturgical Renewal," *Church Quarterly* 2, no. 1 (1969): 11.

체의 원리를 예배의 실천에서 갱신의 원리로 적용하는 일이 필요하다.³⁹ 삼위 하나님이 예배의 중심이자 주체라는 고백을 구체적으로 실천하기 위해서는 먼저 인간의 한계에 대한 분명한 이해가 필요하다. 즉, 인간은 근본적으로 스스로 하나님을 예배할 수 있는 자율적 능력과 기능이 없으며, 동시에 죄로 인해서 예배에 대한 걸림돌을 지니고 있다는 사실을 먼저 확신하고 예배 실천에서도 그것을 인정해야 한다. 이런 점에서 호튼 데이비스(Horton Davies)는 개혁주의 예배의 중요한 원리가 죄에 대한 인정과 하나님의 주권적 인도하심이라고 했다.⁴⁰ 윌리암 더니스(William Dyrness) 역시 죄가 단지 교리적으로 의미를 지닌 것이 아니라, 예배에서 걸림돌이 되기 때문에, 죄의 고백과 하나님의 용서에 대한 확신(confessions and assurance)이 개혁주의 예배에서 중요한 구성요소가 된다고 보았다.⁴¹ 칼빈은 이런 이유로 모든 공예배의 시작에서 죄의 인정과 예배의 걸림돌과 불가능성에 처한 인간의 상황을 정확히 고백(Confession)하는 순서를 반드시 포함시켰다. 또한 예배의 대상이자 주체를 삼위 하나님으로 인정할 때, 예배에서 실천해야할 중요한 원리는 참여이다. 삼위 하나님이 예배의 주체로 예배의 모든 과정을 주관하면, 인간은 그 과정에 참여하는 것이다. 이런 점에서 삼위 하나님의 신학을 예배에 적용할 때, 가장 고민하면서 실천해야 할 부분은 바로 회중들이 예배에 어떻게 적극적으로 '참여'할 것인가이다. 이러한 신학의 반영이 가장 잘 드러난 개혁주의 예배 원리는 회중찬양이다. 칼빈 뿐만 아니라 이후의 많은 개혁주의자들은 시편(성경)으로 구성된 찬양을 대중들에게 친숙한 리듬을

---

39 개혁주의적 관점에서 삼위일체 신학과 예배의 구체적인 실천을 연결시킨 학자는 John Witvliet이다. 그의 박사학위 논문 "The Doctrine of the Trinity and the Theology and Practice of Christian Worship in the Reformed Tradition," (Ph. D. Dissertation, University of Notre Dame, 1997)을 참조할 것.

40 Horton Davies, *The Worship of the English Puritans* (Morgan, PA: Soli Deo Gloria, 1998).

41 William Dyrness, "Confession and Assurance: Sin and Grace," *A More Profound Alleluia*, ed. Leanne Van Dyk (Grand Rapids: Eerdmans, 2005), 31-54.

사용해서 모든 회중이 함께 부르는 일에 적극 노력했다. 개혁주의가 예배에 기여한 가장 큰 공헌도 바로 이 회중찬양의 실천이다. 예배 찬양을 인도하는 자들과 구별된 찬양을 시도하는 성가대 또는 찬양대는 엄밀한 의미에서 그들의 구별된 음악적 재능을 회중들에게 공연하는 것이 아니라, 반드시 회중의 적극적인 참여를 지원하기 위해서 기능해야하는 분명한 원칙을 실천해야 한다.

6. 개혁주의 예배 갱신을 위한 실천적 제안

예배 갱신은 이 장에서 지속적으로 의도하고 있는 바와 같이 단지 예배를 새롭게 하는 것 자체를 목적으로 하지 않고, 분명한 원리와 방향에 따라서 실천을 새롭게 해나가는 과정이다. 개혁주의 예배에 대한 원리와 방향은 위에서 살펴본 바와 같이 복음주의자들의 입장처럼 전통에 대한 적극적인 관심과 연결을 존중하지만, 그것을 넘어선다.[42] 성경과 삼위일체 신학이 예배의 근본 원리이자 갱신의 방향이라고 확신할 때, 실제 지역 교회들에서 이러한 원리를 어떻게 구체적으로 적용할 수 있을까?

1) 예배 인도자 및 지도자로서의 정체성과 역할 강화

예배 갱신을 위해서 목회자들에게 요구되는 첫 번째의 실천사항은 예배 지도자로서의 정체성과 역할을 분명히 하는 것이다. 예배와 관련해서 목회자의 역할은 다가올 주일 예배를 위해서 설교 본문을 정해서 설교 준비를 한 후 정해진 순서에 따라 설교를 전달하는 것에 그치지 않는다. 개혁주의 예배가 비록 말씀 곧 설교 중심의 방식을 따르지만, 설교는 예배 안에서 진

---

[42] 예배 갱신과 관련한 각 전통의 입장은 크게 세 가지이다. 가톨릭은 설교를 중심으로 말씀 강조, 개신교의 전통교단들은 예배 모범서의 재발견과 보급 활성화, 그리고 복음주의자들은 예배의 전통적 유산에 대한 강조를 통해서 갱신을 시도하고 있다.

행되는 중요한 요소이다. 회중들이 하나님과 거룩한 상호 대화를 통해서 예배[43]하는 과정에 설교는 성경읽기와 더불어 하나님 편에서 회중들에게 전하는 방식의 대화이고, 찬양과 기도 그리고 헌금 등은 회중 편에서 하나님에게 내어드리는 거룩한 만남을 구성하는 언어적 그리고 비언어적 대화의 방식이다. 이런 점에서 예배 갱신을 위해 목회자들은 단지 설교 준비와 구성뿐 아니라, 그 설교가 이루어지는 하나님과 백성들과의 거룩한 대화로서의 예배 전체가 하나의 연관성 있는 방식으로 진행될 수 있도록 의도적으로 지도력을 발휘해야 한다. 목회자가 직접 모든 순서를 이끌거나 진행할 필요는 없지만, 각각의 정해진 또는 기획된 순서에서 드러내는 언어적, 비언어적 예배 행위들이 모두 일관성 있는 내용과 방향으로 진행되도록 목회적 책임과 역할을 감당해야 한다.

2) 예배 이해와 실천의 일치성 추구

둘째로, 예배의 실천이 예배에 대한 이해와 일치하도록 노력해야 한다. 예배의 구체적인 실천에 담긴 신학적 의미를 살펴보는 것을 가리켜 이른바 예전의 신학(Theology of Liturgy)라고 한다.[44] 모든 예배의 구체적인 실천은 그 자체에 신학적 의미를 지닌다. 따라서 목회자는 자신이 속한 회중들의 예배 실천에 드러난 신학적 의미를 자신의 예배에 대한 이해와 일치(congruence)시키도록 구체적으로 노력해야 한다. 예를 들어, 성경을 강조하는 예배 전통을 확신하는 개혁주의자들은 예배 안에서 성경을 읽고, 선포하는 것에 매우 신중해야 한다. 그러나 실제로 성경이 예배에서 중요하다고 고백하면서, 예배의 구체적인 진행에서는 성경을 읽지 않고 설교를 하는 경우가 있고, 또

---

[43] 개혁주의적 입장에서 예배에 대해서 심도있는 연구를 한 Nicholas Wolterstorff는 예배를 "하나님과 백성 사이의 대화"(a dialogue between God and God's people)로 정의한다. Nicholas Wolterstorff, "Thinking about Church Music," *Music in Christian Worship*, ed. Charlotte Kroeker (Collegeville: Liturgical Press, 2005), 10.

[44] 이것은 예배에 관한 이해와 실제적인 참여에 대한 연구를 주로 하는 예전 신학(Liturgical Theology)과 구분된다.

한 성경 말씀을 담아내는 설교의 강력한 힘보다는 설교자의 수사나 감정적 만족과 그에 대한 회중들의 반응으로 예배를 이끄는 것은 상호 모순이다. 아울러, 초월적 기독론에 대한 분명한 고백을 하면서, 찬양에서 담아내는 가사들은 주로 인간으로서의 예수님에 대한 내용이 되는 경우도 고백과 실천 사이의 모순이다. 하나님에 대한 이해와 실천이 예배의 구체적인 진행에서 일치되도록 계속해서 고민하고 새롭게 전환시키는 것이 갱신의 올바른 단계이다.

3) 단순한 모방과 답습 경계

셋째, 좀 더 구체적으로 예배 갱신을 위해서 어느 하나의 특정한 형태나 방식을 답습하려는 노력을 지양(止揚)하는 것이 바람직하다. 개혁주의 전통의 정체성을 드러내기 위해서 신앙고백과 그 고백의 구체적인 실천은 하나의 고정된 형태를 답습하지 않았다. 물론 스코틀랜드 종교개혁자인 존 낙스(John Knox)의 예배 형태는 칼빈의 것과 유사하다. 그러나 이후 발전한 개혁주의자들의 예배, 특별히 영국의 개혁주의 장로교와 유럽의 개혁주의 예배 그리고 북미로 건너온 개혁주의 예배는 그 원리와 방향성에 있어서 공유하지만, 구체적인 실천은 서로 달랐다. 물론, 현대교회에서는 개혁주의적 정체성과는 별도로 다른 요인들 즉, 교회성장이나 예배 회중들의 만족을 위해서 문화적 동조를 통해 새로운 모습을 개발하고 실천하는 예배 형태를 답습하려는 경향이 더욱 크다.[45] 따라서, 예배 갱신을 위해서 목회자들은 전통적 예배의 한 형태나 새로운 문화에서 발전된 예배 형태를 갱신의 기준으로 삼는 것보다 더 중요한 실천 사항이 있다. 즉, 예배의 핵심 구성 요소들에 대한 확신을 갖고 자신의 예배 공동체를 위해 성령의 조명과 도우심을 구하며, 창의적으로 예배를 실천하는 일이다. 이러한 노력이 필요한 이유는 어느

---

45 윌로우 크릭 교회의 구도자 예배나 최근 새롭게 등장한 이머징 예배 등은 문화와 밀접한 관련을 갖고 발전된 형태들이다.

하나의 고정된 방식을 답습할 경우, 교회가 직면하는 가장 직접적인 과제는 새로운 예배를 답습하기 위해 필요한 다양한 자원들이다. 실제로 수많은 교회들이 모두 같은 자원과 장비를 지닐 수 없기 때문에, 어느 하나의 방식을 모델로 따라갈 경우 그러한 자원을 지니지 못한 교회는 상대적 박탈감을 지니게 될 것이다.

7. 결론

지금까지 살펴본 것처럼 개혁주의 예배 갱신의 원리와 방향은 전통에의 회귀도 아니고, 새로운 문화에 대한 신학적 신중함이 결여된 동조도 아니다. 오히려 전통을 존중하고 그것이 현대 문화와 지닌 거리감을 인정하면서, 예배 지도자들의 분별력과 창의성을 통해서 각각 새롭게 실천되어야 한다. 또한 어느 하나의 고정된 예배 모범서를 따르기보다는 개혁주의 역사를 통해서 다양하게 실천된 예배 모범서들과 구체적인 실제들 사이를 정확히 비교 연구하면서 주어진 원리들을 '지금 이곳'에서 드러내야 한다. 특별히 개혁주의자의 경우 신앙고백과 신조 내지는 신학적 선포를 통해서 스스로의 정체성을 정확히 드러낸 반면, 그 고백의 실천과 실제의 핵심인 예배에서도 그러한 고백과 선포가 정확하고 분명히 드러났는지를 진지하게 고민하면서 살펴볼 필요가 있다. 하나님에 대한 이해와 그 이해의 구체적인 표현으로서의 예배에서 개혁주의적 정체성을 드러내기 위해서 목회자들의 역할이 매우 중요하다.

이 장은 현대 예배 갱신의 흐름 속에서 복음주의적 갱신의 방향이 지닌 특징을 살펴보고, 개혁주의적 입장에서 비평적으로 새로운 제안을 했다. 따라서 역사적이고 원리적인 측면에서의 갱신의 방향과 원리는 살펴볼 수 있었지만, 구체적인 사례를 제시하지는 못했고, 나아가 개혁주의 예배의 원리를 담고 있는 예배 모범서들(칼빈, 낙스, 그리고 유럽과 영국의 예배 모범서들과 현대 개혁주의 장로교단들의 예배 모범서들)이나 구체적인 매뉴얼(이를테면, Westminster Directory)을 심도 있게 살피고 그에 담긴 신학적 의미를 제시하지는 못했다. 그럼에도 불구하고, 성경과 삼위일체 신학적 특징을 지닌 개혁주의 예배 원리를 분명히 이끌어 내었고, 그에 따라 목회 현장에서의 분별력 있고 창의적인 예배 갱신이 실천될 수 있기를 기대하고 제안한다. 개혁주의 예배는 지속적으로 개혁되어야 하는 개혁주의의 신앙고백에 따라 전통과 문화의 간격 사이에서 성령의 조명을 받아 끊임없이 갱신되어야 한다.

참고문헌

문병호. "한국 장로교 신학의 맥: 칼빈, 녹스, 웨스트민스터 신앙고백서, 박형룡의 기독론적 교회론을 중심으로." 「개혁논총」제 22권 (2012): 119-156.

Abraham, William. *The Logic of Renewal*. Grand Rapids: Eerdmans, 2003.

Bradshaw, Paul. *Eucharistic Origins*. London: SPCK, 2004.

_____. *The Search for the Origins of Christian Worship*. New York: Oxford University Press, 2002.

Butin, Philip. "Constructive Iconoclasm: Trinitarian Concern in Reformed Worship," *Studia Liturgica* 19, no. 2 (1989): 133-142.

Calvin, John. *Calvin's Tracts*, vol.2. Translated by Henry Beveridge. Eugene, OR: Wipf and Stock, 2002.

Chan, Simon. *Liturgical Theology: The Church as Worshiping Community*. Downers Grove: IVP, 2006.

Davies, Horton. *The Worship of the English Puritans*. Morgan, PA: Soli Deo Gloria, 1998.

Dix, Gregory. *The Shape of the Liturgy*. New York: Continuum, 2005.

Dyrness, William. "Confession and Assurance: Sin and Grace," *A More*

Profound Alleluia, edited by Leanne Van Dyk. Grand Rapids: Eerdmans, 2005.

Fagerberg, David. *Theologia Prima, What is Liturgical Theology?* Chicago: Liturgical Training Publications, 2004.

_____. *What is Liturgical Theology? A Study in Methodology*. Collegeville, MN: Liturgical Press, 1992.

Farley, Michael. "What Is Biblical Worship? Biblical Hermeneutics and Evangelical Theologies of Worship," presented at the Evangelical Theological Society, San Diego, California, November 14, 2007.

Gore, Jr., R. J. *Covenantal Worship: Reconsidering the Puritan Regulative Principle*. Phillipsburg: P&R Publishing, 2002.

Hilkert, Mary. *Naming the Grace: Preaching and the Sacramental Imagination*. New York: Continuum, 1997.

Johnson, Todd. ed. *The Conviction of Things Not Seen*. Grand Rapids: Brazos, 2002.

Joo, Seung-Joong and Kyeong-Jin Kim. "The Reformed Tradition in Korea," in *The Oxford History of Christian Worship*, edited by Geoffrey Wainright and Karen Tucker. New York: Oxford University Press, 2006.

Kavanagh, Aidan. *On Liturgical Theology*. Collegeville: A Pueblo Book, 1992.

Kilmartin, Edward. *Christian Liturgy: Theology and Practice*. Kansas City, MO: Sheed & Ward, 1988.

Kingdon, Robert. "The Genevan Revolution in Public Worship," *The Princeton Seminary Bulletin*, Vol XX Number 3, New Series (1999).

Koenig, Sarah. "This is My Daily Bread: Toward a Sacramental Theology of Evangelical Praise and Worship," *Worship* 82 no 2 (2008): 141-161.

Lathrop, Gordon. *The Four Gospels on Sunday: The New Testament and the Reform of Christian Worship*. Minneapolis. MN: Augsburg Fortress, 2012.

Old, Hughes. *Worship Reformed According to Scripture*. Louisville: Westminster John Knox Press, 2002.

Pasztor, Janos. "Calvin and the Renewal of the Worship of the Church," *Reformed World*, Vol 40 Number 2, (June 1988).

Redman, Robb. *The Great Worship Awakening: Singing a New Song in the Postmodern Church*. San Francisco: Jossey-Bass, 2002.

Ruth, Lester. "A Rose by Any Other Name," in *The Conviction of Things Not Seen*, edited by Todd Johnson. Grand Rapids: Brazos Press, 2002: 46-51.

Schmemann, Alexander. *Introduction to Liturgical Theology*. Crestwood, NY: St. Vladimir's Seminary Press, 1966.

Thompson, Bard. *Liturgies of the Western Church*. Philadelphia: Fortress, 1961.

Von Allmen, Jean Jacques. "Theological Frame of a Liturgical Renewal," *Church Quarterly* 2, no. 1 (1969): 8-23.

Wainright, Geoffrey. *Doxology: The Praise of God in Worship, Doctrine, and Life*. New York: Oxford University Press, 1980.

Webber, Robert. *Blended Worship: Achieving Substance and Relevance in Worship*. Peabody: Hendrickson, 1996.

_____. *Ancient-Future Faith*. Grand Rapids: Baker Books, 1999.

_____. *Ancient-Future Time*. Grand Rapids: Baker Books, 2004.

_____. *Ancient-Future Worship*. Grand Rapids: Baker Books, 2008.

Webber, Robert. ed. *The Complete Library of Christian Worship* vol. 1-7. Peabody: Hendrickson, 1995.

White, James. *Protestant Worship: Traditions in Transition*. Louisville: Westminster John Knox, 1989.

Willimon, William. *Pastor: The Theology and Practice of Ordained Ministry*. Nashville: Abingdon Press, 2002.

Witvliet, John. "The Doctrine of the Trinity and the Theology and Practice of Christian Worship in the Reformed Tradition." Ph. D. Diss, University of Notre Dame, 1997.

_____. *The Biblical Psalms in Christian Worship: A Brief Introduction and Guide to Resources*. Grand Rapids: 2007.

Wolterstorff, Nicholas. "Thinking about Church Music," In *Music in Christian Worship*, edited by Charlotte Kroeker. Collegeville: Liturgical Press, 2005.